高职高专"十二五"财政金融

U0609988

证券投资基金

罗正媛 主 编

姜 睿 周贵义 副主编

杜学军 赵学增 李 莹 刘 莉 参 编

电子工业出版社

Publishing House of Electronics Industry

北京·BEIJING

图书在版编目（CIP）数据

证券投资基金/罗正媛主编. —北京：电子工业出版社，2013.3

高职高专"十二五"财政金融类专业规划教材

ISBN 978-7-121-19529-7

Ⅰ. ①证… Ⅱ. ①罗… Ⅲ. ①证券投资－投资基金－高等职业教育－教材 Ⅳ. ①F830.91

中国版本图书馆 CIP 数据核字（2013）第 020316 号

责任编辑：晋　晶
文字编辑：王　璐
印　　刷：北京虎彩文化传播有限公司
装　　订：北京虎彩文化传播有限公司
出版发行：电子工业出版社
　　　　　北京市海淀区万寿路 173 信箱　邮编　100036
开　　本：787×980　1/16　印张：17　字数：361 千字
印　　次：2019 年 6 月第 2 次印刷
定　　价：32.00 元

凡所购买电子工业出版社图书有缺损问题，请向购买书店调换。若书店售缺，请与本社发行部联系，联系及邮购电话：（010）88254888，88258888。

质量投诉请发邮件至 zlts@phei.com.cn，盗版侵权举报请发邮件至 dbqq@phei.com.cn。

本书咨询联系方式：（010）88254199，sjb@phei.com.cn。

前　言

本书主要面向高职高专证券投资专业学生、广大证券业从业人员及对证券市场有浓厚热情的参与者，本着"基础理论密切联系实际"的理念，是在参考了大量相关文献资料的基础上，结合多位专业教师长期从事证券投资教学和研究的成果编写而成的。

本书力求以高职高专学生的培养要求为基准，以培养学生的应用能力为主线，深入浅出、多形式地阐述了证券投资基金的概念与特点，证券投资基金的类型，证券投资基金当事人的职责及股票、债券投资组合的管理，尤其突出了证券的实训，来满足金融类院校的实践教学需要。

本书力求简单实用、与实践结合，努力突出如下特点。

1. 注重实用性，增加证券投资基金实务内容。本书努力为读者营造有一定趣味性的阅读环境，使读者乐于阅读并能轻松掌握证券投资基金的方法、对策、手段等。

2. 适应不同专业的教学需求。考虑各专业之间教学需求的差异性，本书通过课后阅读及案例形象生动地阐释各章的重要知识点及难点，使读者一目了然。

3. 配套资料丰富。为方便授课和学习，本书提供课后习题及答案等资料，读者可参照习题及答案夯实所学知识点，有的放矢地进行系统复习。

全书分为 10 章。第 1 章为证券投资基金概述。对证券投资基金的概念、证券投资基金的产生与发展及证券投资基金的主要参与者给予全面介绍，使读者能够系统掌握证券投资基金这一投资工具的主要定义、特征及当事人之间的关系等，从而为以后的学习打下坚实的基础。第 2 章为证券投资基金的分类。主要介绍证券投资基金的种类，以及它们之间的联系与区别。第 3 章为证券投资基金当事人。在讨论证券投资基金当事人的权利与义务的基础上，分析了基金当事人之间的关系。第 4 章为证券投资基金的发行。集中介绍了证券投资基金发行的方法，尤其是封闭式基金与开放式基金发行的差异。第 5 章为证券投资基金交易。详细介绍了封闭式基金交易规则、交易费用、交易折（溢）价率；开放式基金的申购、赎回手续费率的计算方法及特殊类型基金的交易。第 6 章为证券投资基金营销。证券投资基金营销的重点是要分析基金产品的设计，基金的几种销售渠道，以及促销组合的构建。第 7 章为证券投资基金利润分配。详细介绍了各种类型基金的利润分配方式，基金利润的主要来源渠道，以及基金的当事人需要缴纳的税费情况。第 8 章为证券投资基金的信息披露。介绍了基金信息披露的作用，以及需要进行信息披露的文件内容及主要披露事项。第 9 章为证券投资基金投资分析。着重分析了股票基金的风险与收益、债券型基金的风险与收益、混合基金及货币市场基金的收益与风险，针对不同喜好的投资者如何进行选择适宜自己的基金类型。第 10 章证券投资基金监管。着重介绍了证券投资基金监管的必要性及监管的对象。

本书编写分工如下：第 1 章由杜学军（哈尔滨金融学院）执笔；第 2 章由刘莉（哈尔滨金融学院）执笔；第 3 章由罗正媛（哈尔滨金融学院）、周贵义（中国人民银行佳木斯市中心支行）执笔；第 4 章由罗正媛执笔；第 5、6 章由姜睿（哈尔滨金融学院）执笔；第 7 章由罗正媛执笔；第 8 章由赵学增（哈尔滨金融学院）执笔；第 9 章由罗正媛执笔；第 10 章由李莹（哈尔滨金融学院）执笔。特别感谢姜睿为本书的编写收集了大量的资料，并承担对该教材的文字处理工作。

本书在编写过程中研究、参考和借鉴了大量的国内外同行的文献资料，并吸收了有关的研究成果，在此一并表示感谢。

参加本书编写的编者虽然做出了自己的努力，但难免有一些疏漏和不足之处，恳请广大读者批评指正。

编　者

目 录
CONTENTS

第 1 章

证券投资基金概述

证券投资基金是一种实行组合投资、专业管理、利益共享、风险共担的集合投资方式。与股票、债券不同，证券投资基金是一种间接投资工具。

1.1　证券投资基金的概念

1.1.1　证券投资基金的含义

证券投资基金简称基金，是指通过发售基金份额，将众多投资者的资金集中起来，形成独立财产，由基金托管人托管、基金管理人管理，以投资组合的方式进行证券投资的一种利益共享、风险共担的集合投资方式如图 1.1 所示。

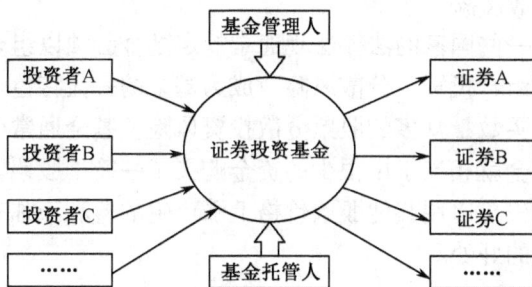

图 1.1　证券投资基金的概念图示

证券投资基金通过发行基金份额的方式募集资金，个人投资者或机构投资者通过购买一定数量的基金份额参与基金投资。基金所募集的资金在法律上具有独立性，由选定的基金托管人保管，并委托基金管理人进行股票、债券等分散化组合投资。基金投资者是基金的所有者。基金投资收益在扣除由基金承担的费用后的盈余全部归基金投资者所有，并依据各个投资者所购买的基金份额的多少在投资者之间进行分配。

每只基金都会订立基金合同，基金管理人、基金托管人和基金投资者的权利义务在基金合同中有详细约定。基金公司在发售基金份额时都会向投资者提供一份招募说明书。有关基金运作的各个方面，如基金的投资目标与理念、投资范围与对象、投资策略与限制、基金的发售与买卖、基金费用与收益分配等，都会在招募说明书中详细说明。基金合同与招募说明书是基金设立的两个重要法律文件。

与直接投资股票或债券不同，证券投资基金是一种间接投资工具。一方面，证券投资基金以股票、债券等金融证券为投资对象；另一方面，基金投资者通过购买基金份额的方式间接进行证券投资。

世界上不同国家和地区对证券投资基金的称谓有所不同。证券投资基金在美国被称为共同基金，在英国和中国香港特别行政区被称为单位信托基金，在欧洲一些国家被称为集合投资基金或集合投资计划，在日本和中国台湾地区则被称为证券投资信托基金。

1.1.2　证券投资基金的特点

1．集合理财、专业管理

基金将众多投资者的资金集中起来，委托基金管理人进行共同投资，表现出一种集合理财的特点。通过汇集众多投资者的资金，积少成多，有利于发挥资金的规模优势，降低投资成本。基金由基金管理人进行投资管理和运作。基金管理人一般拥有大量的专业投资研究人员和强大的信息网络，能够更好地对证券市场进行全方位的动态跟踪与深入分析。将资金交给基金管理人管理，使中小投资者也能享受到专业化的投资管理服务。

2．组合投资、分散风险

为降低投资风险，一些国家的法律法规通常规定基金必须以组合投资的方式进行基金的投资运作，从而使"组合投资、分散风险"成为基金的一大特色。中小投资者由于资金量小，一般无法通过购买数量众多的股票分散投资风险。基金通常会购买几十种甚至上百种股票，投资者购买基金就相当于用很少的资金购买了一篮子股票。在多数情况下，某些股票价格下跌造成的损失可以用其他股票价格上涨产生的盈利来弥补，因此可以充分享受到组合投资、分散风险的好处。

3．利益共享、风险共担

证券投资基金实行利益共享、风险共担的原则。基金投资者是基金的所有者。基金投资收益在扣除由基金承担的费用后的盈余全部归基金投资者所有，并依据各投资者所持有的基金份额比例进行分配。为基金提供服务的基金托管人、基金管理人只能按规定收取一定比例的托管费、管理费，并不参与基金收益的分配。

4．严格监管、信息透明

为切实保护投资者的利益，增强投资者对基金投资的信心，各国（地区）基金监管机构都对基金业实行严格的监管，对各种有损于投资者利益的行为进行严厉打击，并强制基金进行及时、准确、充分的信息披露。在这种情况下，严格监管与信息透明也就成为基金的另一个显著特点。

5．独立托管、保障安全

基金管理人负责基金的投资操作，本身并不参与基金财产的保管，基金财产的保管由独立于基金管理人的基金托管人负责。这种相互制约、相互监督的制衡机制对投资者的利益提供了重要的保障。

1.1.3　证券投资基金的作用

证券投资基金是一种集中资金、专业理财、组合投资、分散风险的集合投资方式。一方面，它通过发行基金份额的形式面向投资大众募集资金；另一方面，将募集的资金，通过专业理财、分散投资的方式投资于资本市场。其独特的制度优势促使其不断发展壮大，在金融体系中的地位和作用也不断上升。

1．为中小投资者拓宽了投资渠道

对中小投资者来说，储蓄或购买债券较为稳妥，但收益率较低。投资于股票有可能获得较高收益，但对于手中资金有限、投资经验不足的中小投资者来说，直接进行股票投资有一定困难，而且风险较大。在资金量有限的情况下，很难做到组合投资、分散风险。此外，股票市场变幻莫测，中小投资者由于缺乏投资经验，再加上信息条件的限制，很难在股市中获得良好的投资收益。证券投资基金作为一种面向中小投资者设计的间接投资工具，把众多投资者的小额资金汇集起来进行组合投资，由专业投资机构进行管理和运作，从而为投资者提供了有效参与证券市场的投资渠道，已经成为广大民众普遍接受的一种理财方式。

2．优化金融结构，促进经济增长

证券投资基金将中小投资者的闲散资金汇集起来投资于证券市场，扩大了直接融资的比例，为企业在证券市场筹集资金创造了良好的融资环境，实际上起到了将储蓄资金转化为生产资金的作用。近年来基金市场的迅速发展已充分说明，以基金和股票为代表的直接融资工具能够有效分流储蓄资金，在一定程度上降低了金融行业系统性风险，为产业发展和经济增长提供重要的资金来源，以利于生产力的提高和国民经济的发展。

3．有利于证券市场的稳定和健康发展

证券投资基金在投资组合管理过程中对所投资证券进行的深入研究与分析，有利于促进信息的有效利用和传播，有利于市场合理定价，有利于市场有效性的提高和资源的合理配置。

证券投资基金发挥专业理财优势，推动市场价值判断体系的形成，倡导理性的投资文化，有助于防止市场的过度投机。

证券投资基金的发展有助于改善我国目前以个人投资者为主的不合理的投资者结构，充分发挥机构投资者对上市公司的监督和制约作用，推动上市公司完善治理结构。

不同类型、不同投资对象、不同风险与收益特性的证券投资基金在给投资者提供广泛选择的同时，也成为资本市场不断变革和金融产品不断创新的源泉之一。

4．完善金融体系和社会保障体系

通过为保险资金提供专业化的投资服务和投资于货币市场，证券投资基金行业的发展有利于促进保险市场和货币市场的发展壮大，增强证券市场与保险市场、货币市场之间的协同，改善宏观经济政策和金融政策的传导机制，完善金融体系。

国际经验表明，证券投资基金的专业化服务，可为社保基金、企业年金等各类养老金提供保值增值平台，促进社会保障体系的建立与完善。

1.2 证券投资基金的产生与发展

1.2.1 证券投资基金的产生

证券投资基金是证券市场发展的必然产物，在发达国家已有上百年的历史。最早的基金究竟诞生于何时目前并没有一致性的看法。一些人认为，1822 年由荷兰国王威廉姆一世所创立的私人信托投资基金可能是世界上最早的基金。但另一些人则认为，将不同投资者的资金汇集起来，进行分散投资的思想早在 1774 年就由一位名叫凯特威士（Ketwich）的荷兰商人付诸实践，其所创办的一只信托基金名称中就包含着"团结就是力量"的含义。但无论如何，封闭式的投资信托基金是在后来的英国生根发芽、发扬光大的，因此目前人们更多地倾向于将 1868 年英国成立的"海外及殖民地政府信托基金"（The Foreign and Colonial Government Trust）看做最早的基金。

基金作为一种社会化的理财工具能够在英国落地生根和发扬光大与英国工业革命的发展密不可分。19 世纪中期时的英国经过第一次产业革命之后，工商业发展速度，殖民地和贸易遍及世界各地，社会和个人财富迅速增长，国内投资成本提高，于是许多商人便将私人财产和资金纷纷转移到劳动力价格低廉的海外市场进行投资，以谋求资本的最大增值。但由于投资者缺乏国际投资经验，对海外的投资环境缺乏应有的了解，加上地域限制和语言不通，无力自行管理。在经历了投资失败、被欺诈等惨痛教训之后，集合投资者的资金、委托专人经营和管理、分散投资的封闭式信托投资基金应运而生，并受到人们的欢迎。

早期的基金基本上是封闭式基金。1924 年 3 月 21 日诞生于美国的马萨诸塞投资信托基金成为世界上第一只开放式基金。此后，美国逐渐取代英国成为全球基金业发展的中心。1929 年美国只有十多只开放基金，而封闭式基金的数量则有 700 多只。但 1929 年的经济大危机与股市崩盘，使普遍进行杠杆操作的美国封闭式基金几乎全军覆没，而开放式基金则顽强地生存了下来。美国基金投资者在经济大危机中损失惨重，而且基金在操作中的投机行为也极大地影响了投资者的信心。为此，美国监管部门开始对基金加强监管，其中1940 年出台的《投资公司法》与《投资顾问法》不但对美国基金业的发展具有基石性作用，也对基金在全球的普及性发展影响深远。

1.2.2　证券投资基金的发展

1. 证券投资基金在全球的普及性发展

美国是世界上基金业最为发达的国家，下面则主要以美国基金业的发展情况为主对证券投资基金在全球的普及性发展做简要介绍。

20 世纪 30 年代美国基金业的发展遭受重创后，在接下来的四五十年代，美国基金业的发展非常缓慢。20 世纪 60 年代尽管出现了短暂的"股票基金发展热"，但由于 1969 年股票市场大熊市的到来，投资者对基会的兴趣再次减退。1971 年货币市场基金的推出为美国基金业的发展注入了新的活力，基金开始受到越来越多的普通投资者的青睐。而 20 世纪80 年代随着养老基金制度改革及随后 90 年代股票市场的持续大牛市使美国基金业的发展真正迎来了大发展的时代。截至 2010 年年末，美国共同基金的资产有 11.8 万亿美元，基金数量超过 1 万只。

从全球基金业的发展来看，20 世纪 80 年代以后，随着世界经济的高速增长和全球经济一体化的迅速发展，受美国与其他发达国家基金业的发展对促进资本市场健康发展经验的启示，一些发展中国家也认识到基金的重要性，对基金业的发展普遍持积极的态度，相继制定了一系列法律法规，使基金在世界范围内得到了普及发展。根据美国投资公司协会（ICI）的统计，截至 2010 年，全球共同基金的资产规模达到 24.70 万亿美元，如图 1.2 所示。

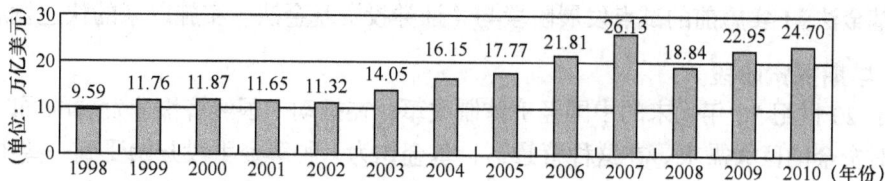

图 1.2　1998—2010 年全球基金业资产规模

2. 全球基金业发展的趋势与特点

（1）美国占据主导地位，其他国家和地区发展迅猛

目前，美国的证券投资基金资产总值占世界半数以上，对全球证券投资基金的发展有着重要的示范性影响。除欧洲、美国、日本外，澳大利亚、拉丁美洲、亚洲新兴国家和地区，如中国香港、中国台湾等地区及新加坡、韩国等国家的证券投资基金发展也很快。随

着数量、品种、规模的大幅度增长，证券投资基金日益成为各国及各地区资本市场的重要力量，市场地位和影响不断提高。

（2）开放式基金成为证券投资基金的主流产品

20 世纪 80 年代以来，开放式基金的数量和规模增加幅度最大，目前已成为证券投资基金中的主流产品。探究其中的原因，开放式基金更加市场化的运作机制和制度安排是非常重要的因素之一，其独特灵活的赎回机制适应了市场竞争的客观需要，是金融创新顺应市场发展潮流的集中体现和必然结果。事实证明，开放式基金更加全面的客户服务和更加充分的信息披露，已经获得了基金投资者的广泛青睐。

（3）基金市场竞争加剧，行业集中趋势突出

在证券投资基金的发展过程中，基金市场行业集中趋势明显，资产规模位居前列的少数最大的基金管理公司所占的市场份额不断扩大。随着市场竞争的加剧，许多基金管理公司不得不走上兼并、收购的道路，这反过来进一步加剧了基金市场的集中趋势。

（4）基金资产的资金来源发生了重大变化

个人投资者一直是传统上证券投资基金的主要投资者，但目前已有越来越多的机构投资者，特别是退休基金成为基金的重要资金来源。例如，美国允许雇主发起的养老金计划和个人税收优惠储蓄计划，以共同基金为投资对象。在近 10 年中，美国共同基金业的迅速发展壮大与退休养老金快速增加紧密相关。

1.2.3　我国证券投资基金业的发展

我国证券投资基金业的发展可以分为 3 个历史阶段：20 世纪 80 年代末至 1997 年 11 月 14 日《证券投资基金管理暂行办法》（简称《暂行办法》）颁布之前的早期探索阶段、《暂行办法》颁布实施以后至 2004 年 6 月 1 日《中华人民共和国证券投资基金法》（简称《证券投资基金法》）实施前的试点发展阶段与《证券投资基金法》实施以来的快速发展阶段。

1．早期探索阶段

始于 20 世纪 70 年代末的中国经济体制改革，在推动中国经济快速发展的同时也引发了社会对资金的巨大需求。在这种背景下，基金作为一种筹资手段开始受到一些中国驻外金融机构的注意。1987 年，中国新技术创业投资公司（中创公司）与汇丰集团、渣打集团在中国香港联合设立了中国置业基金，首期筹资 3 900 万元人民币，直接投资于以珠江三角洲为中心的周边乡镇企业，并随即在香港联合交易所上市。这标志着中资金融机构开始正式涉足投资基金业务。其后，一批由中资金融机构与外资金融机构在境外设立的中国概念基金相继推出。

中国经济的快速发展也催生了中国证券市场的发展。上海证券交易所与深圳证券交易所相继于 1990 年 12 月、1991 年 7 月开业，标志着中国证券市场正式形成。

在境外中国概念基金与中国证券市场初步发展的影响下，中国境内第一家较为规范的投资基金——淄博乡镇企业投资基金（简称淄博基金），于 1992 年 11 月经中国人民银行总行批准正式设立。该基金为公司型封闭式基金，募集规模 1 亿元人民币，60%投向淄博乡镇企业，40%投向上市公司，并于 1993 年 8 月在上海证券交易所最早挂牌上市。

淄博基金的设立揭开了投资基金业在内地发展的序幕，并在 1993 年上半年引发了短暂的中国投资基金发展的热潮。1993 年下半年，经济发展过热引发了通货膨胀，政府加强了宏观调控。在这种情况下，投资基金的审批受到限制。1994 年以后，我国进入经济金融治理整顿阶段。随着经济的逐步降温，基金发展过程中的不规范问题和积累的其他问题逐步暴露出来，多数基金的资产状况趋于恶化，在经营上步履维艰。中国基金业的发展因此陷于停滞状态。

相对于 1998 年《暂行办法》实施以后发展起来的新的证券投资基金（简称"新基金"），人们习惯上将 1997 年以前设立的基金称为"老基金"。截至 1997 年年底，老基金的数量共有 75 只，筹资规模在 58 亿元人民币左右。

老基金存在的问题主要表现在以下 3 个方面：一是缺乏基本的法律规范，普遍存在法律关系不清、无法可依、监管不力的问题；二是受地方政府要求服务地方经济需要的引导及当时境内证券市场规模狭小的限制，老基金并不以上市证券为基本投资方向，而是大量投向了房地产企业等产业部门，因此它们实际上是一种直接投资基金，而非严格意义上的证券投资基金；三是这些老基金深受房地产市场降温、实业投资无法变现及贷款资产无法回收的困扰，资产质量普遍不高。总体而言，这一阶段中国基金业的发展带有很大的探索性与自发性。

2. 试点发展阶段

在对老基金的发展过程加以反思的基础上，经国务院批准，中国证监会于 1997 年 11 月 14 日颁布了《证券投资基金管理暂行办法》。这是我国首次颁布的规范证券投资基金运作的行政法规，为我国基金业的规范发展奠定了规制基础。由此，中国基金业的发展进入规范化的试点发展阶段。在试点发展阶段，我国基金业在发展上主要表现出以下 5 个方面的特点。

（1）基金在规范化运作方面得到很大的提高

在这一阶段，为确保试点的成功，监管部门首先在基金管理公司和基金的设立上实行严格的审批制。《证券投资基金管理暂行办法》对基金管理公司的设立规定了较高的准入条件：首先，基金管理公司的主要发起人必须是证券公司或信托投资公司，每个发起人的实收资本不少于 3 亿元人民币。较高的准入门槛和严格的审批制度尽管不利于竞争，但在保证基金的规范化运作上起到了良好的作用，在很大程度上确保了基金的社会公信力。其次，明确基金托管人在基金运作中的作用。最后，建立较为严格的信息披露制度。这些措施的实行有力地促进了我国基金业的规范化运作。

（2）在封闭式基金成功试点的基础上成功推出开放式基金，使我国基金运作水平实现

历史性跨越

1998 年 3 月 27 日，经中国证监会批准，新成立的南方基金管理公司和国泰基金管理公司分别发起设立了两只规模均为 20 亿元的封闭式基金——基金开元和基金金泰，由此拉开了中国证券投资基金试点的序幕。在试点的第一年——1998 年，我国共设立了 5 家基金管理公司，管理封闭式基金数量 5 只，募集资金 100 亿元人民币，当年年末基金资产净值合计 107.4 亿元人民币。1999 年，基金管理公司的数量增加到 10 家，全年共有 14 只新的封闭式基金发行。

在封闭式基金成功试点的基础上，2000 年 10 月 8 日中国证监会发布了《开放式证券投资基金试点办法》。2001 年 9 月，我国第一只开放式基金——华安创新诞生，使我国基金业发展实现了从封闭式基金到开放式基金的历史性跨越。此后，开放式基金逐渐取代封闭式基金成为中国基金市场发展的方向。

（3）对老基金进行了全面清理规范，绝大多数老基金通过资产置换、合并等方式被改造成为新的证券投资基金

在新基金成功试点的基础上，中国证监会开始着手对原有投资基金进行清理规范。1999 年 10 月下旬，10 只老基金最先经资产置换后合并改制成 4 只证券投资基金，随后其他老基金也被陆续改制为新基金。老基金的全面清理规范，解决了基金业发展的历史遗留问题。

（4）监管部门出台了一系列鼓励基金业发展的政策措施，对基金业的发展起到了重要的促进作用

鼓励基金业发展的政策措施包括向基金进行新股配售、允许保险公司通过购买基金间接进行股票投资等。对基金进行新股配售，提高了基金的收益水平，增强了基金对投资者的吸引力，对基金业的发展起到了重要的促进作用。允许保险公司通过购买基金间接进行股票投资，使保险公司成为基金的最大机构投资者，也有力地支持了基金业在试点时期的规模扩张。

（5）开放式基金的发展为基金产品的创新开辟了新的天地

在开放式基金推出之前，我国共有 47 只封闭式基金。2002 年 8 月，我国封闭式基金的数量增加到 54 只。其后由于封闭式基金一直处于高折价交易状态，封闭式基金的发展因此陷入停滞状态。与此相反，开放式基金的推出为我国基金业的产品创新开辟了新的天地，我国的基金品种日益丰富。这一阶段具有代表性的基金创新品种有：2002 年 8 月推出的我国首只以债券投资为主的债券基金——南方宝元债券基金，2003 年 3 月推出的我国首只系列基金——招商安泰系列基金，2003 年 5 月推出的我国首只具有保本特色的基金——南方避险增值基金，2003 年 12 月推出的我国首只货币市场基金——华安现金富利基金等。

3. 快速发展阶段

2004 年 6 月 1 日开始实施的《证券投资基金法》，为我国基金业的发展奠定了重要的

法律基础，标志着我国基金业的发展进入了一个新的发展阶段。自《证券投资基金法》实施以来，我国基金业在发展上出现了以下一些新的变化。

（1）基金业监管的法律体系日益完善

为配合《证券投资基金法》的实施，中国证监会相继出台了包括《证券投资基金管理公司管理办法》《证券投资基金运作管理办法》《证券投资基金销售管理办法》《证券投资基金信息披露管理办法》《证券投资基金托管管理办法》《证券投资基金行业高级管理人员任职管理办法》等法规，使我国基金业监管的法律体系日趋完备。

（2）基金品种日益丰富，开放式基金取代封闭式基金成为市场发展的主流

《证券投资基金法》实施以来，我国基金市场产品创新活动日趋活跃，具有代表性的基金创新产品包括：2004年10月成立的国内首只上市开放式基金（LOF）——南方积极配置基金，2004年年底推出的国内首只交易型开放式指数基金（ETF）——华夏上证50ETF，2006年5月推出的国内首只生命周期基金——汇丰晋信2016基金，2007年7月推出的国内首只结构化基金——国投瑞银瑞福基金，2007年9月推出的国内首只QDII基金——南方全球精选基金QDII基金，2008年4月推出的国内首只社会责任基金——兴业社会责任基金，2009年5月推出ETF联接基金等。层出不穷的基金产品创新极大地推动了我国基金业的发展。

2007年，我国基金业的资产规模到达了前所未有的3.28万亿元人民币。2003年我国开放式基金的数量首次超过封闭式基金的数量，2004年开放式基金的资产规模首次超过封闭式基金的资产规模，其后开放式基金取代封闭式基金成为市场发展的主流。截至2011年12月31日，按普通代码口径，共有1 079只基金。其中55只封闭式基金资产净值合计1 224.96亿元人民币，占全部基金资产净值的5.59%；份额规模合计1 362.14亿份，占全部基金份额规模的5.14%。964只开放式基金资产净值合计20 693.45亿元人民币，占全部基金资产净值的94.41%；份额规模合计25 147.80亿份，占全部基金份额规模的94.86%。

不仅如此，近年来基金产品也日渐丰富。从封闭式基金发展到开放式基金，从股票型基金发展到混合型基金、债券型基金、货币市场基金、保本基金、上市开放式基金、交易型开放式基金；既有投资A股市场的基金，也有投资境外市场的QDII基金，还有专门在香港市场发行的基金，如图1.3、图1.4所示。

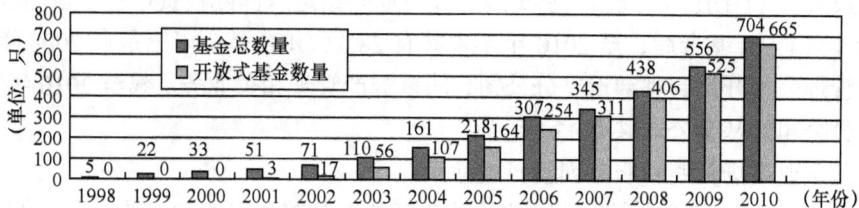

图1.3 中国基金数量发展概况

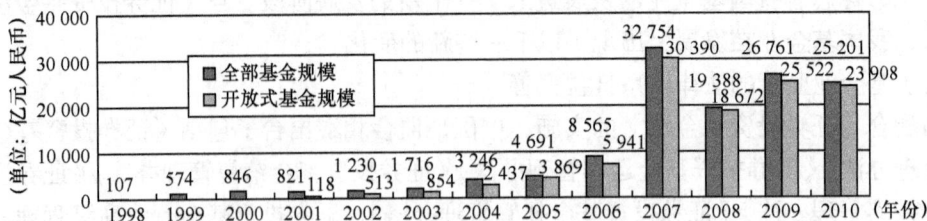

图1.4　中国基金规模发展概况

（3）基金公司业务开始走向多元化，出现了一批规模较大的基金管理公司

目前，我国的基金管理公司除了募集、管理公募基金外，已被允许开展社保基金管理、企业年金管理、QDII基金管理及特定客户资产管理等其他委托理财业务，基金管理公司的业务正在日益走向多元化。随着市场的发展，市场上也涌现出一批管理资产规模较大的基金管理公司。截至2012年3月31日，全国共有基金管理公司72家，基金托管银行18家，基金代销银行59家，代销证券公司94家，独立基金销售机构4家，基金评价机构10家，如图1.5所示。

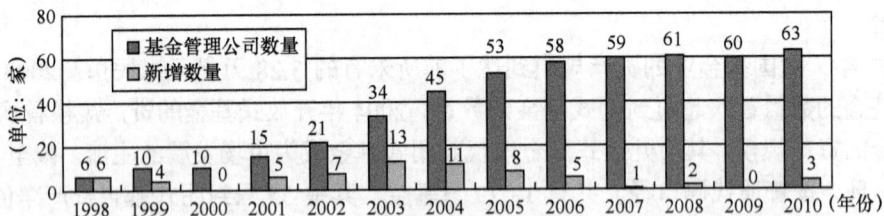

图1.5　中国基金管理公司发展概况

（4）基金行业对外开放程度不断提高

基金行业的对外开放主要体现在以下3个方面。一是合资基金管理公司数量不断增加。我国第一家中外合资基金公司诞生于2002年年末。截至2010年年末我国共有35家合资基金管理公司。合资基金管理公司占到基金管理公司总数的56%。合资基金管理公司带来的国际投资理念、风险控制技术和营销体系等，推动了国内基金业的发展和成熟。二是合格境内机构投资者（QDII）的推出，使我国基金行业开始进入国际投资市场。自2007年我国首批推出4只QDII基金后，至2010年年末共有28只QDII基金。三是自2008年4月起，部分基金管理公司开始到香港设立分公司，从事资产管理相关业务。截至2010年年底，在香港设立分公司的基金公司共有12家。

（5）基金业市场营销和服务创新日益活跃

基金业市场化程度的提高直接推动了基金管理人营销和服务意识的增强。例如，在申购费用模式上，客户可以选择前端收费模式或后端收费模式；在交易方式上，可以采用电话委托、ATM、网上委托等。定期定额投资计划、红利再投资这些在成熟市场较为普遍的服务项目，也越来越多地被我国基金管理公司所采用。

（6）基金投资者队伍迅速壮大，个人投资者取代机构投资者成为基金的主要持有者

2006 年之前，机构投资者持有开放式基金的比例在 50%左右。2006 年以来，开放式基金越来越受到普通投资者的青睐。截至 2010 年年末，我国开放式基金的账户数达到了 7 714.6 万户，基金资产约 80%以上由个人投资者持有，标志着我国证券投资基金的投资者结构发生了质的变化。

1.3 证券投资基金的参与主体

1.3.1 基金当事人

我国的证券投资基金是依据基金合同设立，基金份额持有人、基金管理人与基金托管人是基金合同的当事人，简称基金当事人。

1. 基金份额持有人

基金份额持有人即基金投资者，是基金的出资人、基金资产的所有者和基金投资回报的受益人。按照《证券投资基金法》的规定，我国基金份额持有人享有以下权利：分享基金财产收益，参与分配清算后的剩余基金财产，依法转让或申请赎回其持有的基金份额，按照规定要求召开基金份额持有人大会，对基金份额持有人大会审议事项行使表决权，查阅或复制公开披露的基金信息资料，对基金管理人、基金托管人、基金销售机构损害其合法权益的行为依法提出诉讼，基金合同约定其他权利。

2. 基金管理人

基金管理人是基金产品的募集者和管理者，其最主要职责就是按照基金合同的约定，负责基金资产的投资运作，在有效控制风险的基础上为基金投资者争取最大的投资收益。基金管理人在基金运作中具有核心作用，基金产品的设计、基金份额的销售与注册登记、基金资产的管理等重要职能多半由基金管理人或基金管理人选定的其他服务机构承担。在我国，基金管理人只能由依法设立的基金管理公司担任。

3. 基金托管人

为了保证基金资产的安全，《证券投资基金法》规定，基金资产必须由独立于基金管理人的基金托管人保管，从而使基金托管人成为基金的当事人之一。基金托管人的职责主要体现在基金资产保管、基金资金清算、会计复核及对基金投资运作的监督等方面。在我国，基金托管人只能由依法设立并取得基金托管资格的商业银行担任。

1.3.2 基金服务机构

基金管理人、基金托管人既是基金的当事人，又是基金的主要服务机构。除基金管理人与基金托管人外，基金市场还有许多面向基金提供各类服务的其他机构。这些机构主要包括基金销售机构、基金注册登记机构、律师事务所与会计师事务所、基金投资咨询机构与基金评级机构等。

1．基金销售机构

基金销售机构是受基金管理公司委托从事基金代理销售的机构。通常，只有机构客户或资金规模较大的投资者才直接通过基金管理公司进行基金份额的直接买卖，一般资金规模较小的普通投资者通常经过基金代销机构进行基金的申（认）购与赎回或买卖。在我国，只有中国证券监督管理委员会（简称中国证监会）认定的机构才能从事基金的代理销售。目前，商业银行、证券公司、证券投资咨询机构、专业基金销售机构及中国证监会规定的其他机构，均可以向中国证监会申请基金代销业务资格，从事基金的代销业务。

2．基金注册登记机构

基金注册登记机构是指负责基金登记、存管、清算和交收业务的机构。其具体业务包括投资者基金账户管理、基金份额注册登记、清算及基金交易确认、红利发放、基金份额持有人名册的建立与保管等。目前，在我国承担基金份额注册登记工作的主要是基金管理公司自身和中国证券登记结算有限责任公司（简称中国结算公司）。

3．律师事务所与会计师事务所

律师事务所与会计师事务所作为专业、独立的中介服务机构，为基金提供法律、会计服务。

4．基金投资咨询机构与基金评级机构

基金投资咨询机构是向基金投资者提供基金投资咨询建议的中介机构；基金评级机构则是向投资者及其他市场参与主体提供基金评价业务、基金资料与数据服务的机构。

1.3.3 基金监管机构及自律组织

1．基金监管机构

为了保护基金投资者的利益，世界上不同国家和地区都对基金活动进行严格的监督管理。基金监管机构通过依法行使审批或核准权，依法办理基金备案，对基金管理人、基金托管人以及其他从事基金活动的中介机构进行监督管理，对违法违规行为进行查处，因此其在基金的运作过程中起着重要的作用。

2. 基金自律组织

证券交易所是基金自律管理机构之一。我国的证券交易所是依法设立的，不以盈利为目的，为证券的集中和有组织的交易提供场所和设施，履行国家有关法律法规、规章、政策规定的职责，实行自律性管理的法人。一方面，封闭式基金、上市开放式基金和交易型开放式指数基金等需要通过证券交易所募集和交易，必须遵守证券交易所的规则；另一方面，经中国证监会授权，证券交易所对基金的投资交易行为还承担着重要的一线监控职责。

基金行业自律组织是由基金管理人、基金托管人或基金销售机构等组织成立的同业协会。同业协会在促进同业交流、提高从业人员素质、加强行业自律管理、促进行业规范发展等方面具有重要的作用。2012年6月7日中国证券投资基金行业协会正式在北京成立。行业自律组织的成立，意味着我国基金业发展迈出重要一步。

阅读资料　量子基金案例

美国金融家乔治·索罗斯旗下经营了5个风格各异的对冲基金。其中，量子基金是最大的一个，也是全球规模较大的几个对冲基金之一。量子基金最初由索罗斯创建于20世纪60年代末期，开始时资产只有400万美元。基金设立在纽约，但其出资人皆为非美国国籍的境外投资者，从而避开美国证券交易委员会的监管。量子基金投资于商品、外汇、股票和债券，并大量运用金融衍生产品和杠杆融资，从事全方位的国际性金融操作。索罗斯凭借其过人的分析能力和胆识，引导着量子基金在世界金融市场一次又一次的攀升和破败中逐渐成长壮大。他曾多次准确地预见到某个行业和公司的非同寻常的成长潜力，从而在这些股票的上升过程中获得超额收益。即使是在市场下滑的熊市中，索罗斯也以其精湛的卖空技巧而大赚其钱。经过不到30年的经营，至1997年年末，量子基金已增值为资产总值近60亿美元的巨型基金。在1969年注入量子基金的1万美元在1996年年底已增值至3亿美元，即增长了3万倍。

索罗斯之所以成为国际金融界炙手可热的人物，是由于他凭借量子基金在20世纪90年代中期所发动的几次大规模货币"狙击战"。量子基金以其强大的财力和凶狠的作风，自20世纪90年代以来在国际货币市场上兴风作浪，常常对基础薄弱的货币发起攻击并屡屡得手。

量子基金虽只有60亿美元的资产，但由于其在需要时可通过杠杆融资等手段取得相当于几百亿甚至上千亿美元资金的投资效应，因而成为国际金融市场上一股举足轻重的力量。同时，由于索罗斯的声望，量子基金的资金行踪和投注方向无不为规模庞大的国际游资所追随。因此，量子基金的一举一动常常对某个国家货币的升降走势起关键的影响作用。对冲基金对一种货币的攻击往往是在货币的远期、期货、期权市场上通过对该种货币大规模卖空进行的，从而造成此种货币的贬值压力。对于外汇储备窘困的国家，在经过徒劳无功的市场干预后，所剩的唯一办法往往是任其货币贬值，从而使处于空头的对冲基金大获其利。在 20 世纪 90 年代中期发生的几起严重的货币危机事件中，索罗斯及其量子基金都负有直接责任。

20 世纪 90 年代初，为配合欧共体内部的联系汇率，英镑汇率被人为固定在一个较高水平、引发国际货币投机者的攻击。量子基金率先发难，在市场上大规模抛售英镑而买入德国马克。英格兰银行虽下大力抛出德国马克购入英镑，并配以提高利率的措施，仍不敌量子基金的攻击而退守，英镑被迫退出欧洲货币汇率体系而自由浮动，短短 1 个月内英镑汇率下挫 20%、而量子基金在此英镑危机中获取了数亿美元的暴利。在此后不久，意大利里拉也遭受了同样的命运，量子基金同样扮演主角。

1994 年，索罗斯的量子基金对墨西哥比索发起攻击。墨西哥在 1994 年之前的经济良性增长，是建立在过分依赖中短期外资贷款的基础之上的。为控制国内的通货膨胀，比索汇率被高估并与美元挂钩浮动。由量子基金发起的对比索的攻击，使墨西哥外汇储备在短时间内告罄，不得不放弃与美元的挂钩，实行自由浮动，从而造成墨西哥比索和国内股市的崩溃，而量子基金在此次危机中则收入不菲。

1997 年下半年，东南亚发生金融危机。与 1994 年的墨西哥一样，许多东南亚国家如泰国、马来西亚和韩国等长期依赖中短期外资贷款维持国际收支平衡，汇率偏高并大多维持与美元或一篮子货币的固定或联系汇率，这给国际投机资金提供了一个很好的"捕猎"机会。量子基金扮演了狙击者的角色，从大量卖空泰铢开始，迫使泰国放弃维持已久的与美元挂钩的固定汇率而实行自由浮动，从而引发了一场泰国金融市场前所未有的危机。危机很快波及所有东南亚实行货币自由兑换的国家和地区，迫使除了港元之外的所有东南亚主要货币在短期内急剧贬值，东南亚各国货币体系和股市的崩溃，以及由此引发的大批外资撤逃和国内通货膨胀的巨大压力，给这个地区的经济发展蒙上了一层阴影。

本章练习题

一、单项选择题

1. 基金（　　）是基金产品的募集者和基金的管理者，其最主要职责就是按照基金合同的约定，负责基金资产的投资运作，在风险控制的基础上为基金投资者争取最大的投资收益。

  A. 份额持有人 B. 管理人   C. 托管人   D. 注册登记机构

2．第一家证券投资基金诞生于（　　）。

 A．美国   B．英国   C．德国   D．法国

3．在美国，证券投资基金一般被称为（　　）。

 A．共同基金   B．单位信托基金

 C．证券投资信托基金   D．集合投资计划

4．证券投资基金运作中的三方当事人一般是指基金的（　　）。

 A．发起人、管理人和投资人   B．管理人、托管人和投资人

 C．托管人、发起人和投资人   D．受益人、管理人和投资人

5．以下（　　）不是基金合同的当事人。

 A．基金销售机构   B．基金份额持有人

 C．基金管理人   D．基金托管人

6．以下不属于证券投资基金特征的是（　　）。

 A．集合投资，专业管理   B．组合投资，分散风险

 C．收益平稳，风险较小   D．独立托管，保障安全

7．基金将众多投资者的资金集中起来，表现出（　　）的特点。

 A．集合理财   B．专业管理   C．组合投资   D．利益共享

8．在我国，基金各当事人的权利义务在（　　）中约定。

 A．基金份额上市交易公告书   B．招募说明书

 C．基金合同   D．基金托管协议

9．基金管理人的最主要职责是负责（　　）。

 A．受托资产管理   B．基金资产清算和会计复核

 C．基金资产的保管   D．基金资产的投资运作

10．基金持有人获取收益和承担风险的原则是（　　）。

 A．收益保底，超额分成   B．利益共享、风险共担

 C．按先进先出法实现收益和风险   D．获取无风险收益

11．中国证监会发布的《开放式证券投资基金试点办法》，对我国开放式基金的试点起了极大的推动作用。其发布日期是（　　）。

 A．1997 年 11 月 14 日   B．1998 年 3 月 1 日

 C．2000 年 10 月 8 日   D．2001 年 9 月 1 日

12．1940 年，（　　）颁布了基金法律的典范——《投资公司法》和《投资顾问法》。

 A．英国   B．美国   C．瑞士   D．法国

13．国内第一只开放式证券投资基金是（　　）。

 A．基金金泰   B．基金开元

C．华安创新证券投资基金　　　　　D．南方稳健发展证券投资基金

14．在我国香港特别行政区和英国，证券投资基金一般被称为（　　　）。

A．共同基金　　　　　　　　　　B．单位信托基金

C．证券投资信托基金　　　　　　D．私募基金

15．证券投资基金在我国台湾地区被称为（　　　）。

A．共同基金　　　　　　　　　　B．证券投资信托基金

C．信托产品　　　　　　　　　　D．单位信托基金

16．在我国，下列可以作为基金管理人的是（　　　）。

A．基金销售机构　　　　　　　　B．基金托管银行

C．基金管理公司　　　　　　　　D．基金结算机构

17．为了保证基金资产的安全，证券投资基金一般都要由（　　　）来保管基金资产。

A．基金发起人　　B．基金管理人　　C．基金委托人　　D．基金托管人

18．（　　　）在基金运作中具有核心作用。

A．基金份额持有人　　　　　　　B．基金管理人

C．基金托管人　　　　　　　　　D．基金咨询机构

19．证券投资基金是一种实行组合投资、专业管理，利益共享、风险共担的（　　　）投资方式。

A．集合　　　　　B．集资　　　　　C．联合投资　　　　D．合作

20．证券投资基金是指通过发售基金份额，将众多投资者的资金集中起来，形成（　　　），由基金托管人托管、基金管理人管理，以投资组合的方式进行证券投资的一种利益共享、风险共担的集合投资方式。

A．联合财产　　　B．集合财产　　　C．独立财产　　　D．共有财产

21．基金（　　　）是基金的出资人、基金资产的所有者和基金投资回报的受益人。

A．份额持有人　　B．管理人　　　　C．托管人　　　　D．注册登记机构

22．基金管理人是基金产品的募集者和管理者，其最主要职责是（　　　）。

A．提高基金收益

B．按照基金合同的约定，负责基金资产的投资运作，为基金投资者争取最大的投资收益

C．对基金经营人进行监督

D．管理基金公司

23．基金托管人承担基金资产保管、基金资金清算、会计复核及（　　　）等职责。

A．基金信息披露　　　　　　　　B．基金估值

　　C．对基金投资运作的监督　　　　　　　D．基金会计核算

24．基金（　　　）通过依法行使审批或核准权，依法办理基金备案，对基金管理人、基金托管人及其他从事基金活动的中介机构进行监督管理，对违法行为进行查处，在基金的运作过程中起着重要的作用。

　　A．份额持有人　　B．监管机构　　　　C．结算机构　　　　　D．注册登记机构

25．基金销售机构是受（　　　）委托从事基金代理销售的机构。

　　A．中国证监会　　　　　　　　　　　B．基金托管人

　　C．基金机构投资者　　　　　　　　　D．基金管理公司

26．我国目前只能由依法设立的（　　　）担任基金管理人。

　　A．基金发起人　　B．基金管理公司　　C．基金托管银行　　D．基金投资者

27．1924 年 3 月 21 日诞生于美国的（　　　）成为世界上第一个开放式基金。

　　A．马萨诸塞投资信托基金　　　　　　B．海外及殖民地政府信托基金

　　C．苏格兰美国投资信托　　　　　　　D．外国和殖民地政府信托

28．中国境内第一家较为规范的证券投资基金（　　　）于 1992 年 11 月经中国人民银行总行批准正式成立。

　　A．武汉证券投资基金　　　　　　　　B．淄博乡镇企业基金

　　C．深圳南山投资基金　　　　　　　　D．富岛基金

29．2003 年 12 月推出的我国首只货币市场基金是（　　　）。

　　A．南方宝元债券基金　　　　　　　　B．招商安泰系列基金

　　C．南方避险增值基金　　　　　　　　D．华安现金富利基金

30．2004 年 10 月成立的国内首只上市开放式基金是（　　　）。

　　A．南方积极配置基金　　　　　　　　B．华夏上证 50ETF

　　C．汇丰晋信 2016 基金　　　　　　　D．国投瑞银瑞福基金

二、不定项选择题

1．世界各国和地区对证券投资基金的称谓不尽相同，目前的称谓有（　　　）。

　　A．共同基金　　　　　　　　　　　　B．单位信托基金

　　C．证券投资信托基金　　　　　　　　D．金融产品

2．证券投资基金集合理财、专业管理的特点主要表现在（　　　）。

　　A．汇集众多投资者资金，积少成多，有利于发挥资金的规模优势

　　B．基金管理人一般拥有大量的专业投资研究人员和强大的信息网络，能够更好地对证券市场进行全方位的动态跟踪与分析

    C．将资金交给基金管理人管理，使中小投资者也能享受到专业化的投资管理服务

    D．集中研究基金收益分配

3．在我国，（   ）可以向中国证监会申请基金代销业务资格，从事基金的代销业务。

    A．商业银行   B．证券公司

    C．证券投资咨询机构   D．专业基金销售机构

4．下面关于基金的说法，正确的是（   ）。

    A．基金托管人保管基金   B．基金管理人管理基金

    C．基金投资者购买基金   D．中介或代理机构服务基金

5．基金托管人的职责主要体现在（   ）等方面。

    A．基金资产保管   B．基金信息披露   C．基金资金清算   D．会计复核

6．以下关于淄博乡镇企业投资基金的说法，正确的有（   ）。

    A．于 1992 年 11 月经中国人民银行总行批准正式设立

    B．为公司型封闭式基金

    C．60%投向淄博乡镇企业，40%投向上市公司

    D．于 1998 年 3 月在深圳证券交易所最早挂牌上市

7．1940 年，美国政府颁布了（   ），被认为是关于共同基金投资者保护最重要的法律。

    A．《投资公司法》   B．《投资顾问法》

    C．《股份有限公司法》   D．《投资法》

8．我国基金业的发展可以分为的 3 个历史阶段，分别是（   ）。

    A．20 世纪 70 年代以前的零星发展阶段

    B．20 世纪 80 年代末至 1997 年 11 月 14 日《证券投资基金管理暂行办法》颁布之前的早期探索阶段

    C．《证券投资基金管理暂行办法》颁布实施以后至 2004 年 6 月 1 日《证券投资基金法》实施前的试点发展阶段

    D．《证券投资基金法》实施以来的快速发展阶段

9．1997 年以前设立的基金（即老基金）存在的问题主要表现为（   ）。

    A．缺乏基本的法律规范，普遍存在法律关系不清、无法可依、监管不力的问题

    B．受当时境内证券市场规模狭小的限制，基金收益水平很低

    C．不以上市证券为基本投资方向，而是大量投向了房地产、企业等产业部门

    D．深受房地产市场降温、实业投资无法变现及贷款资产无法回收的困扰，资产质量普遍不高

10．基金注册登记机构是指负责基金（   ）业务的机构。

    A．登记   B．存管   C．监督   D．交收

11. 下面关于基金的说法，正确的是（　　　）。

  A. 基金投资者是基金投资回报受益人

  B. 基金管理人由商业银行担任

  C. 基金托管人是基金当事人之一

  D. 基金管理人既是基金的当事人，又是基金的主要服务机构

12. 基金行业自律组织是由（　　　）等行业成立的行业协会。

  A. 基金投资咨询机构　　　　　　　　B. 基金管理人

  C. 基金托管人　　　　　　　　　　　D. 基金销售机构

13. 以下关于证券投资基金中的专业管理含义描述正确的是（　　　）。

  A. 专业管理就是由拥有超常能力的基金经理管理

  B. 投资策略主要是由投资者决定的

  C. 基金管理人的从业人员由专业人士组成

  D. 基金的管理是由专业机构运作的

14. 基金份额持有人享有基金（　　　）等法定权益。

  A. 资产所有权　　　　　　　　　　　B. 资产管理权

  C. 剩余资产分配权　　　　　　　　　D. 资产保管权

15. 基金市场的服务机构主要包括（　　　）。

  A. 基金销售机构　　　　　　　　　　B. 注册登记机构

  C. 律师事务所和会计师事务所　　　　D. 基金评级公司

16. 证券投资基金主要的当事人有（　　　）。

  A. 基金代销商　　　　　　　　　　　B. 基金投资人

  C. 基金管理人　　　　　　　　　　　D. 基金托管人

17. 在我国，承担基金份额注册登记工作的主要是（　　　）。

  A. 基金管理公司　　　　　　　B. 基金托管公司

  C. 中国证券登记结算有限责任公司　　D. 基金代销机构

18. 基金合同应明确（　　　）等合同当事人的权利与义务。

  A. 基金发起人　　　　　　　　　　　B. 基金持有人

  C. 基金托管人　　　　　　　　　　　D. 基金管理人

19. 证券投资基金持有人享有的权利有（　　　）。

  A. 按照规定要求召开基金份额持有人大会

  B. 参加基金管理人的业务工作会议

  C. 对基金份额持有人大会审议事项行使表决权

  D. 获取基金公开披露信息的资料

20. 全球基金业发展的趋势与特点是（　　　）。

    A. 美国占据主导地位，其他国家发展迅猛

    B. 开放式基金成为证券投资基金的主流产品

    C. 基金市场竞争加剧，行业集中趋势突出

    D. 基金的资金来源发生了重大变化

21.（　　　）是基金设立的两个重要法律文件。

    A. 风险揭示书   B. 基金合同

    C. 基金招募说明书   D. 基金宣传册

22. 证券投资基金在我国的作用主要包括（　　　）。

    A. 为中小投资者拓宽投资渠道   B. 提高投资者的投资回报

    C. 优化金融结构，促进经济增长   D. 促进证券市场的稳定和健康发展

23. 在试点发展阶段，我国基金业发展的特点主要表现在（　　　）。

    A. 基金在规范化运作方面得到很大的提高

    B. 在封闭式基金成功试点的基础上成功地推出了开放式基金

    C. 对老基金进行了全面清理规范

    D. 开放式基金取代封闭式基金成为市场发展的主流

24. 目前，基金管理公司可以开展的业务包括（　　　）。

    A. 公募基金管理   B. 社保基金管理

    C. QDII 基金管理   D. 特定客户资产管理

25. 目前，我国商业银行经批准可以开办开放式基金的（　　　）业务。

    A. 申购   B. 投资管理   C. 赎回   D. 注册登记

26. 依照《开放式证券投资基金试点办法》规定，注册登记机构可以开办以下（　　　）业务。

    A. 建立并管理投资人基金单位账户   B. 负责基金单位注册登记

    C. 基金交易确认   D. 代理发放红利

27. 在试点发展阶段具有代表性的基金创新品种有（　　　）。

    A. 南方宝元债券基金   B. 招商安泰系列基金

    C. 南方避险增值基金   D. 华安现金富利基金

28. 基金行业对外开放主要体现在（　　　）。

    A. 合资基金管理公司数量增加

    B. 合作基金管理公司数量增加

    C. QDII 的推出使我国基金行业开始进入国际投资市场

    D. QFII 的推出使我国基金行业开始进入国际投资市场

29. 我国基金业在快速发展阶段表现出来的特点有（　　）。
   A．基金监管的法律体系日益完善
   B．基金行业对外开放程度不断提高
   C．机构投资者取代个人投资者成为基金的主要持有者
   D．基金业市场营销和服务创新日益活跃

30. 证券投资基金的运作特点包括（　　）。
   A．规模较大　　　B．专业运作　　　　C．组合投资　　　　D．长期收益较好

三、判断题

1. 证券投资基金的管理者是基金的实际所有者。　　　　　　　　　　（　　）

2. 凡向投资人募集资金而形成的资金集合体都可以称为证券投资基金。（　　）

3. 与股票、债券类似，证券投资基金是一种直接投资工具。　　　　（　　）

4. 证券投资基金是指通过发售基金份额，将众多投资者的资金集中起来，形成独立财产，由基金托管人托管、基金管理人管理，以投资组合的方法进行证券投资的一种利益共享，风险共担的集合投资方式。

5. 日本和中国台湾将证券投资基金称为单位信托基金，英国和中国香港特别行政区称为证券投资信托基金。　　　　　　　　　　　　　　　　　　　　　　（　　）

6. 基金投资收益在扣除由基金承担的费用后的盈余全部归基金投资者所有。（　　）

7. 基金管理人按规定收取一定的管理费，并参与基金收益的分配。　（　　）

8. 基金托管人员负责基金的投资操作，基金财产的保管由独立于基金托管人的基金管理人负责。这种相互制约、相互监督的制衡机制对投资者的利益提供了重要的保护。

（　　）

9. 为降低投资风险，一些国家的法律通常规定基金必须以组合投资的方式进行基金的投资运作，从而使"组合投资、分散风险"成为基金的一大特色。　　（　　）

10. 在我国，基金托管人承担基金份额的销售与注册登记工作。　　（　　）

11. 我国的证券投资基金依据基金合同设立，基金份额持有人、基金管理人与基金托管人是基金的当事人。　　　　　　　　　　　　　　　　　　　　　（　　）

12. 基金份额持有人即基金投资者，是基金的出资人、基金资产的所有者和基金投资收益的受益人。　　　　　　　　　　　　　　　　　　　　　　　　（　　）

13. 在我国，基金托管人只能由依法设立并取得基金托管资格的商业银行和信托公司担任。　　　　　　　　　　　　　　　　　　　　　　　　　　　　（　　）

14. 商业银行必须向中国证券业协会申请基金代销业务资格，才能从事基金的代销业务。

（　　）

15. 证券投资基金作为社会化的理财工具，起源于美国。　　　　　（　　）

16. 20 世纪 80 年代以来，开放式基金的数量和规模增加幅度最大，目前已成为证券投资基金中的主流产品。 （ ）

17. 淄博乡镇企业投资基金经中国人民银行总行批准，于 1992 年 8 月在深圳证券交易所最早挂牌上市。 （ ）

18. 1998 年 4 月 11 日，国务院证券监督管理委员会颁布的《证券投资基金管理暂行办法》是我国首次颁布的规范证券投资基金运作的行政法规。 （ ）

19. 证券投资基金作为一种投资工具，把众多投资者的小额资金汇集起来进行组合投资，拓宽了中小投资者的投资渠道。 （ ）

20. 基金托管人的职责主要体现在基金资产保管、基金资金清算、会计复核及对基金投资运作的监督等方面。在我国，基金托管人可以由依法设立并取得基金托管资格的商业银行担任，也可以由其他金融机构担任。 （ ）

21. 基金管理人、基金托管人既是基金的当事人，又是基金的主要服务机构。（ ）

22. 通常，只有机构客户或资金规模较大的投资者才直接通过基金管理公司进行基金份额的直接买卖，一般资金规模较小的普通投资者通常经过基金代销机构进行基金的申（认）购与赎回或买卖。 （ ）

23. 在基金的发展历史上，早期的基金基本上是封闭式基金。 （ ）

24. 基金托管人在协议规定的范围内履行托管职责，但不收取报酬。 （ ）

25. 投资基金的投资者所拥有的权益属于债权性权益。 （ ）

26. 证券投资基金是股票、债券或其他金融资产的组合。 （ ）

27. 股票和债券是直接投资工具，主要投向有价证券，而基金是间接投资工具，主要投向实业。 （ ）

28. 第一只开放式基金成立于英国。 （ ）

29. 我国证券投资基金的发展趋势之一是从封闭式基金为主转向以开放式基金为主。 （ ）

30. 中国证券业协会是基金行业的自律组织。 （ ）

四、思考题

1. 简述证券投资基金的特点。
2. 如何理解基金"组合投资、分散风险"的投资特点？
3. 简述证券投资基金的作用。
4. 如何理解基金管理人在基金运行中的作用？
5. 证券投资基金自律组织有哪些？各自的职能是什么？

第 2 章

证券投资基金的分类

随着基金数量、品种的不断增多，对基金进行科学合理的分类，无论是对投资者、基金管理公司，还是对基金研究评价机构、监管部门来说，都有重要意义。证券投资基金的一大特色就是数量众多、品种丰富，可以较好地满足广大投资者的投资需要。掌握各种不同类型基金的概念，认识主要基金类型的风险收益特征与分析方法，是对从业人员的基本要求。构成基金的要素有多种，因此可以依据不同的标准对基金进行分类。本章按 8 种不同的标准对基金进行了系统的分类，在对不同类型基金进行介绍的基础上，重点对依据基金投资对象进行分类的股票基金、债券基金、混合基金、货币市场基金及保本基金、交易型开放式指数基金等特殊类型的基金品种进行了分析。

2.1　依据规模是否可辨分类

根据《证券投资基金法》总则，"封闭式基金是指经核准的基金份额总额在基金合同期限内固定不变，基金份额可以在依法设立的证券交易场所交易，但基金份额持有人不得申请赎回的基金。"而开放式基金的基金份额总额不固定，基金份额可以在基金合同约定的时间和场所申购或赎回。因此依据基金规模是否可辨，证券投资基金可分为封闭式基金和开放式基金。

2.1.1　封闭式基金

封闭式基金是指基金份额在基金合同期限内固定不变，并可以在依法设立的证券交易所交易，但基金份额持有人不得申请赎回的一种基金运作方式。

由于封闭式基金在证券交易所的交易采取竞价的方式，因此交易价格受到市场供求关系的影响而并不必然反映基金的净资产值，即相对其净资产值，封闭式基金的交易价格有溢价、折价现象。国外封闭式基金的实践显示其交易价格往往存在先溢价、后折价的价格波动规律。从我国封闭式基金的运行情况看，无论基本面状况如何变化，我国封闭式基金的交易价格走势也始终未能脱离先溢价、后折价的价格波动规律。

20 世纪 90 年代初，珠信基金的成立标志着中国投资基金（封闭式基金雏形）的起步。之后，天骥、蓝天、淄博等投资基金作为首批基金在深圳、上海证券交易所上市，标志着我国全国性投资基金市场的诞生。从封闭式基金十多年的发展历程看，封闭式基金大致经历了起步、规范和发展 3 个阶段。

2.1.2　开放式基金

开放式基金是指基金份额不固定，并可以在基金合同约定的时间和场所进行申购或赎回的一种基金运作方式。它是一种发行额可变，基金份额（单位）总数可随时增减，投资者可按基金的报价在基金管理人指定的营业场所申购或赎回的基金。

与封闭式基金相比，开放式基金具有发行数量没有限制、买卖价格以资产净值为准、在柜台上买卖和风险相对较小等特点，特别适合中小投资者进行投资。

世界基金发展史就是从封闭式基金走向开放式基金的历史。以基金市场最为成熟的美国为例，在 1990 年 9 月，美国开放式基金共有 3 000 家，资产总值 1 万亿美元；而封闭式基金仅有 250 家，资产总值 600 亿美元。到 1996 年，美国开放式基金的资产为 35 392 亿美元，封闭式基金资产仅为 1 285 亿美元，两者之比达到 27.54∶1；而在 1940 年，两者之比仅为 0.73∶1。在日本，1990 年以前封闭式基金占绝大多数，开放式基金处于从属地位；但 20 世纪 90 年代后期情况发生了根本性变化，开放式基金资产达到封闭式基金资产的两倍左右。在中国香港、泰国、中国台湾、新加坡、菲律宾等亚洲发展投资基金较早的国家和地区，发展之初也是以封闭式基金为主，逐渐过渡到目前两类基金形态并存的阶段。从世界范围看，1990 年世界开放式投资基金净资产余额为 23 554 亿美元，到 1995 年已跃升至 53 407 亿美元。

开放式基金已经逐渐成为世界投资基金的主流。世界各国投资基金起步时大都为封闭型的。这是由于在投资基金发展初期，买卖封闭式基金的手续费远比赎回开放式基金的份额的手续费低。从基金管理的角度看，由于没有请求赎回受益凭证的压力，可以充分利用投资者的资金来实施其投资战略以求利益的最大化。

1. 开放式基金认/申购、赎回价格的计算

开放式基金申购、赎回价格是以单位基金资产净值（Net Asset Value，NAV）为基础计算出来的。单位基金资产净值，即每一基金单位代表的基金资产的净值。其计算公式为：

$$单位基金资产净值=（总资产-总负债）÷基金单位总数$$

例 2-1

一位投资人有 100 万元用来认购开放式基金，假定认购的费率为 1%，基金份额面值为 1 元，那么：

认购费用=100×1%=1（万元）

净认购金额=100−1=99（万元）

认购份额=99÷1.00=99（万份）

例 2-2

一位投资人有 100 万元用来申购开放式基金，假定申购的费率为 2%，单位基金净值为 1.5 元，那么：

申购费用=100×2%=2（万元）

净申购金额=100−2=98（万元）

申购份额=98÷1.50=653 333.33（份）

例 2-3

一位投资人要赎回 100 万份基金单位，假定赎回的费率为 1%，单位基金净值为 1.5 元，那么：

赎回价格=1.5×（1−1%）=1.485（元）

赎回金额=100×1.485=148.5（万元）

2.1.3　封闭式基金与开放式基金的比较

1. 基金规模的比较

基金规模的可变性不同。封闭式基金均有明确的存续期限（我国不得少于 5 年），在此期限内已发行的基金份额不能被赎回。虽然特殊情况下此类基金可进行扩募，但扩募应具备严格的法定条件。因此，在正常情况下，基金规模是固定不变的。而开放式基金所发行的基金份额是可赎回的，而且投资者在基金的存续期间内也可随意申购基金份额，导致基金的资金总额每日均不断地变化。换言之，它始终处于"开放"的状态，这是封闭式基金与开放式基金的根本差别。

2. 基金份额的比较

基金份额的买卖方式不同。封闭式基金发起设立时，投资者可以向基金管理公司或销售机构认购；当封闭式基金上市交易时，投资者又可委托券商在证券交易所按市价买卖。而投资者投资于开放式基金时，他们则可以随时向基金管理公司或销售机构申购或赎回。

基金份额的买卖价格形成方式不同。封闭式基金因在交易所上市，其买卖价格受市场供求关系影响较大。当市场供小于求时，基金份额买卖价格可能高于每份基金份额资产净值，这时投资者拥有的基金资产就会增加；当市场供大于求时，基金价格则可能低于每份基金份额资产净值。而开放式基金的买卖价格是以基金份额的资产净值为基础计算的，可直接反映基金份额资产净值的高低。在基金的买卖费用方面，投资者在买卖封闭式基金时与买卖上市股票一样，也要在价格之外付出一定比例的证券交易税和手续费；而开放式基金的投资者需缴纳的相关费用（如首次认购费、赎回费）则包含于基金价格之中。一般而言，买卖封闭式基金的费用要高于买卖开放式基金的。

3．基金投资策略的比较

基金的投资策略不同。由于封闭式基金不能随时被赎回，其募集得到的资金可全部用于投资，这样基金管理公司便可据以制定长期的投资策略，取得长期经营绩效。而开放式基金则必须保留一部分现金，以便投资者随时赎回，而不能尽数地用于长期投资，一般投资于变现能力强的资产。

4．存续期的比较

封闭式基金有固定的存续期，期间基金规模固定。开放式基金无固定存续期，规模因投资者的申购、赎回可以随时变动。

5．交易方式的比较

封闭式基金在证券交易场所上市交易，而开放式基金在销售机构的营业场所销售及赎回，不上市交易。

6．价格决定的比较

开放式基金的申购、赎回价格以每日公布的基金份额资产净值加、减一定的手续费计算，能一目了然地反映其投资价值，而封闭式基金的交易价格主要受市场对该特定基金份额的供求关系影响。

7．管理要求的比较

开放式基金随时面临赎回压力，须更注重流动性等风险管理，要求基金管理人具有更高的投资管理水平。世界投资基金的发展历程基本上遵循了由封闭式转向开放式的发展规律。

2.2 依据基金设立依据分类

依据基金设立依据，基金可分为公司型基金和契约型基金。基金通过发行基金股份成立投资基金公司的形式设立，通常称为公司型基金；由基金管理人、基金托管人和投资人三方通过基金契约设立，通常称为契约型基金。目前我国的证券投资基金均为契约型基金。

2.2.1 公司型基金

公司型基金是指基金本身为一家股份有限公司，公司通过发行股票或受益凭证的方式来筹集资金。投资者购买了该家公司的股票，就成为该公司的股东，凭股票领取股息或红利、分享投资所获得的收益。公司型基金在法律上是具有独立法人地位的股份投资公司。公司型基金依据基金公司章程设立，基金投资者是基金公司的股东，享有股东权，按所持有的股份承担有限责任、分享投资收益。公司型基金在美国比较流行。

2.2.2 契约型基金

契约型基金又称信托型基金，是由基金经理人（即基金管理公司）与代表受益人权益的信托人（托管人）之间订立信托契约而发行受益单位，由经理人依照信托契约从事对信托资产的管理，由托管人作为基金资产的名义持有人负责保管基金资产。契约型基金通过发行受益单位，使投资者购买后成为基金受益人，分享基金经营成果。契约型基金的设立法律性文件是信托契约，而没有基金章程。基金管理人、托管人、投资人三方当事人的行为通过信托契约来规范。契约型基金的发展基础是要有完善的信用制度和成熟发达的信托市场，但我国在这方面的发展是不足的。而我国的股份公司制度已经有多年的发展历史，相对比较成熟，在这种条件下，有利于发展公司型基金。目前国内已发行的基金全部是契约型基金，以前曾经在上交所上市的淄博基金是我国首家封闭式公司型基金，但经过改制后成为契约型基金。

2.2.3 契约型基金与公司型基金的比较

1．法律依据的比较

契约型基金是依照基金契约组建的，《信托法》是契约型基金设立的依据；公司型基金是依照《公司法》组建的。

2．法律地位的比较

契约型基金不具有法人资格，而公司型基金本身就是具有法人资格的股份有限公司。

3．存在时间的比较

公司型基金像一般的股份公司一样，除非依据《公司法》到了破产、清算阶段，否则公司一般都具有永久性；契约型基金则依据基金契约建立、运作，契约期满，基金运营也就终止。

4．融资渠道的比较

公司型基金由于具有法人资格，在资金运用状况良好、业务开展顺利、又需要扩大公司规模、增加资产时，可以向银行借款；契约型基金因不具有法人资格，一般不向银行借款。

5．运作依据的比较

契约型基金凭借基金契约经营基金财产；公司型基金则依据公司章程来经营。

6．投资者地位的比较

契约型基金的投资者作为信托契约中规定的受益人，对基金如何运用所做的重要投资决策通常不具有发言权；公司型基金的投资者作为公司的股东有权对公司的重大决策进行审批、发表自己的意见。

以上所述如表2.1所示。

表2.1 公司型基金与契约型基金的区别

分　类	公司型基金	契约型基金
法律依据	《公司法》	《信托法》
法律地位	法人地位	非法人地位
存在时间	无限期	契约到期时
融资渠道	可以向银行贷款	得不到银行贷款
运作依据	公司章程	信托契约
投资者地位	股东（可以通过股东大会行使的表决权，来间接参与基金的经营与管理）	信托契约的当事人、受益人（不具有任何经营管理权）

2.3 依据基金投资对象分类

依据基金投资对象的不同，基金可分为股票基金、债券基金、混合基金、货币市场基金等。

2.3.1 股票基金

1. 定义

股票基金是指以股票为主要投资对象的基金。股票基金在各类基金中历史最为悠久，也是各国（地区）广泛采用的一种基金类型。根据中国证监会对基金类别的分类标准，基金资产60%以上投资于股票的为股票基金。

2. 分类

（1）按投资的对象不同，可分为优先股基金和普通股基金

优先股基金可获取稳定收益，风险较小，收益分配主要是股利。

普通股基金是目前数量最大的一种基金，该基金以追求资本利得和长期资本增值为目的，风险较优先股基金大。

（2）按基金投资分散化程度不同，可分为一般普通股基金和专门化基金

一般普通股基金是指将基金资产分散投资于各类普通股票上。

专门化基金是指将基金资产投资于某些特殊行业股票上，风险较大，但可能具有较好的潜在收益。

（3）按基金投资的目的不同，可分为资本增值型基金投资、成长型基金投资及股票收入型基金

资本增值型基金投资的主要目的是追求资本快速增长，以此带来资本增值，该类基金风险高、收益也高。

成长型基金投资于那些具有成长潜力并能带来收入的普通股票上，具有一定的风险。

股票收入型基金投资于具有稳定发展前景的公司所发行的股票，追求稳定的股利分配和资本利得，这类基金风险小，收入也不高。

3．特点

1）与其他基金相比，股票基金的投资对象具有多样性，投资目的也具有多样性。

2）与投资者直接投资于股票市场相比，股票基金具有分散风险、费用较低等特点。对一般投资者而言，个人资本毕竟是有限的，难以通过分散投资种类而降低投资风险。但若投资于股票基金，投资者不仅可以分享各类股票的收益，而且可以通过投资于股票基金而将风险分散于各类股票上，大大降低了投资风险。此外，投资者投资了股票基金，还可以享受基金大额投资在成本上的相对优势，降低投资成本，提高投资效益，获得规模效益的好处。

3）从资产流动性来看，股票基金具有流动性强、变现性高的特点。股票基金的投资对象是流动性极好的股票，基金资产质量高、变现容易。

4）对投资者来说，股票基金经营稳定、收益可观。一般来说，股票基金的风险比股票投资的风险低，因而收益较稳定。不仅如此，封闭式股票基金上市后，投资者还可以通过在交易所交易获得买卖差价。基金期满后，投资者享有分配剩余资产的权力。

5）股票基金还具有在国际市场上融资的功能和特点。就股票市场而言，其资本的国际化程度较外汇市场和债券市场低。一般来说，各国的股票基本上在本国市场上交易，股票投资者也只能投资于本国上市的股票或在当地上市的少数外国公司的股票。在国外，股票基金则突破了这一限制，投资者可以通过购买股票基金，投资于其他国家或地区的股票市场，从而对证券市场的国际化具有积极的推动作用。从海外股票市场的现状来看，股票基金投资对象有很大一部分是外国公司股票。

2.3.2　债券基金

1．债券基金在投资组合中的作用

债券基金主要以债券为投资对象，因此对追求稳定收入的投资者具有较强的吸引力。债券基金的波动性通常要小于股票基金，因此常常被投资者认为是收益、风险适中的投资工具。此外，当债券基金与股票基金进行适当的组合投资时，常常能较好地分散投资风险，因此债券基金常常也被视为组合投资中不可或缺的重要组成部分。

2．债券基金与债券的不同

作为投资于一篮子债券的组合投资工具，债券基金与单一债券存在重大的区别。

（1）债券基金的收益不如债券的利息固定

投资者购买固定利率性质的债券，在购买后会定期得到固定的利息收入，并可在债券到期时收回本金。债券基金作为不同债券的组合，尽管也会定期将收益分配给投资者，但债券基金分配的收益有升有降，不如债券的利息固定。

（2）债券基金没有确定的到期日

与一般债券会有一个确定的到期日不同，债券基金由一组具有不同到期日的债券组成，因此并没有一个确定的到期日。不过为分析债券基金的特性，仍可以对债券基金所持有的所有债券计算出一个平均到期日。

（3）债券基金的收益率比买入并持有到期的单个债券的收益率更难以预测

单一债券的收益率可以根据购买价格、现金流及到期收回的本金计算其投资收益率；但债券基金由一组不同的债券组成，收益率较难计算和预测。

（4）投资风险不同

单一债券随着到期日的临近，所承担的利率风险会下降。债券基金没有固定到期日，所承担的利率风险将取决于所持有的债券的平均到期日。债券基金的平均到期日常常会相对固定，债券基金所承受的利率风险通常也会保持在一定的水平。单一债券的信用风险比较集中，而债券基金通过分散投资可以有效避免单一债券可能面临的较高的信用风险。

3．债券基金的类型

债券有不同类型，债券基金也会有不同类型，通常可以依据债券发行者（政府、企业等）的不同、债券到期日的长短及债券信用等级的高低对债券进行分类。根据发行者的不同，可以将债券分为政府债券、企业债券、金融债券等。根据债券到期日的不同，可以将债券分为短期债券、长期债券等。根据债券信用等级的不同，可以将债券分为低等级债券、高等级债券等。与此相适应，也就产生了以某一类债券为投资对象的债券基金。

与股票基金类似，债券基金也被分成不同的投资风格。债券基金投资风格主要依据基金所持债券的久期与债券的信用等级来划分，如图2.1所示。

	短期	中期	长期
高等级	短期高信用	中期高信用	长期高信用
中等级	短期中信用	中期中信用	长期中信用
低等级	短期低信用	中期低信用	长期低信用

图2.1　债券基金风格类型

4．债券基金的投资风险

债券基金主要的投资风险包括利率风险、信用风险、提前赎回风险及通货膨胀风险。

（1）利率风险

债券的价格与市场利率变动密切相关，且呈反方向变动。当市场利率上升时，大部分债券的价格会下降；当市场利率降低时，债券的价格通常会上升。通常，债券的到期日越长，债券价格受市场利率的影响就越大。与此相类似，债券基金的价值会受到市场利率变动的影响。债券基金的平均到期日越长，债券基金的利率风险越高。

（2）信用风险

信用风险是指债券发行人没有能力按时支付利息、到期归还本金的风险。如果债券发行人不能按时支付利息或偿还本金，该债券就面临很高的信用风险。投资者为弥补低等级信用债券可能面临的较高信用风险，往往会要求较高的收益补偿。一些债券评级机构会对债券的信用进行评级。如果某债券的信用等级下降，将会导致该债券的价格下跌，持有这种债券的基金的资产净值也会随之下降。

（3）提前赎回风险

提前赎回风险是指债券发行人有可能在债券到期日之前回购债券的风险。当市场利率下降时，债券发行人能够以更低的利率融资，因此可以提前偿还高息债券。持有附有提前赎回权债券的基金将不仅不能获得高息收益，而且还会面临再投资风险。

（4）通货膨胀风险

通货膨胀会吞噬固定收益所形成的购买力，因此债券基金的投资者不能忽视这种风险，必须适当地购买一些股票基金。

2.3.3　混合基金

1．混合基金在投资组合中的作用

混合基金的风险低于股票基金，预期收益则要高于债券基金。它为投资者提供了一种在不同资产类别之间进行分散投资的工具，比较适合较为保守的投资者。

2．混合基金的类型

混合基金尽管会同时投资于股票、债券等，但常常会依据基金投资目标的不同而进行股票与债券的不同配比。因此，通常可以依据资产配置的不同将混合基金分为偏股型基金、偏债型基金、股债平衡型基金、灵活配置型基金等。

偏股型基金中股票的配置比例较高，债券的配置比例相对较低。通常，股票的配置比例为 50%～70%，债券的配置比例为 20%～40%。偏债型基金与偏股型基金正好相反，债券的配置比例较高，股票的配置比例则相对较低。股债平衡型基金股票与债券的配置比例较为均衡，比例为 40%～60%。灵活配置型基金在股票、债券上的配置比例则会根据市场

状况进行调整，有时股票的比例较高，有时债券的比例较高。

3. 混合基金的投资风险

混合基金的投资风险主要取决于股票与债券配置的比例大小。一般而言，偏股型基金、灵活配置型基金的风险较高，但预期收益率也较高；偏债型基金的风险较低，预期收益率也较低；股债平衡型基金的风险与收益则较为适中。

混合基金尽管提供了一种"一站式"的资产配置投资方式，但如果购买多只混合基金，投资者在各种大类资产上的配置可能变得模糊不清，这将不利于投资者根据市场状况进行有效的资产配置。

2.3.4 货币市场基金

1. 货币市场基金在投资组合中的作用

与其他类型基金相比，货币市场基金具有风险低、流动性好的特点。货币市场基金是厌恶风险、对资产流动性和安全性要求较高的投资者进行短期投资的理想工具，或者是暂时存放现金的理想场所。需要注意的是，货币市场基金的长期收益率较低，并不适合长期投资。

2. 货币市场工具

货币市场工具通常是指到期日不足一年的短期金融工具。由于货币市场工具到期日非常短，因此也称为现金投资工具。货币市场工具通常由政府、金融机构及信誉卓著的大型工商企业发行。货币市场工具流动性好、安全性高，但其收益率与其他证券相比则非常低。货币市场与股票市场的一个主要区别是：货币市场进入门槛通常很高，在很大程度上限制了一般投资者的进入。此外，货币市场属于场外交易市场，交易主要由买卖双方通过电话或电子交易系统以协商价格完成。货币市场基金的投资门槛极低，因此，货币市场基金为普通投资者进入货币市场提供了重要通道。

3. 货币市场基金的投资对象

按照《货币市场基金管理暂行规定》及其他有关规定，目前我国货币市场基金能够进行投资的金融工具主要包括：

1）现金；

2）1年以内（含1年）的银行定期存款、大额存单；

3）剩余期限在397天以内（含397天）的债券；

4）期限在1年以内（含1年）的债券回购；

5）期限在1年以内（含1年）的中央银行票据；

6）剩余期限在397天以内（含397天）的资产支持证券。

货币市场基金不得投资于以下金融工具：

1）股票；

2）可转换债券；

3）剩余期限超过 397 天的债券；

4）信用等级在 AAA 级以下的企业债券；

5）国内信用评级机构评定的 A-1 级或相当于 A-1 级的短期信用级别及该标准以下的短期融资券；

6）流通受限的证券。

4. 货币市场基金的投资风险

货币市场基金同样会面临利率风险、购买力风险、信用风险、流动性风险。但由于我国货币市场基金不得投资于剩余期限高于 397 天的债券，投资组合的平均剩余期限不得超过 180 天，实际上货币市场基金的风险是较低的。与银行存款不同，货币市场基金并不保证收益水平。因此，尽管货币市场基金的风险较低，但并不意味着货币市场基金没有投资风险。

5. 货币市场基金分析

（1）收益分析

货币市场基金的份额净值固定在 1 元人民币，基金收益通常用日每万份基金净收益和最近 7 日年化收益率表示。日每万份基金净收益是把货币市场基金每天运作的净收益平均摊到每一份额上，然后以 1 万份为标准进行衡量和比较的一个数据。最近 7 日年化收益率是以最近 7 个自然日日平均收益率折算的年收益率。这两个反映收益的指标都是短期指标。

1）日每万份基金净收益的计算。根据中国证监会发布的《货币市场基金信息披露特别规定》，货币市场基金日每万份基金净收益的计算公式为：

$$日每万份基金净收益 = \frac{当日基金净收益}{当日基金份额总额} \times 10\,000$$

2）最近 7 日年化收益率的计算。根据中国证监会发布的《货币市场基金信息披露特别规定》，货币市场基金在计算和披露最近 7 日年化收益率时，会由于收益分配频率的不同而有所不同。其计算公式为：

$$按日结转份额的7日年化收益率 = \left\{ \left[\prod_{i=1}^{7} \left(1 + \frac{R_i}{10\,000} \right) \right]^{\frac{365}{7}} - 1 \right\} \times 100\%$$

$$按月结转份额的7日年化收益率 = \frac{\sum_{i=1}^{7} R_i}{7} \times \frac{365}{10\,000} \times 100\%$$

式中，R_i 为最近第 i 个自然日（包括计算当日）的每万份基金净收益。

在运用日每万份基金净收益指标和最近 7 日年化收益率指标对货币市场基金收益进行分析时，应特别注意指标之间的可比性问题。实际上，不同的份额结转方式使货币市场基金在收益指标上丧失了可比性。从日每万份基金净收益指标看，按日结转份额的基金在及时增加基金份额的同时将会摊薄每万份基金的日净收益；同时，份额的及时结转也增加了管理费计提的基础，使日每万份基金净收益有可能进一步降低。从最近 7 日年化收益率指标看，按日结转份额的最近 7 日年化收益率相当于按复利计息，因此在总收益不变的情况下，其数值要高于按月结转份额所计算的最近 7 日年化收益率。

（2）风险分析

用以反映货币市场基金风险的指标有投资组合平均剩余期限、融资比例、浮动利率债券投资情况等。

1）投资组合平均剩余期限。低风险和高流动性是货币市场基金的主要特征，投资组合平均剩余期限是反映基金组合风险的重要指标。投资组合平均剩余期限越短，货币市场基金收益的利率敏感性越低，但收益率也可能较低。目前，我国法规要求货币市场基金投资组合平均剩余期限在每个交易日均不得超过 180 天。但有的基金可能会在基金合同中做出更严格的限定，如投资组合平均剩余期限不得超过 90 天。因此，在比较不同货币市场基金收益率的时候，应考虑其投资组合平均剩余期限的控制要求。对于单只货币市场基金，应特别注意其投资组合平均剩余期限的水平和变化情况，以及各期间资产剩余期限的分布情况。

2）融资比例。一般情况下，货币市场基金财务杠杆的运用程度越高，其潜在的收益可能越高，但风险相应也越大。另外，按照规定，除非发生巨额赎回，货币市场基金债券正回购的资金余额不得超过 20%。因此，在比较不同货币市场基金收益率的时候，应同时考虑其同期财务杠杆的运用程度。

3）浮动利率债券投资情况。货币市场基金可以投资于剩余期限小于 397 天但剩余存续期超过 397 天的浮动利率债券。虽然其剩余期限小于 397 天，但实际上该债券品种的期限往往很长（如 10 年），因此，该券种在收益率、流动性、信用风险、利率风险等方面会与同样剩余期限的其他券种存在差异。在判断基金组合剩余期限分布时，应充分考虑基金投资该类债券的情况。

2.4　依据基金投资目标分类

依据基金投资目标的不同，通常将基金分为增长型基金、收入型基金、平衡型基金。

2.4.1　增长型基金

1. 定义

增长型基金（成长型基金）以资本长期增值为投资目标，其投资对象主要是市场中有较大升值潜力的小公司股票和一些新兴行业的股票。为达成最大限度的增值目标，增长型基金通常很少分红，而是经常将投资所得的股息、红利和盈利进行再投资，以实现资本增值。增长型基金主要以股票作为投资主要标的。一些增长型基金投资范围很广，包括很多行业；一些增长型基金投资范围相对集中，如集中投资于某一类行业的股票或价值被认为低估的股票。增长型基金价格波动一般要比保守的收益型基金或货币市场基金要大，但收益一般也要高。一些增长型基金也衍生出新的类型，如资金成长型基金，其主要目标是争取资金的快速增长，有时甚至是短期内的最大增值，一般投资于新兴产业公司等。这类基金往往有很强的投机性，因此波动也比较大。

2．分类

增长型基金又分为积极增长型和稳定增长型两种。积极增长型基金追求资本长期增值，但在目标选择上更偏好规模较小的增长型企业，风险高收益大。而稳定增长型基金则一般不从事投机活动，追求的是资本长期增值，以稳定持续的长期增长为目标。

3．特点

（1）选股注重上市公司的成长性

上市公司的成长性既可以表现为上市公司所处行业发展前景好，属朝阳行业，行业利润率远远高于其他行业的平均水平，该行业在财政税收方面享受优惠或在其他方面受到国家政策的倾斜，也可以表现为上市公司主营业务具有突出的市场地位，或者由于兼并收购等资产重组行为导致企业基本面发生重大变化，企业经营状况发生实质性改善从而实现上市公司的快速成长。当前具有较高成长性的行业非高科技板块和生物医药板块莫属，所以增长型基金在选股时也较为青睐上述两个板块的股票。

（2）持股相对比较集中

增长型基金在进行分散风险、组合投资的同时，对某些重点看好的股票也保持了较高的持仓比例。这一点基金安信和基金裕阳表现最为突出。从重仓持有的前十名股票占基金资产净值的总比例看，基金安信1999年平均为52.75%，基金裕阳为50.36%，另外基金安信重仓持有的环保股份在1999年第4季度投资组合公告中，占基金资产净值的比例竟高达14.94%，表现出持股的相对集中。

（3）收益波动两极分化

从理论上讲，增长型基金在获得较高收益的同时，也承担了较高的风险。一般来说，随着市场行情的上涨和下跌，增长型基金收益波动性比较大。从单位净值变化上看，部分成立时间较短的增长型基金，净值变化幅度较大，但是那些"老牌绩优"的增长型基金却能在强势中实现净值较快增长，弱势中表现出较强的抗跌性。例如，1999年"5·19"行情股指在6月30日见顶，而增长型基金却能在后来的振荡行情中创出单位净值的新高。

2.4.2 收入型基金

1. 定义

收入型基金是指主要投资于可带来现金收入的有价证券，以获取当期的最大收入为目的，以追求基金当期收入为投资目标的基金，其投资对象主要是那些绩优股、债券、可转让大额存单等收入比较稳定的有价证券。收入型基金一般把所得的利息、红利都分配给投资者。这类基金虽然成长性较弱，但风险相应也较低，适合保守的投资者和退休人员。其优点是降低了投资者本金遭受损失的风险；缺点是使基金丧失了投资于风险较大但具有成长潜力的有价证券的机会，基金发展受到制约。此类基金一般适合保守型投资者，这类投资者往往对风险的承受能力低，只想快投资快见效，并且希望保住本金。

2. 分类

收入型基金基本有两种以下类型。①在较低的风险下，强调不变的收入，其收入是比较固定的，因而有人将这种收入称为固定收入型基金；②力图最大可能的收入，还运用财务杠杆。前者的投资对象主要是将资金投资于债券和优先股股票，后者则主要投资于普通股。相比之下，后者的成长潜力较大，但比较容易受股市波动的影响。

2.4.3 平衡型基金

1. 定义

平衡型基金（Balance Fund）是指以既要获得当期收入，又追求基金资产长期增值为投资目标，把资金分散投资于股票和债券，以保证资金的安全性和盈利性的基金。通常当基金经理人看跌后市时，会增加抗跌性较强的债券投资比例；当基金经理人看好后市时，则会增加较具资本利得获利机会的股票投资比例。

平衡型基金是既追求长期资本增值，又追求当期收入的基金。这类基金主要投资于债券、优先股和部分普通股，这些有价证券在投资组合中有比较稳定的组合比例，一般是把资产总额的 25%～50%用于优先股和债券，其余的用于普通股投资。其风险和收益状况介于增长型基金和收入型基金之间。

2. 种类

平衡型基金可以粗略分为以下两种。一种是股债平衡型基金，即基金经理会根据行情变化及时调整股债配置比例。当基金经理看好股市的时候，增加股票的仓位，而当其认为股票市场有可能出现调整时，会相应增加债券配置。另一种平衡型基金在股债平衡的同时，比较强调到点分红，更多地考虑"落袋为安"，也是规避风险的方法之一。以上投摩根双息平衡基金为例，该基金契约规定：当已实现收益超过银行一年定期存款利率（税前）1.5 倍时，必须分红。偏好分红的投资者可考虑此类基金。

3．平衡型基金的优势

在 2003 年、2004 年、2005 年这 3 个比较波动的年份中，根据天相资讯的数据显示，A 股市场中平衡型基金的平均回报率不低于股票型基金，甚至高于股票型基金的回报。另外，2012 年以来根据 A 股市场几次行情调整显示，平衡型基金的波动相对于股票型基金为小。

从海外长期市场表现看，根据晨星统计数据显示，在亚洲各类共同基金中，平衡型基金在过去 10 年间的总回报远超过了包括股票基金在内的其他类型的基金，这证明了平衡型基金在波动行情中的平稳投资能力。因此，对于风险承受能力较低的投资者而言，可将平衡型基金作为波动市场中重点关注的基金品种。

2.5　依据基金募集方式分类

2.5.1　公募基金

1．定义

公募基金（Public Offering of Fund）是受政府主管部门监管的，向不特定投资者公开发行受益凭证的证券投资基金，这些基金在法律的严格监管下，有着信息披露、利润分配、运行限制等行业规范。例如，目前国内证券市场上的封闭式基金属于公募基金。公募基金和私募基金各有千秋，它们的健康发展对金融市场的发展都有至关重要的意义。然而目前得到法律认可的只有公募基金，市场的需要远远得不到满足。

2．公募基金发行的有利之处

1）以众多投资者为发行对象；

2）筹集潜力大；

3）投资者范围大（不特定对象的投资者）；

4）可申请在交易所上市（如封闭式）；

5）信息披露公开透明。

3．存在的问题

公募基金由于流动性风险高，投资品种受局限，基金产品缺乏创新。近两年基金市场上在多元化方向发展上已经做出了大胆的探索。一方面，基金业的高速发展及政策面的放宽鼓励了基金产品的创新，各基金公司竞相推出新产品以吸引投资者注意，从销售情况看，投资者对于基金创新的认同也明显高于缺乏创新的基金产品；另一方面，由于诸如社保基金等机构投资者及个人投资者对于安全性和风险性的要求，低风险产品受到了普遍青睐，促使基金公司注重了对于保本基金、货币市场基金等类产品的开发。但是相对于国外成熟的基金市场，中国的基金市场仍存在着基金持股雷同、新募基金的特色不够鲜明、品种不够丰富等问题。

2.5.2 私募基金

1. 定义

私募基金（Privately Offered Fund）是相对于公募基金而言的，是就证券发行方法之差异，以是否向社会不特定公众发行或公开发行证券的区别，界定为公募和私募，或者公募证券和私募证券。在中国近日，金融市场中常说的"私募基金"或"地下基金"，往往是指相对于受中国政府主管部门监管的，向不特定投资人公开发行受益凭证的证券投资基金而言，是一种非公开宣传的，私下向特定投资人募集资金进行的一种集合投资。其方式基本有两种，一是基于签订委托投资合同的契约型集合投资基金，二是基于共同出资入股成立股份公司的公司型集合投资基金。私募在中国是受严格限制的，因为私募很容易成为"非法集资"，两者的区别就是：是否面向一般大众集资，资金所有权是否发生转移，如果募集人数超过 50 人，并转移至个人账户，则定为非法集资，非法集资是极严重的经济犯罪，可判死刑，如浙江吴英、德隆唐万新、美国麦道夫。

2. 分类

根据不同的标准，私募基金有多种分类方法。在此仅以常用的投资对象进行划分。从国际经验来看，现行私募基金的投资对象是非常广泛的。以美、英两国为例，其私募基金的投资对象包括了股票、债券、期货、期权、认股权证、外汇、黄金白银、房地产、信息软件产业及中小企业风险创业投资等，投资范围从货币市场到资本市场再到高科技市场、从现货市场到期货市场、从国内市场到国际市场的一切有投资机会的领域。根据上述对象可以将其分为以下 3 类。

（1）证券投资私募基金

顾名思义，这是以投资证券及其他金融衍生工具为主的基金，量子基金、老虎基金、美洲豹基金等对冲基金即为典型代表。这类基金基本上由管理人自行设计投资策略，发起设立为开放式私募基金，可以根据投资人的要求结合市场的发展态势适时调整投资组合和转换投资理念，投资者可按基金净值赎回。它的优点是可以根据投资人的要求量体裁衣，资金较为集中，投资管理过程简单，能够大量采用财务杠杆和各种形式进行投资，收益率比较高等。

（2）产业私募基金

该类基金以投资产业为主。由于基金管理者对某些特定行业，如信息产业、新材料等有深入的了解和广泛的人脉关系，他可以有限合伙制形式发起设立产业类私募基金。管理人只是象征性支出少量资金，绝大部分由募集而来。管理人在获得较大投资收益的同时，也需承担无限责任。这类基金一般有 7～9 年的封闭期，期满时一次性结算。

（3）风险私募基金

它的投资对象主要是那些处于创业期、成长期的中小高科技企业权益，以分享它们高速成长带来的高收益。其特点是投资回收周期长、高收益、高风险。

目前中国的私募按投资标的分主要有：私募证券投资基金，经阳光化后又称阳光私募（投资于股票，如股胜资产管理公司、赤子之心、武当资产、星石等资产管理公司），私募房地产投资基金（目前较少，如金诚资本、星浩投资），私募股权投资基金（即 PE，投资于非上市公司股权，以 IPO 为目的，如鼎辉、弘毅、KKR、高盛、凯雷、汉红）、私募风险投资基金（即 VC，风险大，如联想投资、软银、IDG）。

3. 特点

私募股权基金的运作方式是股权投资，即通过增资扩股或股份转让的方式，获得非上市公司股份，并通过股份增值转让获利。股权投资的特点包括以下 3 点。

1）股权投资的收益十分丰厚。与债权投资获得投入资本若干百分点的孳息收益不同，股权投资以出资比例获取公司收益的分红，一旦被投资公司成功上市，私募股权投资基金的获利可能是几倍或几十倍。

2）股权投资伴随着高风险。股权投资通常需要经历若干年的投资周期，而因为投资于发展期或成长期的企业，被投资企业的发展本身有很大风险，如果被投资企业最后以破产惨淡收场，私募股权基金也可能血本无归。

3）股权投资可以提供全方位的增值服务。私募股权投资在向目标企业注入资本的时候，也注入了先进的管理经验和各种增值服务，这也是其吸引企业的关键因素。在满足企业融资需求的同时，私募股权投资基金能够帮助企业提升经营管理能力，拓展采购或销售渠道，融通企业与地方政府的关系，协调企业与行业内其他企业的关系。全方位的增值服务是私募股权投资基金的亮点和竞争力所在。

4. 私募基金与公募基金的区别

1）募集的对象不同。公募基金的募集对象是广大社会公众，即社会不特定的投资者。而私募基金募集的对象是少数特定的投资者，包括机构和个人。

2）募集的方式不同。公募基金募集资金是通过公开发售的方式进行的，而私募基金则是通过非公开发售的方式募集，这是私募基金与公募基金最主要的区别。

3）信息披露要求不同。公募基金对信息披露有非常严格的要求，其投资目标、投资组合等信息都要披露；而私募基金则对信息披露的要求很低，具有较强的保密性。

4）投资限制不同。公募基金在投资品种、投资比例、投资与基金类型的匹配上有严格的限制，而私募基金的投资限制完全由协议约定。

5）业绩报酬不同。公募基金不提取业绩报酬，只收取管理费。而私募基金则收取业绩报酬，一般不收管理费。对公募基金来说，业绩仅仅是排名时的荣誉，而对私募基金来说，业绩则是报酬的基础。

2.6 依据基金资金来源与用途分类

依据基金资金来源与用途分类，基金可分为国内基金、国际基金和全球基金。

2.6.1 国内基金

1. 定义

国内基金是指由国内投信发行的基金，在国内注册，以国内投资人为销售对象，受到相关法律监督的基金。国内基金的主要投资品种是股票、债券和现金。

2. 特点

1）投资的市场比较单一，各种金融产品的大方向走势过于具一致性。在市场整个处于低谷期时，无法规避由于单一市场带来的风险。

2）国内金融市场发展时间比较短，各种金融监管法律法规有待完善，基金经理累积投资经验的时间不够长。

3）基金投资金额起点比较低，认购费用也相对便宜，但无后续专业指导性服务，基本靠投资者自己来选择投资哪只基金。

2.6.2 国际基金

国际基金是对国际资本市场上大量存在的公募、私募性质的基金管理公司的泛称。全球基金投资标的遍布全球，通常以欧美日等国家为主要区域。全球型的股票基金的特色在于可充分掌握各国股市上升的潜力，而且能够达到分散风险的目的。

近几年来，随着商品牛市吸引人们眼球的同时，投资者对国际基金引起了注意，对那些活跃在能源、金属等领域的各类基金统称为国际基金，同时国际基金也是影响市场价格走势的重要力量之一。

2.6.3 全球基金

全球基金是指资本来源于各个国家投资者，并投资于国外市场的投资基金。它具有以下特点。

1）投资范围广，同一时期各个国家和地区的投资回报表现各不相同，如果投资范围不仅仅限于某个单一国家和地区，而是更广一点，就可以合理的避免经济疲软地区，追踪投资回报高的热点地区。

2）有更多超过上百年管理投资经验的海外投资管理公司，如瑞士苏黎世、英国友诚、英国标准人寿等；更有超过千年历史的国际金融中心英属马恩岛，其政府对投资者做出资金保障承诺，能够给投资者提供双重保障。

3）单只基金投资金额起点比较高，认购费用也相对高，但有独立理财顾问公司提供最专业及合格的投资配置建议，通过配置多只不同风险和收益的基金提高投资计划获利的可能性。

📢 提示

除以上各种分类外，还可依据基金投资理念分类，将基金分为主动型基金和被动型（指数型）基金。

1. 主动型基金

主动型基金是根据股票基金投资理念的不同进行的分类：一般主动型基金是以寻求取得超越市场的业绩表现为目标的一种基金。

2. 被动型基金

被动型基金（通常称为指数型基金）一般选取特定的指数成分股作为投资的对象，不主动寻求超越市场的表现，而是试图复制指数的表现。

被动型基金可以分为两种，一种是纯粹的指数基金，它的资产几乎全部投入所跟踪的指数的成分股中，几乎永远是满仓，即使市场可以清晰看到在未来半年将持续下跌，它也保持满仓状态，不做积极型的行情判断。被动型基金的另外一种是指数增强型基金。这种基金是在纯粹的指数化投资的基础上，根据股票市场的具体情况，进行适当的调整。

2.7　其他特殊类型基金

2.7.1　QDII 基金

2007 年 6 月 18 日，中国证监会颁布的《合格境内机构投资者境外证券投资管理试行办法》规定，符合条件的境内基金管理公司和证券公司，经中国证监会批准，可在境内募集资金进行境外证券投资管理。这种经中国证监会批准可以在境内募集资金进行境外证券投资的机构称为合格境内机构投资者（Qualified Domestic Institutional Investor，QDII）。QDII是在我国人民币没有实现可自由兑换、资本项目尚未开放的情况下，有限度地允许境内投资者投资境外证券市场的一项过渡性的制度安排。目前，除了基金管理公司和证券公司外，商业银行等其他金融机构也可以发行代客境外理财产品，但这里主要涉及的是由基金管理公司发行的 QDII 产品，即 QDII 基金。QDII 基金可以人民币、美元或其他主要外汇货币为计价货币募集。

1．QDII 基金在投资组合中的作用

不同于只能投资于国内市场的公募基金，QDII 基金可以进行国际市场投资。通过 QDII 基金进行国际市场投资，不但为投资者提供了新的投资机会，而且由于国际证券市场常常与国内证券市场具有较低的相关性，也为投资者降低组合投资风险提供了新的途径。

2．QDII 基金的投资对象

（1）QDII 基金可投资的金融产品或工具

根据有关规定，除中国证监会另有规定外，QDII 基金可投资于下列金融产品或工具。

1）银行存款、可转让存单、银行承兑汇票、银行票据、商业票据、回购协议、短期政府债券等货币市场工具。

2）政府债券、公司债券、可转换债券、住房按揭支持证券、资产支持证券等及经中国证监会认可的国际金融组织发行的证券。

3）与中国证监会签署双边监管合作谅解备忘录的国家或地区证券市场挂牌交易的普通股、优先股、全球存托凭证、美国存托凭证及房地产信托凭证。

4）在已与中国证监会签署双边监管合作谅解备忘录的国家或地区证券监管机构登记注册的公募基金。

5）与固定收益、股权、信用、商品指数、基金等标的物挂钩的结构性投资产品。

6）远期合约、互换及经中国证监会认可的境外交易所上市交易的权证、期权、期货等金融衍生产品。

（2）QDII 基金不得有的行为

除中国证监会另有规定外，QDII 基金不得有下列行为。

1）购买不动产。

2）购买房地产抵押按揭。

3）购买贵重金属或代表贵重金属的凭证。

4）购买实物商品。

5）除应付赎回、交易清算等临时用途以外，借入现金。该临时用途借入现金的比例不得超过基金、集合计划资产净值的 10%。

6）利用融资购买证券，但投资金融衍生产品除外。

7）参与未持有基础资产的卖空交易。

8）从事证券承销业务。

9）中国证监会禁止的其他行为。

3．QDII 基金的投资风险

1）国际市场投资会面临国内基金所没有的汇率风险。

2）国际市场将会面临国别风险、新兴市场风险等特别投资风险。

3）尽管进行国际市场投资有可能降低组合投资风险，但并不能排除市场风险。

4）QDII 基金的流动性风险也需注意。由于 QDII 基金涉及跨境交易，基金申购、赎回的时间要长于国内其他基金。

2.7.2　保本基金

1．保本基金的特点

保本基金的最大特点是其招募说明书中明确引入保本保障机制，以保证基金份额持有人在保本周期到期时，可以获得投资本金的保证。根据中国证监会 2010 年 10 月 26 日公布的《关于保本基金的指导意见》，现阶段我国保本基金的保本保障机制包括：①由基金管理人对基金份额持有人的投资本金承担保本清偿义务；同时，基金管理人与符合条件的担保人签订保证合同，由担保人和基金管理人对投资人承担连带责任。②基金管理人与符合条件的保本义务人签订风险买断合同，约定由基金管理人向保本义务人支付费用；保本义务人在保本基金到期出现亏损时，负责向基金份额持有人偿付相应损失。保本义务人在向基金份额持有人偿付损失后，放弃向基金管理人追偿的权力。③经中国证监会认可的其他保本保障机制。

为能够保证本金安全，保本基金通常会将大部分资金投资于与基金到期日一致的债券；同时，为提高收益水平，保本基金会将其余部分投资于股票、衍生工具等高风险资产上，使得市场不论是上涨还是下跌，该基金于投资期限到期时，都能保障其本金不遭受损失。保本基金的投资目标是在锁定风险的同时力争有机会获得潜在的高回报。

保本基金从本质上是一种混合基金。此类基金锁定了投资亏损的风险，产品风险较低，也并不放弃追求超额收益的空间，因此比较适合那些不能忍受投资亏损、比较稳健和保守的投资者。

2．保本基金的保本策略

保本基金于 20 世纪 80 年代中期起源于美国，其核心是运用投资组合保险策略进行基金的操作。国际上比较流行的投资组合保险策略主要有对冲保险策略与固定比例投资组合保险策略（Constant Proportation Portfolio Insurance，CPPI）。

对冲保险策略主要依赖金融衍生产品，如股票期权、股指期货等，实现投资组合价值的保本与增值。国际成熟市场的保本投资策略目前较多采用衍生金融工具进行操作。目前，国内尚缺乏这些金融工具，所以国内保本基金为实现保本的目的，主要选择固定比例投资组合保险策略作为投资的保本策略。

CPPI 是一种通过比较投资组合现时净值与投资组合价值底线，从而动态调整投资组合中风险资产与保本资产的比例，以兼顾保本与增值目标的保本策略。CPPI 投资策略的投资步骤可分为以下 3 步。

第一步，根据投资组合期末最低目标价值（基金的本金）和合理的折现率设定当前应持有的保本资产的价值，即投资组合的价值底线。

第二步，计算投资组合现时净值超过价值底线的数额。该值通常称为安全垫，是风险投资（如股票投资）可承受的最高损失限额。

第三步，按安全垫的一定倍数确定风险资产投资的比例，并将其余资产投资于保本资产（如债券投资），从而在确保实现保本目标的同时，实现投资组合的增值。

风险资产投资额通常可用下列公式确定：

$$风险资产投资额 = 放大倍数 \times （投资组合现时净值 - 价值底线）$$
$$= 放大倍数 \times 安全垫$$

$$风险资产投资比例 = \frac{风险资产投资额}{基金净值} \times 100\%$$

如果安全垫不放大，将投资组合现时净值高于价值底线的资产完全用于风险资产投资，即使风险资产（股票）投资完全亏损，基金也能够实现到期保本。因此，可以适当放大安全垫的倍数，提高风险资产投资比例以增加基金的收益。例如，将投资债券确定的投资收益的 2 倍投资于股票，也就是将安全垫放大 1 倍，那么如果股票亏损的幅度在 50% 以内，基金仍能实现保本目标。安全垫放大倍数的增加，尽管能提高基金的收益，但投资风险也将趋于同步增大；但放大倍数过小，则使基金收益不足。基金管理人必须在股票投资风险加大和收益增加这两者间寻找适当的平衡点。也就是说，要确定适当的安全垫放大倍数，以力求既能保证基金本金的安全，又能尽量为投资者创造更多的收益。

通常，保本资产和风险资产的比例并不是经常发生变动的，必须在一定时间内维持恒定比例，以避免出现过激投资行为。基金管理人一般只在市场可能发生剧烈变化时，才对基金安全垫的中长期放大倍数进行调整。在放大倍数一定的情况下，随着安全垫价值的上升，风险资产投资比例将随之上升。一旦投资组合现时净值向下接近价值底线，系统将自动降低风险资产的投资比例。

3. 保本基金的类型

境外的保本基金形式多样。其中，基金提供的保证有本金保证、收益保证和红利保证，具体比例由基金公司自行规定。一般本金保证比例为 100%，但也有低于 100% 或高于 100% 的情况。至于是否提供收益保证和红利保证，各基金情况各不相同。

4. 保本基金的投资风险

1）保本基金有一个保本期，投资者只有持有到期后才获得本金保证或收益保证。如果投资者在到期前急需资金，提前赎回，则不享有保证承诺，投资可能发生亏损。保本基金的保本期通常在 3～5 年，但也有长至 7～10 年的。基金持有人在认购期结束后申购的基金份额不适用保本条款。

2）保本的性质在一定程度上限制了基金收益的上升空间。为了保证到期能够向投资者兑现保本承诺，保本基金通常会将大部分资金投资在期限与保本期一致的债券上。保本基金中债券的比例越高，其投资于高回报上的资产比例就越低，收益上升空间就会受到一定限制。

3）尽管投资保本基金亏本的风险几乎等于零，但投资者仍必须考虑投资的机会成本与通货膨胀损失。如果到期后不能取得比银行存款利率和通货膨胀率高的收益率，保本将变得毫无意义。投资时间的长短，决定投资机会成本的高低。投资期限愈长，投资的机会成本愈高。

保本基金在投资到期后，当基金份额累计净值低于投资者的投入资本金时，基金管理人或基金担保人应向投资者支付其中的差额部分。

5．保本基金的分析

保本基金的分析指标主要包括保本期、保本比例、赎回费、安全垫及担保人等。

1）保本基金通常有一个保本期。较长的保本期使基金经理有较大的操作灵活性，即在相同的保本比例要求下，经理人可适当提高风险性资产的投资比例。但保本期越长，投资者承担的机会成本越高，因此保本期是一个必须考虑的因素。

2）保本比例是到期时投资者可获得的本金保障比率。常见的保本比例介于 80%～100%。保本比例是影响基金投资风险性资产比例的重要因素之一。其他条件相同时，保本比例较低的基金投资于风险性资产的比例较高。

3）通常，保本基金为避免投资者提前赎回资金，往往会对提前赎回基金的投资者收取较高的赎回费，这将加大投资者退出投资的难度。

4）安全垫是风险资产投资可承受的最高损失限额。如果安全垫较小，基金将很难通过放大操作提高基金的收益。较高的安全垫在提高基金运作灵活性的同时也有助于增强基金到期保本的安全性。

担保人即保证人，根据担保法规定，第三人和债权人约定，当债务人不履行债务时，保证人按照约定履行债务或者承担责任，这里的第三人即担保人，包括具有代为清偿债务能力的法人、其他组织或公民，这里的债权人是主债的债权人。这里的按照约定履行债务或承担责任称为保证债务，也称保证责任。

2.7.3　基金中的基金

基金中的基金（Fund of Fund，FOF）是一种专门投资于其他证券投资基金的基金。FOF并不直接投资股票或债券，其投资范围仅限于其他基金，通过持有其他证券投资基金而间接持有股票、债券等证券资产，它是结合基金产品创新和销售渠道创新的基金新品种。

我国目前 FOF 产品已初具规模，截至 2011 年年底，FOF 产品数量有 43 只，占所有券商集合理财产品数量的 14.83%，资产规模 204 亿元，占比 16.25%，成为券商集合理财的一类重要产品。

根据所有 FOF 产品 2008—2011 年的业绩数据发现以下特点。首先，FOF 产品的业绩表现与指数相关度较高，在指数大幅下滑时段，FOF 产品不可避免地出现下跌，即使以绝对收益为目标的华西证券融诚 2 号在 2011 年也下跌了 11%，表明券商在 FOF 的投资管理中选时做得不多，还是以追求相对收益为主。其次，从基金的股票组合到 FOF 的基金组合，经过两层分散化，FOF 的总体波动要小于指数，表现在 FOF 的历年波动率与最大回撤都要明显低于指数。不过，尽管波动小于指数，但 FOF 的下行风险不能小视，在 2008 年、2011 年 FOF 的平均最大回撤也达到-40%、-21%，而个别 FOF 产品的跌幅甚至大于指数。例如，2011 年就有 4 只产品跌幅大于沪深 300 指数。这可能与 FOF 产品普遍采用股票增强的策略有关，增加股票的投资是一把双刃剑，投资成功时会增加组合收益，一旦投资失误，无疑会加大组合风险。

对于基金投资者来说，券商 FOF 产品无疑提供了一种新的投资途径，但在投资时还需认真选择，一种方法是选择业绩持续性较好的产品；另一种方法是根据不同市场环境，选择相应风格的产品。从业绩持续性角度来看，东海证券的东风 2 号在 2010—2011 年的两年中每年都排名前 1/3，招商证券的基金宝二期在 2009—2011 年的 3 年中，每年业绩均排名前 50%，长期业绩相对较好，值得投资者关注。从产品风格角度看，现存 FOF 产品中并没有持续保持稳健风格的产品，却有激进风格的产品。例如，国信证券的"金理财"经典组合，该产品在 2009 年、2010 年分别上涨 78%、7%，排名居前，但在 2008 年、2011 年大幅下跌 40%、27%，充分显示了高波动特点，如果投资者对未来市场长期趋势看好，则可以关注该产品。此外，目前国内 FOF 产品 204 亿元的规模相比公募基金超过 2 万亿元的规模，仍旧非常小，而美国的 FOF 资产规模占到所有共同基金的比例高达 8%左右，因此，我国 FOF 从长期来看具有很大发展空间。相信随着 FOF 产品的不断丰富，投资者会有更多选择。

2.7.4　分级基金

分级基金又称结构型基金，是指在一个投资组合下，通过对基金收益或净资产的分解，形成两级（或多级）风险收益表现有一定差异化基金份额的基金品种。它的主要特点是将基金产品分为两类份额，并分别给予不同的收益分配。从目前已经成立和正在发行的分级基金来看，通常分为低风险收益端（约定收益份额）子基金和高风险收益端（杠杆份额）子基金两类份额。

以某分级基金产品 X（X 称为母基金）为例，分为 A 份额（约定收益份额）和 B 份额（杠杆份额），A 份额约定一定的收益率，基金 X 扣除 A 份额的本金及应计收益后的全部剩余资产归入 B 份额，亏损以 B 份额的资产净值为限由 B 份额持有人承担。当 X 的整体净值下跌时，B 份额的净值优先下跌；相对应的，当 X 的整体净值上升时，B 份额的净值也将相对于 A 份额优先上升。优先份额一般可以优先获得分配基准收益，进取份额最大化补偿优先份额的本金及基准收益，进取份额通常以较大程度参与剩余收益分配或承担损失而获得一定的杠杆。它拥有更为复杂的内部资本结构，非线性收益特征使其隐含期权。通俗的解释就是，A 份额和 B 份额的资产作为一个整体投资，其中持有 B 份额的人每年向 A 份额的持有人支付约定利息，至于支付利息后的总体投资盈亏再都由 B 份额承担。

母基金净值与子基金净值的关系为：

$$基金净值=A 类份额子基金净值 X_A 份额所占比例$$
$$+B 类份额子基金净值 X_B 份额所占比例$$

根据分级母基金的投资性质，母基金可分为分级股票型基金（其中多数为分级指数基金）和分级债券基金。分级债券基金又可分为纯债分级基金和混合债分级基金，区别在于纯债分级基金不能投资于股票，混合债分级基金可用不高于 20% 的资产投资股票。根据分级子基金的性质，子基金中的 A 类份额可分为有期限 A 类约定收益份额基金、永续型 A 类约定收益份额基金；子基金中的 B 类份额又称杠杆基金，可分为股票型 B 类杠杆份额基金（其中多数为杠杆指数基金）和债券型 B 类杠杆份额基金。

2.7.5　指数基金

指数基金（Index Fund），顾名思义就是以指数成分股为投资对象的基金，即通过购买一部分或全部的某指数所包含的股票，来构建指数基金的投资组合，目的就是使这个投资组合的变动趋势与该指数相一致，以取得与指数大致相同的收益率。根据银河证券基金研究中心的数据显示，截至 2012 年 4 月底，境内基金市场上有标准指数基金 133 只，增强型指数基金 24 只，可谓盛况空前。

1. 分类

（1）按复制方式划分，指数基金可分为完全复制型指数基金和增强型指数基金

完全复制型指数基金：力求按照基准指数的成分和权重进行配置，以最大限度地减小跟踪误差为目标。

增强型指数基金：在将大部分资产按照基准指数权重配置的基础上，也用一部分资产进行积极的投资。其目标为在紧密跟踪基准指数的同时获得高于基准指数的收益。

（2）按交易机制划分，可为分封闭式指数基金、开放式指数基金、指数型 ETF 及指数型 LOF

封闭式指数基金：可以在二级市场交易，但是不能申购和赎回。

开放式指数基金：它不能在二级市场交易，但可以向基金公司申购和赎回。

指数型 ETF：可以在二级市场交易，也可以申购、赎回，但申购、赎回必须采用组合证券的形式。

指数型 LOF：既可以在二级市场交易，也可以申购、赎回。

2．特点

（1）费用低廉

这是指数基金最突出的优势。费用主要包括管理费用、交易成本和销售费用 3 个方面。管理费用是指基金经理人进行投资管理所产生的成本；交易成本是指在买卖证券时发生的经纪人佣金等交易费用。由于指数基金采取持有策略，不用经常换股，这些费用远远低于积极管理的基金，这个差异有时达到了 1%～3%，虽然从绝对额上看这是一个很小的数字，但是由于复利效应的存在，在一个较长的时期里累积的结果将对基金收益产生巨大影响。

（2）分散和防范风险

一方面，由于指数基金广泛地分散投资，任何单个股票的波动都不会对指数基金的整体表现构成影响，从而分散风险；另一方面，由于指数基金所盯住的指数一般都具有较长的历史可以追踪，因此，在一定程度上指数基金的风险是可以预测的。

（3）延迟纳税

由于指数基金采取了一种购买并持有的策略，所持有股票的换手率很低，只有当一个股票从指数中剔除的时候，或者投资者要求赎回投资的时候，指数基金才会出售持有的股票，实现部分资本利得，这样，每年所缴纳的资本利得税（在美国等发达国家中，资本利得属于所得纳税的范围）很少，再加上复利效应，延迟纳税会给投资者带来很多好处，尤其在累积多年以后，这种效应就会愈加突出。

（4）监控较少

由于运作指数基金不用进行主动的投资决策，所以基金管理人基本上不需要对基金的表现进行监控。指数基金管理人的主要任务是监控对应指数的变化，以保证指数基金的组合构成与之相适应。

2010 年 3 月 22 日，国内的首只海外指数基金国泰纳斯达克 100 指数基金开始公开发售。国泰纳斯达克 100 指数基金的投资标的涵盖微软、英特尔、苹果电脑、星巴克、谷歌及百度等全球最具创新成长潜力的 100 家上市公司。据最新的市值占比统计，苹果股票占纳斯达克 100 指数权重 15.82%，微软股票占纳斯达克 100 指数权重 5.06%，谷歌股票占纳斯达克 100 指数权重 4.69%。这意味着国内投资者将首次通过指数基金的投资方式，与比尔·盖茨、谷歌创始人佩奇等传奇人物成为投资伙伴。

2.7.6 交易所交易型指数基金

它通常又被称为交易型开放式指数基金或交易所交易基金（Exchange Traded Funds, ETF），是一种在交易所上市交易的、基金份额可变的一种开放式基金。

它属于开放式基金的一种特殊类型，它综合了封闭式基金和开放式基金的优点，投资者既可以在二级市场买卖 ETF 份额，又可以向基金管理公司申购或赎回 ETF 份额，不过申购赎回必须以一篮子股票（或有少量现金）换取基金份额或以基金份额换回一篮子股票（或有少量现金）。由于同时存在二级市场交易和申购赎回机制，投资者可以在 ETF 二级市场交易价格与基金单位净值之间存在差价时进行套利交易。套利机制的存在，可使 ETF 避免封闭式基金普遍存在的折价问题。投资者可以通过两种方式购买 ETF：可以按照当天的基金净值向基金管理者购买（和普通的开放式共同基金一样），也可以在证券市场上直接从其他投资者那里购买，购买的价格由买卖双方共同决定，这个价格往往与基金当时的净值有一定差距（和普通的封闭式基金一样）。

1. 优点

（1）分散投资并降低投资风险

被动式投资组合通常较一般的主动式投资组合包含较多的标的数量，标的数量的增加可减少单一标的的波动对整体投资组合的影响，同时借由不同标的对市场风险的不同影响，得以降低投资组合的波动。

（2）兼具股票和指数基金的特色

1）对普通投资者而言，ETF 也可以像普通股票一样，在被拆分成更小交易单位后，在交易所二级市场进行买卖。

2）赚了指数就赚钱，投资者再也不用研究股票，担心踩上地雷股了（2010 年以前，我国证券市场目前不存在做空机制，因此存在着"指数跌了就要赔钱"的情况。2010 年 4 月，股指期货开通，2011 年 12 月 5 日起，有 7 只 ETF 基金纳入融资融券标的的范畴）。

（3）结合了封闭式与开放式基金的优点

ETF 与封闭式基金一样，可以小的"基金单位"形式在交易所买卖。与开放式基金类似，ETF 允许投资者连续申购和赎回，但是 ETF 在赎回的时候，投资者拿到的不是现金，而是一篮子股票，同时要求达到一定规模后，才允许申购和赎回。

ETF 与封闭式基金相比，相同点是都在交易所挂牌交易，就像股票一样挂牌上市，一天中可随时交易，不同点是：①ETF 透明度更高。由于投资者可以连续申购或赎回，要求基金管理人公布净值和投资组合的频率相应加快。②由于有连续申购或赎回机制存在，ETF 的净值与市价从理论上讲不会存在太大的折价或溢价。

ETF 基金与开放式基金相比，优点有两个：一是 ETF 在交易所上市，一天中可以随时交易，具有交易的便利性。一般开放式基金每天只能开放一次，投资者每天只有一次交易机会（即申购赎回）。二是 ETF 赎回时是交付一篮子股票，无须保留现金，方便管理人操作，可以提高基金投资的管理效率。开放式基金往往需要保留一定的现金应付赎回，当开放式基金的投资者赎回基金份额时，常常迫使基金管理人不停调整投资组合，由此产生的税收和一些投资机会的损失都由那些没有要求赎回的长期投资者承担。这个机制可以保证当有 ETF 部分投资者要求赎回的时候，对 ETF 的长期投资者并无多大影响（因为赎回的是股票）。

（4）交易成本低廉

指数化投资往往具有低管理费及低交易成本的特性。相对于其他基金而言，一方面，指数投资不以跑赢指数为目的，经理人只会根据指数成分变化来调整投资组合，不需支付投资研究分析费用，因此可收取较低的管理费用；另一方面，指数投资倾向于长期持有购买的证券，而区别于主动式管理因积极买卖形成高周转率而必须支付较高的交易成本，指数投资不主动调整投资组合，周转率低，交易成本自然降低。

（5）投资者可以当天套利

例如，上证 50 在一个交易日内出现大幅波动，当日盘中涨幅一度超过 5%，收市却平收甚至下跌。对于普通的开放式指数基金的投资者而言，当日盘中涨幅再大都没有意义，赎回价只能根据收盘价来计算，ETF 的特点则可以帮助投资者抓住盘中上涨的机会。由于交易所每 15 秒显示一次 IOPV（净值估值），这个 IOPV 即时反映了指数涨跌带来基金净值的变化，ETF 二级市场价格随 IOPV 的变化而变化，因此，投资者可以盘中指数上涨时在二级市场及时抛出 ETF，获取指数当日盘中上涨带来的收益。

（6）高透明性

ETF 采用被动式管理，完全复制指数的成分股作为基金投资组合及投资报酬率，基金持股相当透明，投资人较易明了投资组合特性并完全掌握投资组合状况，做出适当的预期。加上盘中每 15 秒更新指数值及估计基金净值供投资人参考，让投资人能随时掌握其价格变动，并随时以贴近基金净值的价格买卖。无论是封闭式基金还是开放式基金，都无法提供 ETF 交易的便利性与透明性。

（7）增加市场避险工具

由于 ETF 商品在概念上可以看成一档指数现货，配合 ETF 本身多空皆可操作的商品特性，若机构投资者手上有股票，但看坏股市表现的话，就可以利用融券方式卖出 ETF 来做反向操作，以减少手上现货损失的金额。对整体市场而言，ETF 的诞生使得金融投资渠道更加多样化，也增加了市场的做空通道。例如，过去机构投资者在操作基金时，只能通过减少仓位来避险，期货推出后虽然增加做空通道，但投资者使用期货做长期避险工具时，还须面临每月结仓、交易成本和价差问题，使用 ETF 作为避险工具，不但能降低股票仓位风险，也无须在现货市场卖股票，从而为投资者提供了更多样化的选择。

2.7.7　上市开放式基金

上市开放式基金（Listed Open-ended Fund，LOF）是一种既可以在场外市场进行基金份额申购赎回，又可以在交易所（场内市场）进行基金份额交易、申购或赎回的开放式基金，它是我国对证券投资基金的一种本土化创新。

1．特点

1）上市开放式基金本质上仍是开放式基金，基金份额总额不固定，基金份额可以在基金合同约定的时间和场所申购、赎回。

2）上市开放式基金发售结合了银行等代销机构与深交所交易网络二者的销售优势。银行等代销机构网点仍沿用现行的营业柜台销售方式，深交所交易系统则采用通行的新股上网定价发行方式。

3）上市开放式基金获准在深交所上市交易后，投资者既可以选择在银行等代销机构按当日收市的基金份额净值申购、赎回基金份额，也可以选择在深交所各会员证券营业部按撮合成交价买卖基金份额。

2．推出意义

（1）减少交易费用

LOF 基金投资者通过二级市场交易基金，可以减少交易费用。目前封闭式基金的交易费用为 3 部分，即交易佣金、过户费和印花税，其中过户费和印花费不收，交易佣金为 3‰，可以视交易量大小向下浮动，最低可到 1‰左右。对比开放式基金场外交易的费用，开放式基金按类型有所不同。按双向交易统计，场内交易的费率两次合并为 6‰，场外交易申购加赎回股票型基金为 15‰以上，债券型基金一般也在 6‰以上。场外交易的成本远大于场内交易的成本。

（2）加快交易速度

开放式基金场外交易采用未知价交易，T+1 日交易确认，申购的份额 T+2 日才能赎回，赎回的金额 T+3 日才从基金公司划出，需要经过托管银行、代销商划转，投资者最迟 T+7 日才能收到赎回款。LOF 增加了开放式基金的场内交易，买入的基金份额 T+1 日可以卖出，卖出的基金款如果参照证券交易结算的方式，当日就可用，T+1 日可提现金，与场外交易比较，买入比申购提前 1 日，卖出比赎回最多提前 6 日。减少了交易费用和加快了交易速度直接的效果是基金成为资金的缓冲池。

（3）提供套利机会

LOF 采用场内交易和场外交易同时进行的交易机制为投资者提供了基金净值和围绕基

金净值波动的场内交易价格，由于基金净值是每日交易所收市后按基金资产当日的净值计算，场外的交易以当日的净值为准采用未知价交易，场内的交易以交易价格为准，交易价格以昨日的基金净值作参考，以供求关系实时报价。场内交易价格与基金净值价格不同，投资者就有套利的机会。

3．运作原理

上市开放式基金的运作原理如图 2.2 所示。

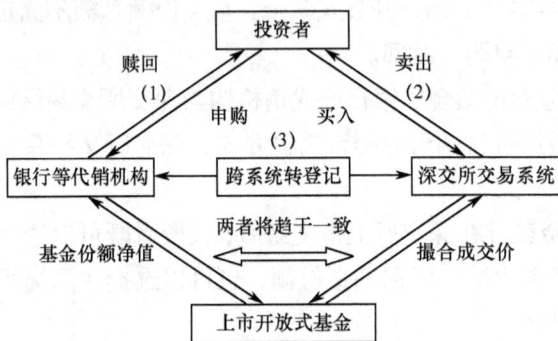

图 2.2　上市开放式基金的运作原理

本章练习题

一、单项选择题

1．关于交易型开放式指数基金（ETF），以下说法不正确的是（　　　）。

　　A．以某一选定的指数所包含的成分证券为投资对象

　　B．可以进行套利交易

　　C．本质上是一种指数基金

　　D．会出现折价或溢价交易

2．关于保本基金，以下说法不正确的是（　　　）。

　　A．保本期越长，投资者承担的机会成本越高

　　B．常见的保本比例介于 80% ~ 100%

　　C．其他条件相同，保本比别较低的基金投资于风险性资产的比例也较低

　　D．保本基金往往会对提前赎回的基金的投资者收取较高的赎回费

3．偏股型混合基金中股票的配置比例一般为（　　　）。

　　A．10% ~ 30%　　　B．50% ~ 70%　　　C．20% ~ 40%　　　D．70% ~ 90%

4．在基金的风险分析指标中，（　　　）将一只股票基金的净值增长率与某个市场指数

联系起来，用以反映基金净值变动对市场指数变动的敏感程度。

　　A．贝塔值　　　　B．持股集中度　　　C．标准差　　　　D．行业投资集中度

　5．在下列指标中，最能全面反映基金经营成果的是（　　　）。

　　A．久期　　　　　B．已实现收益　　　C．基金分红　　　D．净值增长率

　6．符合条件的境内基金管理公司和证券公司，经中国证监会批准，在（　　　）募集资金可以进行（　　　）证券投资的机构就被称为合格境内机构投资者。

　　A．境内；境外　　B．境内；境内　　　C．境外；境外　　D．境外；境内

　7．在本国募集资金并投资于本国证券市场的证券投资基金为（　　　）。

　　A．离岸基金　　　B．在岸基金　　　　C．国内基金　　　D．国际基金

　8．股票基金的最大特点是（　　　）。

　　A．投资风险小、回报率低　　　　　　B．适合长期投资

　　C．无法抗御通货膨胀　　　　　　　　D．投资于短期金融工具

　9．（　　　）是指以追求资本增值为基本目标，较少考虑当期收入的基金，主要以具有良好增长潜力的股票为投资对象。

　　A．增长型基金　　B．混合型基金　　　C．平衡型基金　　D．收入型基金

　10．以下基金类型中，不是从基金的投资目标来划分的是（　　　）。

　　A．增长型基金　　B．收入型基金　　　C．平衡型基金　　D．混合型基盒

　11．（　　　）是指以追求稳定的经常性收入为基本目标的基金，主要以大盘蓝筹股、公司债、政府债券等稳定收益证券为投资对象。

　　A．收入型基金　　B．增长型基金　　　C．开放式基金　　D．平衡型基金

　12．保本基金通常将大部分资金投资于（　　　）。

　　A．股票　　　　　　　　　　　　　　B．衍生金融工具

　　C．货币市场工具　　　　　　　　　　D．与保本期一致的债券

　13．子基金之间可以进行相互转换的基金是（　　　）。

　　A．货币市场基金　　　　　　　　　　B．债券基金

　　C．股票基金　　　　　　　　　　　　D．系列基金

　14．不追求取得超越市场表现基金是（　　　）。

　　A．指数型基金　　B．被动型基金　　　C．积极成长基金　D．灵活配置基金

　15．收入型基金以追求（　　　）为基本目标。

　　A．稳定的经常性收入　　　　　　　　B．资本的长期增值

　　C．现金收益　　　　　　　　　　　　D．将资金分散投资于股票和债券

　16．基金资产（　　　）以上投资于债券的为债券基金。

　　A．40%　　　　　B．60%　　　　　C．90%　　　　　D．80%

17．增长型基金的投资目标是（　　）。

　　A．将资金分散投资于股票　　　　　B．取得现金收益

　　C．资本增值　　　　　D．将资金分散投资于股票和债券

18．货币市场基金以（　　）为投资对象。

　　A．股票　　　　　B．债券

　　C．货币市场工具　　　　　D．其他证券投资基金

19．根据中国证监会对基金类别的分类标准，（　　）以上的基金资产投资于股票的为股票基金。

　　A．55%　　　　　B．60%　　　　　C．90%　　　　　D．80%

20．根据（　　）的不同，可以将基金分为封闭式基金、开放式基金等。

　　A．运作方式　　　B．投资对象　　　C．组织形式　　　D．投资理念

21．（　　）是评价基金运作效率和运作成本的一个重要统计指标。

　　A．标准差　　　　　B．贝塔值　　　　　C．净值增长率　　　　　D．费用率

22．（　　）对基金的分红、已实现收益、未实现收益都加以考虑，因此是最能有效反映基金经营成果的指标。

　　A．标准差　　　　　B．贝塔值　　　　　C．净值增长率　　　　　D．持股集中度

23．根据股票（　　）的不同，通常可以将股票分为价值型股票与成长型股票。

　　A．性质　　　　　B．投资风格　　　　　C．市值的大小　　　　　D．行业

24．（　　）以某一国家的股票市场为投资对象，以期分享该国股票投资的较高收益，但会面临较高的国家投资风险。

　　A．单一国家型股票基金　　　　　B．区域型股票基金

　　C．洲际型股票基金　　　　　D．国际股票基金

25．（　　）以非本国的股票市场为投资场所，由于币制不同，存在一定的汇率风险。

　　A．国内股票基金　　　　　B．国外股票基金

　　C．全球股票基金　　　　　D．联合股票基金

26．与房地产一样，（　　）是应对通货膨胀最有效的手段。

　　A．股票基金　　　B．债券基金　　　C．货币市场基金　　　D．ETF

27．（　　）年我国推出了首批 QDII 基金。

　　A．2009　　　　　B．2007　　　　　C．2008　　　　　D．2006

28．在二级市场的净值报价上，ETF 每（　　）提供一只基金参考净值报价。

　　A．15 秒　　　　　B．20 秒　　　　　C．35 秒　　　　　D．1 分钟

29．（　　）基金份额可以通过跨系统转托管（即跨系统转登记）实现在场外市场与场

内市场的转换。

  A．ETF   B．LOF   C．ETF 联接基金 D．基金中的基金

30．从性质上看，可以将 ETF 联接基金看成一种指数型的（　　　）。

  A．伞形基金 B．基金中的基金 C．保本基金 D．股票基金

二、不定项选择题

1．货币市场基金面临的风险有（　　　）。

  A．利率风险 B．购买力风险 C．信用风险 D．流动性风险

2．以下反映货币市场基金风险的指标主要有（　　　）。

  A．投资组合平均剩余期限   B．收益的标准差

  C．融资比例   D．浮动利率债券投资情况

3．货币市场基金能够进行投资的金融工具主要包括（　　　）。

  A．剩余期限在 397 天以内（含 397 天）的债券

  B．1 年以内（含 1 年）的银行定期存款、大额存单

  C．期限在 1 年以内（含 1 年）的债券回购

  D．期限在 1 年以内（含 1 年）的商业银行票据

4．货币市场基金不得投资的金融工具有（　　　）。

  A．股票

  B．可转换债券

  C．剩余期限超过 397 天的债券

  D．信用等级在 AAA 级以下的企业债券

5．关于货币市场基金，以下说法不正确的是（　　　）。

  A．与银行存款类似，没有投资风险

  B．风险低、流动性好

  C．以短期货币市场工具为投资对象

  D．增长潜力大，适合长期投资

6．依据资产配置的不同，混合基金可分为（　　　）。

  A．偏股型基金   B．灵活配置型基金

  C．股债平衡型基金   D．偏债型基金

7．债券基金的主要投资风险不包括（　　　）。

  A．汇率风险 B．信用风险 C．提前赎回风险 D．通货膨胀风险

8．债券基金与单一债券的区别主要表现为（　　　）。

  A．债券基金的收益不如债券的利息固定

  B．债券基金可以确定一个准确的到期日

C. 债券基金的收益率比买入并持有到期的单个债券的收益率更难以预测

D. 所承担的投资风险不同

9. 依据股票基金所持有的全部股票的（   ）等指标可以对股票基金的投资风格进行分析。

A. 平均市值　　　B. 平均市盈率　　　C. 平均市净率　　　D. 净值收益率

10. 反映股票基金风险大小的指标主要有（   ）。

A. 行业投资集中度　　　　　　　　B. 贝塔值

C. 持股集中度　　　　　　　　　　D. 标准差

11. 反映股票基金投资业绩的指标主要有（   ）。

A. 已实现收益　　　　　　　　　　B. 基金分红

C. 净值增长率　　　　　　　　　　D. 净值增长率标准差

12. 系列基金的特点主要表现在（   ）。

A. 多个基金共用一个基金合同　　　B. 子基金独立运作

C. 又称为伞形基金　　　　　　　　D. 子基金之间可以进行相互转换

13. 公募基金具有的主要特征有（   ）。

A. 遵守基金法律和法规的约束，并接受监管部门的严格监管

B. 基金募集对象不固定

C. 投资金额要求低，适宜中小投资者参与

D. 可以面向社会公开发售基金份额和宣传推广

14. 平衡型基金具有（   ）特点。

A. 兼具增长与收入双重目标

B. 既注重资本增值又注重当期收入

C. 风险、收益介于增长型基金与收入型基金之间

D. 与增长型基金相比，风险大、收益高

15. 增长型基金具有（   ）特点。

A. 较少考虑当期收入

B. 以追求资本增值为基本目标

C. 主要以具有良好增长潜力的股票为投资对象

D. 与收入型基金相比，风险小、收益也较低

16. 根据募集方式的不同，基金可分为（   ）等类别。

A. 公募基金　　　　　　　　　　　B. 被动（指数）型基金

C. 主动型基金　　　　　　　　　　D. 私募基金

17. 根据法律形式的不同，基金可以分为（   ）。

A. 契约型基金　　　B. 公司型基金　　　C. 开放式基金　　　D. 封闭式基金

18. 根据基金运作方式的不同，基金可以分为（　　）。

    A．封闭式基金　　B．开放式基金　　　　C．增长型基金　　　D．收入型基金

19. 基金分类的意义在于（　　）。

    A．有助于投资者做出正确的投资选择与比较

    B．有助于投资者加深对各种基金的认识及对风险收益特征的把握

    C．有助于基金资产评估的公平公正

    D．有助于实施更有效的分类监管

20. 按投资市场分类，股票基金可分为（　　）。

    A．国内股票基金　　　　　　　　　B．国外股票基金

    C．全球股票基金　　　　　　　　　D．联合股票基金

21. 以下关于一篮子股票组合的股票基金的说法，不正确的有（　　）。

    A．每一交易日股票基金不只有一个价格

    B．股票基金份额净值不会由于买卖数量或申购、赎回数量的多少而受到影响

    C．对股票基金份额净值高低进行合理与否的判断是没有意义的

    D．投资风险低于单一股票的投资风险

22. 以下关于 LOF 申购、赎回和场内交易的说法，正确的有（　　）。

    A．LOF 的净值报价频率要比 ETF 低，通常 1 天只提供 1 次或几次基金净值报价

    B．LOF 的申购、赎回既可以在代销网点进行也可以在交易所进行

    C．LOF 是普通的开放式基金增加了交易所的交易方式，它可以是指数型基金，也可以是主动管理型基金

    D．LOF 的申购、赎回是基金份额与现金的对价

23. 以下关于 ETF 申购、赎回和场内交易的说法，正确的有（　　）。

    A．ETF 的申购、赎回通过交易所进行

    B．ETF 与投资者交换的是基金份额与一篮子股票

    C．只有资金在一定规模以上的投资者（基金份额通常要求在 50 万份以上）才能参与 ETF 的申购、赎回交易

    D．ETF 通常采用完全被动式管理方法，以拟合某一指数为目标

24. LOF 所具有的（　　）制度安排，使 LOF 不会出现封闭式基金的大幅折价交易现象。

    A．赎回时是换回一篮子股票　　　　B．转托管机制

    C．在交易所二级市场买卖　　　　　D．可以在交易所进行申购、赎回

25. LOF 结合了（　　）的销售优势，为开放式基金销售开辟了新的渠道。

    A．证券公司　　　　　　　　　　　B．基金销售人员

　　　　C．交易所交易网络　　　　　　　　D．银行等代销机构

26．ETF 联接基金投资的对象为（　　　）。

　　　　A．目标 ETF 的资产　　　　　　　　B．标的指数的成分股

　　　　C．备选成分股　　　　　　　　　　D．中国证监会规定的其他证券品种

27．以下关于交易型开放式指数基金（ETF）的说法不正确的有（　　　）。

　　　　A．又称为交易所交易基金　　　　　B．基金份额可变

　　　　C．最早产生于美国　　　　　　　　D．具有指数基金的特点

28．与公募基金相比，私募基金不能进行公开的发售和宣传推广，投资金额要求高，投资者的（　　　）常常受到严格的限制。

　　　　A．人数　　　　　B．资格　　　　　C．资金实力　　　　　D．投资经验

29．不同的投资目标决定了基金的（　　　），以适应不同投资者的投资需要。

　　　　A．基本规模　　　B．基本的投资策略　C．基本结构　　　D．基本投向

30．除中国证监会另有规定外，QDII 基金可投资于（　　　）等金融产品或工具。

　　　　A．银行存款、可转让存单、银行承兑汇票、银行票据、商业票据、回购协议、短期政府债券等货币市场工具

　　　　B．政府债券、公司债券、可转换债券、住房按揭支持证券、资产支持证券等及经中国证监会认可的国际金融组织发行的证券

　　　　C．与固定收益、股权、信用、商品指数、基金等标的物挂钩的结构性投资产品

　　　　D．远期合约、互换及经中国证监会认可的境外交易所上市交易的权证、期权、期货等金融衍生产品

三、判断题

1．2004 年 7 月 1 日开始施行的《证券投资基金运作管理办法》中，首次将我国基金分为股票基金、债券基金、混合基金、货币市场基金等基本类型。　　　　　　　（　　　）

2．根据投资对象的不同，可以将基金分为封闭式基金、开放式基金、ETF、LOF 等。
　　　　　　　　　　　　　　　　　　　　　　　　　　　　　　　　　　　　（　　　）

3．与单个债券的久期一样，债券基金的久期越长，净值的波动幅度就越大，所承担的利率风险就越高。　　　　　　　　　　　　　　　　　　　　　　　　　　（　　　）

4．当市场利率降低时，持有附有提前赎回权债券的基金将不能再获得高息收益，而且还会面临再投资风险。　　　　　　　　　　　　　　　　　　　　　　　　　（　　　）

5．债券基金的价值会受到市场利率变动的影响，债券基金的平均到期日越短，债券基金的利率风险越高。　　　　　　　　　　　　　　　　　　　　　　　　　　（　　　）

6．单一债券的信用风险比较集中，债券基金通过分散投资可以有效避免单一债券可能

面临的较高的信用风险。 （　）

7．如果一只股票基金的平均市盈率、平均市净率小于市场指数的市盈率，可以认为该股票基金属于增长型基金；反之，该股票基金则可以被归为价值型基金。 （　）

8．标准差将一个股票基金的净值增长率与股票的某个市场指数联系起来，用以反映基金净值变动对市场指数变动的敏感程度。 （　）

9．基金净值增长率的波动程度可以用数学上的贝塔值来计量。 （　）

10．股票基金通过分散投资可以大大降低个股投资的系统性风险，但却不能回避非系统性投资风险。 （　）

11．股票基金以追求长期的资本增值为目标，比较适合长期投资。 （　）

12．保本基金的投资目标是在锁定下跌风险的同时力争有机会获得潜在的高回报。

（　）

13．与收入型基金相比，增长型基金的风险小，收益也较低。 （　）

14．与增长型基金相比，收入型基金的风险大、收益高。 （　）

15．与公募基金相比，私募基金的投资风险较高，主要以具有较强风险承受能力的富裕阶层为目标客户。 （　）

16．离岸基金是指一国的证券投资基金组织在他国发售证券投资基金份额，并将募集的资金投资于本国或第三国证券市场的证券投资基金。 （　）

17．指数基金选取特定的指数作为跟踪对象，试图取得超越指数的表现。 （　）

18．平衡型基金的风险收益介于收入型基金和增长型基金之间。 （　）

19．被动型基金又被称为指数型基金。 （　）

20．收入型基金是指以追求资本增值为基本目标，较少考虑当期收入的基金，主要以具有良好增长潜力的股票为投资对象。 （　）

21．主动型基金同时以股票、债券为投资对象，以期通过在不同资产类别上的投资，实现收益与风险之间的平衡。 （　）

22．根据中国证监会对基金类别的分类标准，80%以上的基金资产投资于债券的为债券基金。 （　）

23．与 QDII 基金一样，公募基金也可以进行国际市场投资。 （　）

24．QDII 基金只能以人民币、美元为计价货币募集。 （　）

25．除基金管理公司和证券公司外，其他金融机构不得发行代客境外理财产品。（　）

26．QDII 是在我国人民币没有实现可自由兑换、资本项目尚未开放的情况下，有限度地允许境内投资者投资境外证券市场的一项过渡性的制度安排。 （　）

27．货币市场基金的风险较低，意味着货币市场没有投资风险。 （　）

28．ETF 的申购、赎回是基金份额与现金的对价；而 LOF 与投资者交换的是基金份额与一篮子股票。 （　　）

29．由于 ETF 实行一级市场与二级市场交易同步进行的制度安排，因此，投资者可以在 ETF 二级市场交易价格与基金份额净值二者之间存在差价时进行套利交易。 （　　）

30．上证 50ETF 是我国首只 ETF。 （　　）

四、思考题

1．ETF 基金的特点？

2．债券基金的投资风险有哪些？

3．封闭式基金与开放式基金的比较？

4．股票基金的特点？

5．其他特殊基金的类型？

第 3 章

证券投资基金当事人

基金的参与主体即基金当事人包括 3 类：基金管理人、基金托管人、基金份额持有人。基金管理人是基金的组织者和管理者，在整个基金的运作中起着核心作用。它不仅负责基金的投资管理，而且承担着产品设计、基金营销、基金注册登记、基金估值、会计核算及客户服务等多方面的职责，基金持有人利益的保护也与基金管理人的行为密切相关。基金管理费是基金管理人的主要收入来源。基金管理人只有以投资者的利益为重，不断为投资者取得满意的投资回报，才能在竞争中立于不败之地。依据我国《证券投资基金法》的规定，基金管理人只能由依法设立的基金管理公司担任。基金托管人在基金运作中引入基金托管人制度，有利于基金财产的安全和投资者利益的保护。基金托管人的职责主要体现在基金资产保管、基金投资运作监督、基金资金清算及基金会计复核等方面。基金份额持有人即投资者与管理人、托管人是委托关系，基金份额持有人是委托人，基金管理人和托管人是受托人，基金管理人和托管人又存在相互制衡的关系。

3.1 基金投资者

3.1.1 基金投资者概述

基金投资者即基金份额持有人，是基金的出资人、基金资产的所有者和基金投资回报的受益人。从 1997 年诞生至今，基金份额持有人账户总数超过 2.2 亿，约 40%的城镇居民家庭参与基金投资。从基金投资者的结构来看，个人仍是"绝对主力"。目前，个人投资者与机构投资者持有基金份额比例约为 3:1。在 2007—2011 年的 5 年间，个人投资者总体是亏损的，但机构投资者总体取得了盈利，其中证券投资基金盈利 954 亿元，占机构投资者盈利金额的 44%，在所有机构投资者类型中保持领先。

3.1.2 基金投资者的权利义务

1．基金投资者的权利

1）分享基金财产收益。

2）参与分配清算后的剩余基金财产。

3）依法转让或申请赎回其持有的基金份额。

4）按照规定要求召开基金份额持有人大会。

① 需召开基金份额持有人大会的情况。提前终止基金合同；基金扩募或延长基金合同期限；转换基金运作方式；提高基金管理人、基金托管人的报酬标准；更换基金管理人、基金托管人；基金合同约定的其他事项。

② 基金份额持有人大会的召集。基金份额持有人大会由基金管理人召集；基金管理人未按规定召集或不能召集时，由基金托管人召集。代表基金份额 10%以上的基金份额持有人就同一事项要求召开基金份额持有人大会，而基金管理人、基金托管人都不召集的，代表基金份额 10%以上的基金份额持有人有权自行召集，并报国务院证券监督管理机构备案。

③ 基金份额持有人大会的召开。

● 公告。召开基金份额持有人大会，召集人应当至少提前 30 日公告基金份额持有人大会的召开时间、会议形式、审议事项、议事程序和表决方式等事项。基金份额持有人大会不得就未经公告的事项进行表决。

● 方式。基金份额持有人大会可以采取现场方式召开，也可以采取通信等方式召开。

● 条件。基金份额持有人大会应当有代表 50%以上基金份额的持有人参加，方可召开。

5）对基金份额持有人大会审议事项行使表决权。每一基金份额具有一票表决权，基金份额持有人可以委托代理人出席基金份额持有人大会并行使表决权。大会就审议事项做出决定，应当经参加大会的基金份额持有人所持表决权的 50%以上通过。但是，转换基金运作方式、更换基金管理人或基金托管人、提前终止基金合同，应当经参加大会的基金份额持有人所持表决权的 2/3 以上通过。

基金份额持有人大会决定的事项，应当依法报国务院证券监督管理机构核准或备案，并予以公告。

6）查阅或复制公开披露的基金信息资料。

7）对基金管理人、基金托管人、基金份额发售机构损害其合法权益的行为依法提起诉讼。

8）基金合同约定的其他权利。

2．基金投资者的义务

1）遵守法律法规、基金合同及其他有关规定。

2）缴纳基金认购、申购款项及规定的费用。

3）在持有的基金份额范围内，承担基金亏损或基金合同终止的有限责任。

4）不从事任何有损基金及基金份额持有人合法权益的活动。

5）执行生效的基金份额持有人大会决议。

6）返还在基金交易过程中因任何原因，自基金管理人、基金托管人及基金管理人的代理人处获得的不当得利。

7）法律法规和基金合同规定的其他义务。

3.1.3 投资基金的原因

1．时间短缺

进行证券投资需要大量的时间进行研究分析、盯盘、复盘，但非专业投资者有自己的职业，不能占用工作时间，因此必须将自己的资产交由专业团队进行打理。

2．资金有限

基金投资者中的个人投资者自有资金一般比较有限，少的甚至只有几千元钱，凭这样的资金规模进行股票或债券投资意义不是很大，但基金通过发售基金份额将众多个人投资者的闲散资金汇集起来进行投资，可以充分发挥规模效应，小资金也可以获得大收益。

3．专业知识和市场经验匮乏

个人投资者来自各行各业，缺乏证券投资的专业知识，尤其是新进入证券市场的投资者，市场经验很少，投资必定难以收到好的效果，但基金是专家理财，每一只基金都有具有丰富市场经验和金融机构多年管理经验的基金经理，并且有着素质较高的专业团队，自然比个人投资者更具优势。

3.2 基金管理人

3.2.1 基金管理人概述

1．概念

基金管理人是基金产品的募集者和管理者，是指凭借专门的知识与经验，运用所管理基金的资产，根据法律法规及基金章程或基金契约的规定，按照科学的投资组合原理进行投资决策，谋求所管理的基金资产不断增值，并使基金持有人获取尽可能多收益的机构。基金管理人在基金运作中具有核心作用，基金产品的设计、基金份额的销售与注册登记、基金资产的管理等重要职能多半由基金管理人或基金管理人选定的其他服务机构承担。基金管理人在不同国家（地区）有不同的称谓，在英国称投资管理公司，在美国称基金管理公司，在日本多称投资信托公司，在我国台湾称证券投资信托事业，但其职责是基本一致的，即运用和管理基金资产。在我国，基金管理人只能由依法设立的基金管理公司担任，目前全国共有基金公司 73 家。

2．基金管理公司设立条件

设立基金管理公司，应经国务院证券监督管理机构批准，并具备下列条件。

1）有符合本法和《中华人民共和国公司法》规定的章程。

2）注册资本不低于 1 亿元人民币，且必须为实缴货币资本。

3）主要股东具有从事证券经营、证券投资咨询、信托资产管理或其他金融资产管理的较好的经营业绩和良好的社会信誉，最近 3 年没有违法记录，注册资本不低于 3 亿元人民币。

4）取得基金从业资格的人员达到法定人数。

5）有符合要求的营业场所、安全防范设施和与基金管理业务有关的其他设施。

6）有完善的内部稽核监控制度和风险控制制度。

7）法律、行政法规规定的和经国务院批准的国务院证券监督管理机构规定的其他条件。

3.2.2　基金管理人的职责

1）依法募集基金，办理或委托经中国证监会认定的其他机构代为办理基金份额的发售、申购、赎回和登记事宜。

2）办理基金备案手续。

3）对所管理的不同基金财产分别管理、分别记账，进行证券投资。

4）按照基金合同的约定确定基金收益分配方案，及时向基金份额持有人分配收益。

5）进行基金会计核算并编制基金财务会计报告。

6）编制中期和年度基金报告。

7）计算并公告基金资产净值，确定基金份额申购、赎回价格。

8）办理与基金财产管理业务活动有关的信息披露事项。

9）召集基金份额持有人大会。

10）保存基金财产管理业务活动的记录、账册、报表和其他相关资料。

11）以基金管理人名义，代表基金份额持有人利益行使诉讼权利或实施其他法律行为。

12）中国证监会规定的其他职责。

以上基金管理公司的职责表明，积极管理人的首要职责就是进行基金财产的投资管理，以实现基金资产的保值、增值，因此基金管理人的投资管理水平和风险控制能力直接决定基金业绩的高低和投资者的利益。此外，与基金投资管理相关的其他工作，如基金份额的注册登记、基金资产的会计核算、基金的估值、基金的信息披露、基金份额持有人大会的召集也是由基金管理人负责的。

3.2.3　基金投资管理

基金投资运作管理是基金管理公司的核心业务，基金的投资管理包括投资决策、投资研究、投资决策实施、投资风险控制 4 个环节。

1．投资决策

（1）投资决策机构

我国基金管理公司大多在内部设有投资决策委员会，投资决策委员会是公司非常设机构，是公司最高投资决策机构，以定期或不定期会议的形式讨论和决定公司投资的重大问题。投资决策委员会一般由公司总经理、分管投资的副总经理、投资总监、研究总监等相关人员组成。

投资决策委员会的主要职责一般包括：制定公司投资管理相关制度，包括投资决策、交易、研究、投资表现评估等方面的管理制度；根据公司投资管理制度和基金合同，确定基金投资的基本方针、原则、策略及投资限制；审定基金资产配置比例或比例范围，包括资产类别比例和行业或板块投资比例；确定基金经理可以自主决定投资的权限；审批基金经理提出的投资额超过自主投资额度的投资项目；定期审议基金经理的投资报告，考核基金经理的工作绩效等。

（2）投资决策制定

我国基金管理公司一般的投资决策程序如下。

1）研究发展部提出研究报告。研究发展部负责向投资决策委员会和其他投资部门提供研究报告。研究报告通常包括宏观经济分析报告、行业分析报告、上市公司分析报告和证券市场行情报告等。通常研究发展部负责建立并维护股票池。

2）投资决策委员会决定基金的总体投资计划。投资决策委员会在认真分析研究发展部提供的研究报告及其投资建议的基础之上，根据现行法律法规和基金合同的有关规定，决定基金的总体投资计划。

3）投资部制定投资组合的具体方案。在投资决策委员会制定的总体投资计划的基础上，基金投资部在研究发展部研究报告的支持下，构建投资组合方案，对方案进行风险收益分析，并在投资执行过程中将有关投资实施情况和风险评估报告反馈给投资决策委员会。基金投资部在制订具体方案时要接受风险控制委员会的风险控制建议和监察稽核部门的监察、稽核。

4）风险控制委员会提出风险控制建议。证券市场由于受到政治、经济、投资心理及交易制度等各种因素的影响，导致基金投资面临较大的风险。为降低投资风险，风险控制委员会通过监控投资决策实施和执行的整个过程，并根据市场价格水平及公司的风险控制政策，提出风险控制建议。

2．投资研究

投资研究是基金管理公司制定投资决策的基础和前提，基金实际投资绩效在很大程度上决定于投资研究的水平。

（1）投资研究的内容。

其主要包括宏观与策略研究、行业研究、个股研究3个方面。

（2）投资研究的方式

1）外部研究。为了节约运作成本，基金公司的研究报告大多数来源于证券公司，基金公司对这些侧重于基本分析的研究报告进行分析、整理，运用自己的研究方法和手段，找到具有投资价值的投资品种。

2）内部研究。基金公司会定期、不定期的组织人力、物力与证券公司证券分析师进行交流、实地调研、参加品种分析会，以获得第一手的证券市场信息。著名的富国基金投资经理彼得·林奇每月都要走访40～50家，一年五六百家公司，每天听200个经纪人的意见。

3．投资决策实施

（1）基金经理下达交易指令

基金经理根据投资决策中规定的投资对象、投资结构和持仓比例等，在市场上选择合适的股票、债券和其他有价证券来构建投资组合。并向中央交易室下达交易指令。投资指令应经风险控制部门审核，确认其合法、合规与完整后方可执行。基金经理的投资水平，直接关系到基金的业绩。此外，中央交易室应严格执行交易行为准则，对基金经理的交易行为进行约束。

（2）交易员执行交易指令

交易员接受交易指令后，应当寻找合适的机会，以尽可能低的价格买入相关证券组合，以尽可能高的价格卖出相关证券组合。交易员在执行交易的过程中，要保持与基金经理的实时沟通，及时向基金经理回报成交价位、成交数量、未成交部分的委托价格、委托数量等，协助基金经理完成基金投资运作。

4．投资风险控制

为了提高基金投资的业绩，化解和降低投资的管理风险，切实保障基金投资者的利益，国内外的基金管理公司都建立了较为完备的风险防范和内部控制制度，并在基金合同和招募说明书中予以明确规定。

（1）投资风险控制部门。

基金管理公司的投资风险控制部门为风险控制委员会（或合规审查与风险控制委员会）。

（2）投资风险控制制度

投资风险控制制度包括严格按照法律法规和基金合同规定的投资比例进行投资，不得从事规定禁止基金投资的业务；坚持独立性原则，基金管理公司管理的基金资产与基金管理公司的自有资产应相互独立，分账管理，公司会计和基金会计严格分开；实行集中交易制度，每笔交易都必须有书面记录并加盖时间章；加强内部信息控制，实行空间隔离和门禁制度，严防重要内部信息泄露；前台和后台部门应独立运作。

（3）内部监察稽核制度

监察稽核的目的是检查、评价公司内部控制制度和公司投资运作的合法性、合规性和有效性，监督公司内部控制制度的执行情况，揭示公司内部管理及投资运作中的风险，及时提出改进意见，确保国家法律法规和公司内部管理制度的有效执行，维护基金投资者的正当权益。

阅读资料　富达麦哲伦基金与彼得·林奇

不能否认，是彼得·林奇成就了麦哲伦基金，将其从一只濒临破产清盘的基金成功运作成全球第一大基金产品，创造了 13 年 27 倍的收益神话。担任 13 年基金经理的彼得·林奇在事业巅峰时期急流勇退，他的成就至今无人能够超越。

1963 年，富达基金总裁内德·约翰逊创立了富达国际投资基金（Fidelity International Fund）。不久，为了缓解巨大的国际收支赤字，肯尼迪总统对海外投资征税，当时几乎所有的国际基金都卖掉了海外股票，转而投资美国国内上市公司股票。到了 1965 年 3 月 31 日，早已没有海外投资的富达国际投资基金正式更名为富达麦哲伦基金（Fidelity Magellan）。

麦哲伦基金定位于"资本增值基金"，当时很多基金都属于这一类型。该基金的招募说明书显示，其投资目标包括国内和国外的股票等权益类资产，以及债券、现金类资产。可见，麦哲伦基金在投资上的限制很少，基金经理在实际操作中自主权很大，既可以投资价值型股票，也可以投资成长型股票。这也为后来的基金经理彼得·林奇提供了充分施展自己才华的空间。

1972—1974 年，美国股市经历了仅次于 1929 年大崩溃的又一次崩盘，股票型基金遭受全面赎回，1976 年，麦哲伦基金规模最低时只有 600 万美元。为了节约成本，富达公司将其与另一只业绩不佳规模仅为 1200 万美元的 Essex 基金进行合并。

1977 年起，彼得·林奇正式管理麦哲伦基金。在最初的 4 年里，由于市场萧条且业绩欠佳，麦哲伦基金被迫封闭不再接受新的客户。在封闭的 4 年中，麦哲伦基金仍被客户继续赎回，最高达到总规模的 1/3。人们会发现，彼得·林奇在接管麦哲伦基金的 4 年里换手率非常之高，第一年为 343%，随后 3 年也均高于 300%，这也是因为其规模不断缩小，基金经理不得不卖掉现有股票以换取现金头寸来支付赎回或购买新的股票。虽然基础薄弱，但彼得·林奇在这 4 年中使合并后的麦哲伦基金实现了 100% 的净值增长。

1981 年中期，麦哲伦基金合并了富达旗下的另一只经营不善的小型基金——Salem 基金，并再度向新客户开放。虽然申购费率一度从 2% 提高至 3%，但还是有大量投资者拥入麦哲伦基金。当年，麦哲伦基金规模首度突破 1 亿美元。有了源源不断的现金流入，林奇不再需要为了购买新股票而被迫卖掉原有股票，基金的换手率也随之大幅下降，但仍然有惊人的 110%。

1983 年，麦哲伦基金的规模突破了 10 亿美元。1985 年，麦哲伦基金规模相当于当年哥斯达黎加的国内生产总值。1990 年，彼得·林奇正式卸任麦哲伦基金基金经理，在他管理该基金的 13 年（1977—1990 年）中，年均复利收益率达 29%，基金净值累计升值 2 700%。

在林奇卸任后，先后有多位基金经理管理过这只传奇产品，但其业绩再也难现当年的神话。

资料来源：第一财经日报. http://finance.ifeng.com/fund/hwjj/20110214/3394115.shtml.

3.3 基金托管人

3.3.1 基金托管人概述

1. 基金托管人的概念

为了保证基金资产的安全，《证券投资基金法》规定，基金资产必须由独立于基金管理人的基金托管人保管，从而使基金托管人成为基金的当事人之一。基金托管人是依据基金运行中"管理与保管分开"的原则对基金管理人进行监督和对基金资产进行保管的机构。基金托管人与基金管理人签订托管协议，在托管协议规定的范围内履行自己的职责并收取一定的报酬。基金托管人的职责主要体现在基金资产保管、基金资金清算、会计复核及对基金投资运作的监督等方面。

2. 基金托管人的作用

（1）保障投资者资金安全

基金托管人的介入，使基金资产的所有权、使用权与保管权分离，基金托管人、基金管理人和基金持有人之间形成一种相互制约的关系，从而防止基金财产挪作他用，有效保障资产安全。

（2）监督基金运作管理

通过基金托管人对基金管理人的投资运作包括投资目标、投资范围、投资限制等进行监督，可以及时发现基金管理人是否按照有关法规要求运作。托管人对于基金管理人违法、违规行为，可以及时向监督管理部门报告。

（3）避免基金核算错误

通过托管人的会计复核和净值计算，可以及时掌握基金资产的状况，避免"黑箱操作"给基金资产带来的风险。

3. 基金托管人的设立条件

基金托管人应该是完全独立于基金管理机构，具有一定的经济实力，实收资本达到一定规模，具有行业信誉的金融机构。我国《证券投资基金法》规定，基金托管人由依法设立并取得基金托管资格的商业银行担任。目前具有基金托管资格的商业银行共有 18 家，其中全国性商业银行 15 家，城市商业银行 3 家。

申请取得基金托管资格，应经国务院证券监督管理机构和国务院银行业监督管理机构核准，并具备下列条件。

1）净资产和资本充足率符合有关规定。

2）设有专门的基金托管部门。

3）取得基金从业资格的专职人员达到法定人数。

4）有安全保管基金财产的条件。

5）有安全高效的清算、交割系统。

6）有符合要求的营业场所、安全防范设施和与基金托管业务有关的其他设施。

7）有完善的内部稽核监控制度和风险控制制度。

8）法律、行政法规规定的和经国务院批准的国务院证券监督管理机构、国务院银行业监督管理机构规定的其他条件。

4．基金托管人的职责

《证券投资基金法》第 29 条对基金托管人应当履行的职责进行了明确规定。

1）安全保管基金财产。

2）按照规定开设基金财产的资金账户和证券账户。

3）对所托管的不同基金财产分别设置账户，确保基金财产的完整与独立。

4）保存基金托管业务活动的记录、账册、报表和其他相关资料。

5）按照基金合同的约定，根据基金管理人的投资指令，及时办理清算、交割事宜。

6）办理与基金托管业务活动有关的信息披露事项。

7）对基金财务会计报告、中期和年度基金报告出具意见。

8）复核、审查基金管理人计算的基金资产净值和基金份额申购、赎回价格。

9）按照规定召集基金份额持有人大会。

10）按照规定监督基金管理人的投资运作。

11）中国证监会规定的其他职责。

概括而言，基金托管人的职责主要有安全保管基金财产、完成基金资金清算、进行基金会计核算、监督基金投资运作等方面。

3.3.2　基金资产托管

1．基金资产托管的基本要求

（1）保证基金资产的安全

基金托管人的首要职责就是要保证基金资产的安全，独立、完整、安全地保管基金的全部资产。《证券投资基金法》规定，基金财产是独立于管理人、托管人的固有财产，基金管理人、基金托管人不得将基金财产归入其固有财产；基金财产的债权不得与基金管理人、基金托管人固有财产的债务相抵消；不同基金财产的债权债务不得相互抵消。基金托管人必须将基金资产与自有资产、不同基金的资产严格分开。业务运作中，要为基金设立独立的账户，单独核算，分账管理。不同基金之间在持有人名册登记、账户设置、资金划拨、账册记录等方面应完全独立，实行专户、专人管理。

（2）依法合规处分基金财产

基金托管人没有单独处分基金财产的权利。基金托管人要根据有关规定和基金管理人合法、合规的投资指令办理资金的清算、交割事宜。未接到交易所、登记结算公司的合法数据或基金管理人的指令，基金托管人不得自行运用、处分、分配基金的任何资产。同时，对基金管理人非法的、不合规的投资指令，托管人应当拒绝执行，并提示管理人或向监管机构报告。

（3）严守基金商业秘密

基金托管人要妥善保管基金投资及相关业务活动的记录、基金账册、报表等相关资料。除《证券投资基金法》、基金合同及其他有关法规另有规定外，基金信息公开披露前应予保密，基金托管人不得向他人泄露。

（4）对基金财产的损失承担赔偿责任

基金托管人在履行职责过程中违反法律法规或基金合同约定，给基金财产或基金份额持有人造成损害的，应对自身行为依法承担赔偿责任；因与管理人的共同行为给基金财产或基金份额持有人造成损害的，也应承担连带赔偿责任。

2．基金资产账户的种类与管理

基金资产账户主要包括银行存款账户、结算备付金账户和证券账户3类。

（1）银行存款账户

它是指以基金名义在银行开立的、用于基金名下资金往来的结算账户。该类账户是托管人为办理资金清算需要而设立，由托管人开立并管理。货币市场基金和债券基金投资银行存款时，在银行开立了银行存款账户。该类账户属投资类账户。

（2）结算备付金账户

结算备付金账户是以托管人名义在中国结算公司上海分公司和深圳分公司分别开立的、用于所托管基金在交易所买卖证券的资金结算账户，包括中国结算公司上海结算备付金账户和深圳结算备付金账户。托管人以基金名义设立结算备付金二级账户，由托管人再与基金进行二级结算。

（3）证券账户

基金的证券账户包括交易所证券账户和全国银行间市场债券托管账户。交易所证券账户是指以托管人和基金联名的方式在中国结算公司开立的证券账户，用于登记存管基金持有的、在交易所交易的证券，包括上海证券交易所证券账户和深圳证券交易所证券账户。全国银行间市场债券托管账户是指以基金名义在中央国债登记结算有限责任公司开立的乙类债券托管账户，用于登记存管基金持有的、在全国银行间同业拆借市场交易的债券。

3．基金资产托管的内容

（1）基金印章保管

基金托管人代基金刻制的基金印章、基金财务专用章及基金业务章等基金印章均由托管人代为保管和使用。基金托管人应加强基金印章的管理，制定严格的印章管理制度。

（2）基金资产账户管理

1）基金托管人应做好基金资产账户的开立、更名、销户及资产过户等工作。

2）托管人负责开立全部基金资产账户，保证基金账户独立于托管银行账户；不同基金的账户也相互独立，对每一个基金单独设账，分账管理。

3）严格按照相关规定和基金管理人的有效指令办理资金划拨和支付，并保证基金的一切货币收支活动均通过基金的银行存款账户进行。

4）保证基金账户的开立和使用只限于满足开展基金业务的需要，基金托管人和基金管理人不得假借基金的名义开立任何其他账户，也不得使用基金的任何账户进行基金业务以外的活动。基金托管人和基金管理人也不得出借和擅自转让基金的任何证券账户。

（3）重要文件保管

基金托管人负责保管基金的重大合同、基金的开户资料、预留印鉴、实物证券的凭证等重要文件。

（4）核对基金资产

为了保证基金资产账实、账证相符，基金托管人必须定期核对基金全部账户的资产状况。基金托管人一般通过计算机系统、电话银行、登陆上海 PROP 和深圳 IST 远程操作平台系统等方式对基金资产进行核对。核对的频率因账户特点和管理方式不同而有所差异。一般情况下，基金银行存款账户余额、基金结算备付金账户余额、基金证券账户的各类证券资产数量和余额等每日核对；基金债券托管账户在交易当日进行核对，如无交易则每周核对一次。

3.3.3　基金运作监督

1．基金托管人对基金管理人监督的主要内容

（1）对基金投资范围、投资对象的监督

监督基金的投资范围、投资对象是否符合基金合同及有关法律法规的要求。例如，基金合同明确约定基金的投资风格（如主要投资于中小盘股票、公用事业股票跟踪指数等）或证券选择标准，基金托管人应据以建立相关技术系统，对基金实际投资是否符合基金合

同的相关约定进行监督，对存在疑义的事项进行核查。

（2）对基金投融资比例的监督

监督内容包括但不限于：基金合同约定的基金投资资产配置比例、单一投资类别比例限制、融资限制、股票申购限制、法规允许的基金投资比例调整期限等。

（3）对基金投资禁止行为的监督

监督内容包括但不限于：《证券投资基金法》、基金合同规定的不得承销证券、向他人贷款或提供担保等。根据法律法规有关基金禁止从事的关联交易的规定，基金管理人和基金托管人应相互提供与本机构有控股关系的股东或与本机构有其他重大利害关系的公司名单。

（4）对参与银行间同业拆借市场交易的监督

为控制基金参与银行间债券市场的信用风险，基金托管人应对基金管理人参与银行间同业拆借市场交易进行监督。控制银行间债券市场信用风险的方式包括但不限于对交易对手的资信控制和交易方式（如见券付款、见款付券）的控制等。

（5）对基金管理人选择存款银行的监督

货币市场基金投资银行存款时，托管人和管理人根据法律法规的规定及基金合同的约定，要签署专门的补充协议，对存款银行的资质、利率标准、双方的职责、提前支取的条件及赔偿责任等进行规定。

2．监督与处理方式

基金托管人对基金管理人投资运作的监督，可以通过多种方式与手段进行。基本方式是通过技术和非技术手段监督基金投资比例、范围等，对发现的问题，采取定期和不定期报告形式提醒基金管理人并向中国证监会报告。其具体包括：①电话提示；②书面警示；③书面报告；④定期报告；⑤内部监察稽核报告。

阅读资料　2012年上半年纽银梅隆西部基金发展情况分析

西部证券昨日公布的上市以来首份半年报显示，其控股的纽银梅隆西部基金2012年上半年亏损1298.92万元。南都记者从多处获悉，公司目前内外交困，此前炫目的华尔街团队和明星基金经理均无法扭转局面。有内部人士直言，公司目前非常艰难，不少人都等着到明年7月3年任期期满。

纽银梅隆西部基金的窘境不过是目前中小新基金公司的缩影，也是行业探讨多日的话题。在行情持续弱势下，不少公司开始增资求生。而中小新公司最不愿看到的核心投研和高管的出走依然在一幕幕上演。在特色创新和兼并整合脱困方式均不现实的状况下，大家只能慢慢熬，等待市场"春天"的再度来到。

作为金融危机后近两年内获批成立的首家基金公司，纽银梅隆西部基金外方股东纽银梅隆集团因其拥有逾200年的金融服务经验而享有盛誉。而新公司CEO胡斌亦是在华尔街经风历浪的对冲基金经理，耗时两年组建的投研团队中多人负笈海外且有海外知名机构背景，执掌首只产品的是牛熊市均获得了"金牛奖"的明星基金经理闫旭。

然而两年过去，豪华阵容并未如同众人期待那般有着惊艳业绩，上述的光环都已经在震荡市场中逐渐黯淡乃至消失。5 月上市的西部证券公布了上市来的首份半年报，其控股的纽银梅隆西部基金盈利状况得以浮出水面。

公告显示，截至 2012 年 6 月 30 日，纽银梅隆西部基金公司总资产为 1.03 亿元，净资产 1.01 亿元，上半年实现营业收入 655.64 万元，亏损 1298.92 万元。据海通证券研究所统计，截至二季度，公司规模 19.25 亿元，排名倒数第 8，后面基本上全部是新成立的公司。如果不是公司 6 月 26 日成立的纽银稳健双利债券型基金，首发募集 14.61 亿元，公司管理规模将不足 5 亿元，排名将更加尴尬。

而记者数月来也从不同渠道获悉公司运营中出现了诸多问题和不和谐因子。

"外方股东很不满意公司目前的业绩，西部证券曾经提出增资也遭到了他们反对。"一位公司内部人士透露称，起初中方股东是冲着纽银梅隆集团的名气，何况在布局上也需要基金这一块而介入的。在人事上只安排了督察人员，日常事务都由外方股东的人去做。

对于此前充满光环的 CEO 胡斌和基金经理闫旭，也不断流传出一些诟病说法。"胡是一如既往地敬业，可是有时候管得太细了。而闫业绩做得不好，有一只差点跌破七毛，可是目前也感觉不到有努力去挽回，责任感让我们有点失望。"一位高层如此评价称，公司目前非常艰难，大家都在耗着，让时间去解决问题吧。

在股市的不断震荡下，新基金难发、业绩难做已成行业普遍现象。从行业众所周知的 100 亿规模盈利平衡线看，国内目前尚有 23 家处于该平衡线之下。在业绩和规模的双重压力下，甚至听闻有新公司新基金成立后，一段时间内不敢轻易建仓。而注册资本金缩水之下，一些公司因此不得不向股东求助增资应对，已经在年内出现一波小高潮。

2012 年 2 月财通基金率先将注册资本金由 1 亿元增加到 2 亿元，3 月天弘基金就将注册资本金由 1 亿元增加至 1.8 亿元，3 月底天治基金注册资本金由 1.3 亿元增加至 1.6 亿元。7 月末，浦发银行已经公告将对浦银安盛增资。而 8 月 1 日，浙商基金宣布将公司注册资本金从 1 亿元增加至 3 亿元。此外，还有长安基金、金元惠理基金宣布将进行增资。

此外，由于中小新公司尚处于创业期，对于核心投研和高管的依赖更强，因此这些人的流动将直接影响到经营策略的连贯性。然而，这一幕却在市场上不断上演。

南都记者初步梳理发现，2012 年 5 月长安基金原总经理曹阳、方正富邦原总经理宋宜农离职，6 月安信基金原副总孙晔伟辞职，7 月浦银安盛原总经理钱华、国金通用基金原总经理王文博离职，而 7 月末财通基金副总经理兼投资总监，此前唯一的基金经理黄瑞庆离职，以至于公司不得不急忙任命原研究总监陈欣担任投资总监，将原投资部副总吴松凯扶正为公司的首只产品基金经理。

尽管不少公司盈利状况不佳，依然难以阻止业内排队待批的热情。

"大家始终还是认为行业会好起来的，现在就是慢慢熬着。"深圳一家去年成立的新基金公司人士感叹称。

本章练习题

一、单项选择题

1. 依据我国《证券投资基金法》的规定，基金管理人只能由依法设立的（   ）担任。

    A. 基金管理公司　B. 基金托管人　　　C. 投资管理公司　　D. 基金发起人

2. 我国相关法规规定，基金管理公司的注册资本应不低于（   ）人民币。

    A. 8 000 万元　　　B. 1 亿元　　　　　C. 12 000 万元　　D. 15 000 万元

3. 我国相关法规规定，基金管理公司的主要股东的注册资本不得低于（   ）人民币。

    A. 2 亿元　　　　　B. 3 亿元　　　　　C. 5 亿元　　　　　D. 10 亿元

4. （   ）是基金管理公司最核心的一项业务。

    A. 投资管理业务　　　　　　　　B. 基金募集与销售业务

    C. 基金行政业务　　　　　　　　D. 受托资产管理业务

5. 在我国，基金管理公司采取的组织形式是（   ）。

    A. 有限责任公司　B. 股份有限公司　C. 合伙制　　　　D. 合作制

6. （   ）是基金管理公司管理基金投资的最高决策机构。

    A. 总经理　　　　　B. 董事会　　　　C. 风险控制委员会　D. 投资决策委员会

7. 在基金管理公司，记录并保存每日投资交易情况的工作由（   ）负责。

    A. 投资部　　　　　B. 研究部　　　　C. 交易部　　　　D. 财务部

8. （   ）在很大程度上反映了基金管理公司对投资者服务的质量，对基金管理公司整个业务的发展起着重要的支持作用。

    A. 基金募集与销售　　　　　　　B. 基金的投资管理

    C. 基金的会计核算　　　　　　　D. 基金运营服务

9. 基金管理人管理的不是自己的资产，而是投资者的资产，因此其对投资者负有重要的（   ）责任。

    A. 委托　　　　　　B. 代理　　　　　C. 信托　　　　　D. 受托

10. 投资管理人应当坚持（   ）利益优先的原则。

    A. 国家　　　　　　B. 基金托管人　　C. 基金份额持有人　D. 自身

11. 基金管理公司申请境内机构投资者资格净资产不少于（   ）亿元人民币。

    A. 2　　　　　　　B. 3　　　　　　　C. 4　　　　　　　D. 5

12. 对于成长型的股票，（   ）是最常用的辅助估值工具。

    A. 市盈率　　　　　　　　　　　B. 每股盈余成长率

    C. 市净率　　　　　　　　　　　D. 现金流折现

13. 关于基金管理公司的投资决策，下面叙述正确的是（   ）。

    A. 公司总经理审议和决定基金的总体投资计划

B．风险控制委员会确定资金资产配置比例或比例范围

C．主管投资的副总经理审批各基金经理提出的投资额超过自主投资额度的投资项目

D．由基金投资部门的基金经理向（中央）交易室发出交易指令

14．基金运营部的工作职责包括基金清算和基金会计两部分，以下属于基金会计工作内容的是（　　　）。

A．开立投资者基金账户　　　　　　B．完成基金份额清算

C．按日计提基金管理费和托管费　　D．设立并管理资金清算相关账户

15．基金管理公司开展特定客户资产管理业务时的管理费率、托管费率不得低于同类型或相似类型投资目标和投资策略的证券投资基金管理费率、托管费率的（　　　）。

A．50%　　　　　B．60%　　　　　C．70%　　　　　D．80%

16．（　　　）是根据法律法规的要求，在证券投资基金运作中承担资产保管、交易监督、信息披露、资金清算与会计核算等相应职责的当事人。

A．基金托管人　　B．基金所有人　　C．基金发起人　　D．基金管理公司

17．我国基金托管人由（　　　）批准的商业银行担任。

A．中国证监会　　　　　　　　　　B．中国人民银行

C．中国证监会和中国人民银行　　　D．中国证监会和中国银监会

18．我国《证券投资基金法》规定，基金托管人由依法设立并取得基金托管资格的（　　　）担任。

A．信托投资公司　　B．政策性银行　　C．商业银行　　D．保险公司

19．（　　　）是指基金托管人按规定为基金资产设立独立的账户，保证基金全部财产的安全完整。

A．资产保管　　　B．资金清算　　　C．资产核算　　　D．投资运作监督

20．（　　　）是指执行基金管理人的投资指令，办理基金名义的资金往来。

A．资产保管　　　B．资金清算　　　C．资产核算　　　D．投资运作监督

21．（　　　）是指以基金名义在银行开立的、用于基金名下资金往来的结算账户。

A．结算备付金账户　　　　　　　　B．基金银行存款账户

C．证券账户　　　　　　　　　　　D．股票账户

22．（　　　）按照规定对基金管理公司的会计核算进行复核，（　　　）负责将复核后的会计信息对外披露。

A．基金管理公司，基金托管人　　　B．基金管理公司，中国结算公司

C．基金托管人，基金管理公司　　　D．基金托管人，中国结算公司

23．基金（　　　）是指基金托管人以《证券投资基金法》、《证券投资基金会计核算办

法》等法律法规为依据，对管理人的账务处理过程与结果进行核对的过程。

　　A．账务复核　　　　B．头寸复核　　　C．资产净值复核　　D．财务报表复核

24．基金（　　）是指基金托管人以《证券投资基金法》、《证券投资基金会计核算办法》等法律法规为依据，对基金管理人的估值结果即基金份额净值、基金份额累计净值及期初基金份额净值进行的核对。

　　A．账务复核　　　　B．头寸复核　　　C．资产净值复核　　D．财务报表复核

25．基金（　　）是指基金托管人对基金管理人出具的资产负债表、基金经营业绩表、基金收益分配表、基金净值变动表等报表内容进行核对的过程。

　　A．账务复核　　　　B．头寸复核　　　C．资产净值复核　　D．财务报表复核

26．基金托管人通过托管业务获取的托管费收入与托管规模成（　　）。

　　A．正比　　　　　　B．反比　　　　　C．线性关系　　　　D．凸性

27．基金（　　）是托管人为办理资金清算需要而设立的，由托管人开立并管理。

　　A．银行存款账户　　　　　　　　B．结算备付金账户

　　C．交易所证券账户　　　　　　　D．证券账户

28．（　　）是指以托管人和基金联名的方式在中国结算公司开立的证券账户，用于登记存管基金持有的、在交易所交易的证券。

　　A．基金银行存款账户　　　　　　B．结算备付金账户

　　C．交易所证券账户　　　　　　　D．全国银行间市场债券托管账户

29．基金托管人需要在交易当日对（　　）各类证券资产数量和余额等每日核对，如无交易则每周核对一次。

　　A．基金银行存款账户　　　　　　B．基金结算备付金余额

　　C．基金证券账户　　　　　　　　D．基金债券托管账户

30．基金头寸指基金在进行交易后的所有（　　）账户的资金余额。

　　A．现金类　　　　　B．非现金类　　　C．权益类　　　　　D．负债类

二、不定项选择题

1．基金管理公司研究部的研究一般包括（　　）。

　　A．宏观及策略研究　　　　　　　B．科技研究

　　C．行业研究　　　　　　　　　　D．企业研究

2．基金经理在基金投资中的作用是（　　）。

　　A．基金经理的投资理念、分析方法和投资工具的选择是基金投资运作的关键

　　B．高水平的基金经理可以确保基金的高收益

　　C．基金经理在实际投资运作中依据一定的投资目标，构建合适的投资组合

　　D．基金经理根据市场实际情况的变化及时对投资组合进行调整

3. 关于基金管理公司研究部，以下叙述正确的是（　　　）。

    A. 是基金投资运作的支撑部门

    B. 主要从事宏观经济分析、行业发展状况分析和上市公司投资价值分析

    C. 主要职责是向基金投资决策部门提供研究报告及投资计划建议

    D. 担负投资计划反馈的职能

4. 风险控制委员会的工作对于基金财产的（　　　）提供了较好的保障。

    A. 增值   B. 安全   C. 收益   D. 流动性

5. 投资决策委员会的组成人员一般包括（　　　）。

    A. 基金管理公司的总经理   B. 研究部经理

    C. 投资部经理   D. 分管投资的副总经理

6. 基金管理公司主要职责有（　　　）。

    A. 依法募集基金

    B. 安全保管基金资产

    C. 召集基金份额持有人大会

    D. 办理与基金财产管理业务活动有关的信息披露事项

7. 基金运营事务是基金投资管理与市场营销工作的后台保障，它通常包括（　　　）。

    A. 基金注册登记 B. 核算与估值   C. 基金清算   D. 信息披露

8. 基金管理人的作用体现在（　　　）。

    A. 对证券市场的促进   B. 业务覆盖的广度、深度

    C. 资产的保值增值   D. 对基金持有人利益的保护

9. 基金管理人（　　　）的高低直接关系到投资者投资回报的高低与投资目标能否实现。

    A. 个人的性格特征 B. 过往的业绩   C. 投资管理能力   D. 风险控制能力

10. 基金管理公司的主要股东应该具备的条件有（　　　）。

    A. 具有较好的经营业绩，资产质量良好

    B. 注册资本不低于 3 亿元人民币

    C. 持续经营两个以上完整的会计年度，公司治理健全，内部监控制度完善

    D. 最近两年没有因违法违规行为受到行政处罚或刑事处罚

11. 基金管理公司交易部的主要职能有（　　　）。

    A. 执行投资部的交易指令

    B. 记录并保存每日投资交易情况

    C. 保持与各证券交易商的联系并控制相应的交易额度

    D. 负责基金交易席位的安排、交易量管理

12. 典型的基金管理公司后台支持部门包括（　　　）。

    A. 行政管理部   B. 基金运营部门 C. 信息技术部   D. 财务部

13. 基金会计工作包括（   ）。

A. 记录基金资产运作过程，完成当日所发生基金投资业务的账务核算工作

B. 完成与托管银行的账务核对，复核基金净值计算结果

C. 完成资金划转指令产生的基金资产资金清算凭证与托管行每门资金流量表间的核对

D. 设立并管理资金清算相关账户，负责账户的会计核算工作并保管会计记录

14. 基金清算工作包括（   ）。

A. 核算当日基金资产净值

B. 开立投资者基金账户

C. 根据基金份额清算结果，填写基金赎回资金划转指令，传送至托管行

D. 复核并监督基金份额清算与资金清算结果

15. 基金运营部负责基金的注册与过户登记和基金会计与结算。其工作职责包括（   ）。

A. 基金结算　　　B. 基金清算　　　C. 基金会计　　　D. 基金清产核资

16. 投资部的职能包括（   ）。

A. 根据投资决策委员会制定的投资原则和计划进行股票选择和组合管理，向交易部下达投资指令

B. 根据研究部制定的投资原则和计划进行股票选择和组合管理，向交易部下达投资指令

C. 担负投资计划反馈的职能，及时向投资决策委员会提供市场动态信息

D. 担负投资计划反馈的职能，及时向交易部提供市场动态信息

17. 基金托管人的作用主要体现在（   ）。

A. 可以防止基金财产挪作他用，有利于保障基金资产安全

B. 基金托管人对基金管理人的投资运作进行监督，可以促使基金管理人按照要求运作基金资产

C. 基金托管人对基金资产进行会计复核和净值计算，保证基金份额净值和会计核算的真实性、准确性

D. 有利于保护基金份额持有人的权益

18. 按照我国法律法规的要求，基金资产托管业务或托管人承担的职责主要包括（   ）。

A. 资产保管，即基金托管人按规定为基金资产设立独立的账户，保证基金全部财产的安全、完整

B. 资金清算，即执行基金管理人的投资指令，办理基金名下的资金往来

C. 资产核算，即建立基金账册并进行会计核算，复核审查管理人计算的基金资产净值和份额净值

D. 投资运作监督，即监督基金管理人的投资运作行为是否符合法律法规及基金合同的规定

19. 基金托管人应当具备的条件有（　　）。

A. 总资产和资本充足率符合有关规定

B. 设有专门的基金托管部门，取得基金从业资格的专职人员达到法定人数

C. 有安全保管基金财产的条件，有安全高效的清算、交割系统，有符合要求的营业场所、安全防范设施和与基金托管业务有关的其他设施

D. 有完善的内部稽核监控制度和风险控制制度

20. 基金资产账户主要包括（　　）。

A. 银行存款账户 　　　　　　B. 结算备付金账户

C. 证券账户 　　　　　　　　D. 全国银行间市场债券托管账户

21. 交易所证券账户包括（　　）。

A. 全国银行间市场债券托管账户 　B. 上海证券交易所证券账户

C. 深圳证券交易所证券账户 　　　D. 交易所清算备付金账户

22. 不同基金之间在（　　）等方面应完全独立，实行专户、专人管理。

A. 持有人名册登记 B. 账户设置 　C. 资金划拨 　　D. 账册记录

23. 基金财产的重要文件保管包括（　　）等。

A. 重大合同 　　　　　　　　B. 基金的开户资料

C. 预留印鉴 　　　　　　　　D. 实物证券的凭证

24. 交易所交易资金清算流程包括（　　）。

A. 接收交易数据 　B. 制作清算指令 C. 执行清算指令 　D. 确认清算结果

25. 基金会计复核包括基金（　　）等的复核。

A. 账务 　　　　B. 头寸 　　　　C. 资产净值 　　　D. 合同

26. 基金资金清算根据交易场所的不同分为（　　）。

A. 本地债券市场结算 　　　　B. 交易所交易资金清算

C. 全国银行间债券市场资金清算 D. 场外资金清算

27. 基金托管人对基金管理人投资运作监督的定期报告，包括（　　）。

A. 说明函 　　　　　　　　　B. 持仓统计表

C. 基金运作监督周报 　　　　D. 基金运作监督报告

28. 一般情况下，基金托管人要对（　　）的各类证券资产数量和余额等每日核对。

A. 基金银行存款账户 　　　　B. 基金结算备付金余额

C. 基金证券账户 　　　　　　D. 基金债券托管账户

29. 以下关于基金财产的说法，正确的有（　　）。

A. 是独立于管理人、托管人的固有财产

    B. 基金管理人、基金托管人不得将基金财产归入其固有财产

    C. 基金财产的债权不得与基金管理人、基金托管人固有财产的债务相抵消

    D. 相同基金财产的债权债务可以相互抵消

30. 基金托管人应当履行的职责中,(　　　)赋予了托管人在净值和价格计算方面的复核或监督责任。

    A. 办理与基金托管业务活动有关的信息披露事项

    B. 对基金财务会计报告、中期和年度基金报告出具意见

    C. 复核、审查基金管理人计算的基金资产净值和基金份额申购、赎回价格

    D. 按照规定召集基金份额持有人大会

三、判断题

1. 交易员除了执行基金经理的指令外,还必须及时向基金经理汇报实际交易情况和市场动向,协助基金经理完成基金投资运作。（　　　）

2. 由基金经理根据投资决策中规定的投资对象、投资结构和持仓比例等,在市场上选择合适的股票、债券和其他有价证券来构建投资组合。（　　　）

3. 风险控制委员制定和监督执行风险控制政策,根据市场变化对基金的投资组合进行风险评估,并提出风险控制建议。（　　　）

4. 基金管理公司和一般公司法人的不同之处在于:基金管理公司所管理的基金资产是基于信托关系形成的,通常可以管理运作几十倍于自身注册资本的基金资产。（　　　）

5. 基金管理公司的董事会拥有对所管理基金的投资事务的最高决策权。（　　　）

6. 目前我国基金管理公司全是有限责任公司。（　　　）

7. 基金管理费是基金管理人的主要收入来源。（　　　）

8. 我国对基金管理公司实行较为严格的市场准入管理。（　　　）

9. 基金管理公司对投资者负有重要的信托责任,必须以投资者的利益为最高利益,严防利益冲突与利益输送。（　　　）

10. 在一般的情况下,多数基金管理公司的研究工作均需要依靠大量的外部研究报告,主要是作为买方的证券公司的研究报告。（　　　）

11. 交易员接受交易指令后,应当寻找合适的机会,以尽可能低的价位买入需要买入的股票或债券,以尽可能高的价位卖出应当卖出的股票或债券。（　　　）

12. 审定基金资产配置比例或比例范围,包括资产类别比例和行业或板块投资比例是投资决策委员会的主要职责。（　　　）

13. 基金投资运作管理是基金管理公司的核心业务,基金管理公司的投资部门具体负责基金的投资管理业务。（　　　）

14. 投资决策委员会是公司常设机构,是公司最高投资决策机构,以定期或不定期会

议的形式讨论和决定公司投资的重大问题。　　　　　　　　　　　　　　　（　　）

15．在具体的基金投资运作中，通常是由基金投资部门的基金经理向（中央）交易室发出交易指令。这种交易指令具体包括买入（卖出）何种有价证券、买入（卖出）的时间和数量、买入（卖出）的价格控制等。　　　　　　　　　　　　　　　（　　）

16．基金托管人根据前一日证券交易清算情况计算生成基金头寸。　　（　　）

17．基金托管人和基金管理人可以出借证券账户。　　　　　　　　　（　　）

18．在基金信息公开披露前，基金托管人不得向他人泄露有关信息。　（　　）

19．基金托管人应为基金设立独立的账户，单独核算，可以进行合并管理。（　　）

20．基金托管人可按照规定召集基金份额持有人大会。　　　　　　　（　　）

21．基金托管人应办理与基金托管业务活动有关的信息披露事项。　　（　　）

22．我国《证券投资基金法》规定，基金托管人由依法设立并取得基金托管资格的商业银行和信托投资公司担任。　　　　　　　　　　　　　　　　　　　（　　）

23．基金托管人的职责主要体现在基金资产保管、基金投资运作监督、基金资金清算及基金会计复核等方面。　　　　　　　　　　　　　　　　　　　　　（　　）

24．基金托管人和基金管理人不得假借基金的名义开立任何其他账户，也不得使用基金的任何账户进行基金业务以外的活动。　　　　　　　　　　　　　　（　　）

25．结算备付金账户是以托管人名义在中国结算公司上海分公司和深圳分公司分别开立的、用于所托管基金在交易所买卖证券的资金结算账户。　　　　　　　（　　）

26．基金托管人必须将基金资产与自有资产、不同基金的资产严格分开。　（　　）

27．基金托管人的首要职责就是要保证基金资产的安全和增值，独立、完整、安全地保管基金的全部资产。　　　　　　　　　　　　　　　　　　　　　　（　　）

28．基金募集阶段是基金托管人开展基金托管业务的准备阶段。　　　（　　）

29．基金托管人根据对基金运作的监督情况，每周编制基金运作监控周报，向监管机构报告。　　　　　　　　　　　　　　　　　　　　　　　　　　　（　　）

30．基金托管人在每个交易日结束后核对基金的银行存款和清算备付金账户余额。
　　　　　　　　　　　　　　　　　　　　　　　　　　　　　　　　　　（　　）

四、思考题

1．简述基金投资者的权利和义务。

2．简述基金投资者投资基金的原因。

3．简述基金管理人的职责。

4．简述基金公司的投资决策程序。

5．简述基金托管人的作用。

6．简述基金资产托管的基本要求。

第4章

证券投资基金的发行

证券投资基金的发行也称基金的募集，是指基金发起人在其设立或扩募基金的申请获得国家主管部门批准之后，向投资者推销基金单位、募集资金的行为。

在国外，常见的基金发行方式有 4 种：①直接销售发行，是指基金不通过任何专门的销售部门直接销售给投资者的销售办法。②包销方式，是指基金由经纪人按基金的资产净值买入，然后再以公开销售价格转卖给投资人，从中赚取买卖差价的销售办法。③销售集团方式，是指由包销人牵头组成几个销售集团，基金由各销售集团的经纪人代销，包销人支付给每个经纪人一定的销售费用的销售方式。④计划公司方式，是指在基金销售过程中，有一公司在基金销售集团和投资人之间充当中间销售人，以使基金能以分期付款的方式销售出去的方式。

4.1 证券投资基金发行概述

基金的发行一般要经过申请、核准、发售、备案及公告 5 个环节。

4.1.1 基金募集申请

基金管理人依照《证券投资基金法》发售基金份额，募集基金，应当向国务院证券监督管理机构提交下列文件，并经国务院证券监督管理机构核准。

1）申请报告。

2）基金合同草案。

3）基金托管协议草案。

4）招募说明书草案。

5）基金管理人和基金托管人的资格证明文件。

6）经会计师事务所审计的基金管理人和基金托管人最近 3 年或成立以来的财务会计

报告。

7）律师事务所出具的法律意见书。

8）国务院证券监督管理机构规定提交的其他文件。

申请前基金发起人（一般为基金管理人即基金公司）的核心工作是：在充分市场调查的基础上进行基金产品的开发，设计出能够满足不同投资者需要的基金产品。同时需要事先拟订并确定与基金发行、运营有关的一切事项，如基金经理、投资风格、募集资金额度、托管机构、销售渠道、注册登记、核算与估值、基金清算、信息披露等。

若是开放式基金，则基金合同草案中还要包括基金份额的申购、赎回程序、时间、地点、费用计算方式及给付赎回款项的时间和方式等内容。

要完成以上工作，需要发起人具备基金产品设计能力、基金投资赢利能力、与监管部门的有效沟通、与托管及销售机构达成合作协议。

4.1.2　基金募集申请核准

国务院证券监督管理机构应当自受理基金募集申请之日起 6 个月内依照法律、行政法规及国务院证券监督管理机构的规定和审慎监管原则进行审查，做出核准或不予核准的决定，并通知申请人；不予核准的，应当说明理由。基金募集申请经中国证监会核准后方可发售基金份额。

该环节是基金能否上市发行的核心环节，在申请期所做的全部准备工作之价值，都将体现在核准能否通过上。该环节的主要工作是：保持与核准监管机构的密切沟通，时刻掌握监管的动态，并依据监管部门的意见快速、有效地调整基金发行相关的问题，确保核准通过。

4.1.3　基金份额发售

1．基金份额发售主体

基金份额的发售，由基金管理人负责办理；基金管理人可以委托经国务院证券监督管理机构认定的其他机构代为办理。

2．基金份额发售公告

基金管理人应当在基金份额发售的 3 日前公布招募说明书、基金合同及其他有关文件。文件应当真实、准确、完整。

3．基金份额发售时间

基金管理人应当自收到核准文件之日起 6 个月内进行基金份额的发售。基金的募集期限自基金份额发售日开始计算，募集期限不得超过 3 个月。基金募集期间募集的资金应当存入专门账户，在基金募集行为结束前任何人不得动用。

4.1.4　基金合同备案及公告

1．基金合同生效的条件

（1）封闭式基金

基金募集期限届满，封闭式基金需满足募集的基金份额总额达到核准规模的80%以上、基金份额持有人不少于200人的要求，基金合同方可生效。

（2）开放式基金

开放式基金需满足募集份额总额不少于2亿份、基金募集金额不少于2亿元人民币、基金份额持有人不少于200人的要求，基金合同方可生效。

2．基金合同生效的流程

（1）验资

基金管理人应当自募集期限届满之日起10日内聘请法定验资机构验资。

（2）备案

基金管理人应当自收到验资报告起10日内，向中国证监会提交备案申请和验资报告，办理基金的备案手续。中国证监会自收到基金管理人验资报告和基金备案材料之日起3个工作日内予以书面确认；自中国证监会书面确认之日起，基金备案手续办理完毕，基金合同生效。基金管理人应当在收到中国证监会确认文件的次日发布基金合同生效公告。

3．基金募集失败责任

基金募集期限届满，基金不满足有关募集要求的基金募集失败，基金管理人应承担以下责任。

① 以固有财产承担因募集行为而产生的债务和费用。

② 在基金募集期限届满后30日内返还投资者已缴纳的款项，并加计银行同期存款利息。

阅读资料　短债基金：货币基金"升级版"

债券基金新品前赴后继——博时稳定价值债券投资基金发行进入尾声，易方达月收益中短期债券投资基金本周"开锣叫卖"。上述两家基金公司在不少场合都表示，相应的中短期债券基金产品有望成为货币市场基金的"升级版"。

从目前基金发行的行业氛围看，短债基金的确得一时风气之先。相比而言，面向股票市场的新基金募集行情依然差强人意。2012年7月共有4只股票方向的开放式基金设立，共募集份额24.15亿元。其中南方高增长募集12.77亿元，德盛安心成长、天同公用事业和海富通股票分别募集了4.09亿元、3.1亿元和4.19亿元。

机构投资者已经敏锐感觉到，大众投资者有兴趣寻找积极防御类型的投资品种。上投摩根富林明基金管理公司即在最近一期的投资策略报告中指出："综合考虑市场、宏观经济、制度变化等因素，我们认为积极防御成为下半年投资策略的主基调。"

中短期债券基金是结合了货币基金和债券基金部分优点的固定收益类基金新品，契合当前投资市场的心理。最新的数据显示，42 家基金公司的 184 只基金半年报已全部披露完毕。截至 2012 年 6 月 30 日，184 只基金共计实现净收益-8.02 亿元，平均每只基金净收益亏损 438 万元，股票型基金成了亏损的"重灾区"，包括配置型和保本型基金在内的 150 只股票型基金二季度净收益为-20 亿元，平均每只净收益为-1356 万元，仅 53 只净收益为正。

据易方达基金管理公司称，正在发行的这一中短期债券基金的预期收益高于货币市场基金、安全性高于传统债券基金。该公司如此盘点这一新产品的推出时机：其一，A 股市场持续低迷，市场对低风险理财产品的需求十分强烈；其二，目前货币市场基金热销，具有流动性高、本金安全性好等特点，但平均 7 日年化收益率水平已回落至 2%左右；其三，央行有意推动债券市场的发展。易方达因时制宜推出这只固定收益类基金，将更全面地满足追求低风险、稳定收益、高流动性的居民投资需求。此外，与货币市场基金相比，易方达这只新基金将不受货币市场基金在组合期限和融资杠杆方面的限制，同时免认申购、赎回费，也间接提高了这个固定收益类产品的收益率。

与目前市场上可投资股票和可转债的债券基金不同，易方达月收益基金完全不投资股票和可转债，这一点似乎尤其投市场所好，在一定程度上规避投资者的风险疑虑。然而，中短期债券基金在业绩表现方面，能否真正成为货币市场基金的"升级版"，仍有待市场考验。

资料来源：国际金融报。

4.2　封闭式基金发行

封闭式基金份额的发售又称封闭式基金募集，是基金管理公司根据有关规定向中国证监会提交募集文件、发售基金份额、募集基金的行为，一般也要经过申请、核准、发售、备案、公告 5 个环节。

4.2.1　封闭式基金发售方式

封闭式基金发售方式主要有网上发售和网下发售两种。

1. 网上发售
网上发售是指通过与证券交易所的交易系统联网的全国各地的证券公司营业部，向不特定的社会公众发售基金份额的发售方式。

2．网下发售

网下发售是指通过基金管理人指定的营业网点和承销商的指定账户，向机构或个人投资者发售基金份额的发售方式。

4.2.2 封闭式基金认购

1．封闭式基金的认购价格

封闭式基金的认购价格一般为 1 元基金份额面值加 0.01 元发售费用（总计 1.01 元）。

2．封闭式基金的认购申请

基金账户是用于基金、国债及其他债券的认购及交易的账户。拟认购封闭式基金份额的投资人必须开立深、沪证券账户或深、沪基金账户及资金账户，根据自己计划的认购量在资金账户中存入足够的资金，并以"份额"为单位提交认购申请。认购申请一经受理就不能撤单。

4.2.3 封闭式基金成立

1．封闭式基金成立的条件

1）主要发起人按照国家有关规定设立的证券公司、信托公司、基金管理公司。

2）每个发起人的实收资本不少于 3 亿元，主要发起人有 3 年以上从事证券投资经验、连续赢利的记录，但基金管理公司除外。

3）发起人、基金托管人、基金管理人有健全的组织机构和管理制度，财务状况良好，经营行为规范。

4）基金托管人、基金管理人有符合要求的营业场所、安全防范设施和与业务有关的其他设施。

2．封闭式基金设立的程序

基金是由基金发起人发起设立的。根据《证券投资基金管理证券投资基金管理暂行办法》的规定，在我国，发起人申请设立基金一般要完成以下工作。

1）确立基金发起人，拟订基金方案。基金管理公司在基金成立后一般要成为基金的管理人。因此，往往有基金管理公司作为主要发起人。然后，在证券公司或信托公司等符合条件的机构或法人中寻找其他发起人，共同发起设立基金。发起人确立后，要签订发起人协议，界定相互间的权利与义务关系，并拟订该基金的总体方案和相关文件。

2）提交设立基金的相关文件。申请设立封闭式基金时，基金发起人应向监管机构提交设立基金的相关文件。根据我国有关规定，需要提交的文件主要有：申请报告、发起人协议、基金契约、托管协议、招募说明书、发起人财务报告及法律意见书等。

3）监管机构的审核和批准。中国证监会收到文件后对基金发起人资格、基金管理人资格、基金托管人资格及基金契约、托管协议、招募说明书，以及上报资料的完整性、准确性进行审核，如果符合有关标准，在规定的期间内，则正式下文批准基金发起人公开发行基金，否则就不予批准。

基金发起人收到中国证监会的批文后，于发行前3天公布招募说明书，并公告具体的发行方案。

3．封闭式基金交易规则

封闭式基金与股票一样遵循"价格优先、时间优先"的原则。基金的报价单位为0.001元人民币。买卖基金份额，申报数量为100份或其整数倍。单笔最大数量应当低于100万份。目前，深、沪证券交易所对封闭式基金的交易和股票一样实行涨跌幅限制，涨跌幅度是10%（基金上市首日除外）。我国封闭式基金的交收实行T+1交割、交收同A股一样。

阅读资料　我国第一只封闭式基金

金泰证券投资基金发行公告
重要提示

1. 金泰证券投资基金的发行及募集方案已获中国证券监督管理委员会证监基字［1998］7号文批准。

2. 金泰证券投资基金通过上海证券交易所交易系统，进行上网定价发行。

3. 本次基金上网定价发行并非上市，有关上市事项将另行公告。

4. 投资者务必注意本次发行的申购程序、发行价格、申购数量和申购次数的限制，以及认购量的确定。

5. 本基金只向个人投资者发行，任何机构不得以个人账户申购基金。

6. 证券账户或基金账户要和资金账户一一对应，不得非法利用他人账户或资金进行申购，也不得违规融资或帮助他人违规进行申购。

7. 本公告仅对金泰证券投资基金的发售的有关事项和规定予以说明。投资者欲了解金泰证券投资基金的一般情况，请详细阅读刊登在1998年3月17日《证券时报》、《上海证券报》和《中国证券报》上的《金泰证券投资基金招募说明书》。

一、发行基本情况

1. 发行数量和发行价格。

金泰证券投资基金本次向社会公开发行20亿份基金单位，其中，由本基金的发起人认购6千万份基金单位，本次上网定价发行19.4亿份基金单位。本次发行募集成功后，本基金总规模为20亿份基金单位。

每份基金单位的发行价格为 1.01 元人民币，其中，面值 1.00 元，发行费用 0.01 元。

2. 发行对象。

中华人民共和国境内自然人（法律、法规及有关规定禁止购买者除外）。

3. 发行时间。

金泰证券投资基金的上网定价发行日期为 1998 年 3 月 23 日，发行时间为上午 9:30—11:30 和下午 13:00—15:00。如遇重大突发事件影响本基金发行，则在下一个工作日顺延申购。

4. 发行地点。

与上海证券交易所联网的全国各证券营业网点。

5. 基金简称及基金代码。

基金简称为基金金泰，基金申购代码为 735001。

二、发行方式

1. 本次发行采用上网定价发行方式，即利用上交所交易系统，由本基金主要发起人国泰证券有限公司作为唯一"卖方"，将金泰基金 19.4 亿份基金单位输入其设在上交所的基金发行专户，以发行价作为卖出价。

2. 投资者可在指定发行时间内，通过上交所的各交易网点以公布的发行价格和符合本公告规定的申购数量，进行申购委托。

3. 申购结束后，由上交所的交易系统统计有效申购户数和申购量，并根据申购总量和本次上网发行量确定申购者的认购份数。确定申购者应认购份数的具体方法如下。

（1）有效申购量大于上网发行量时，由上交所交易系统主机对所有申购按每 1000 份基金单位确定一个申购号，顺序排号，然后通过摇号抽签，确定中签申购号，每一个中签申购号可认购 1000 份。

（2）有效申购量等于本基金本次上网发行量时，申购者按实际有效申购量认购。

（3）有效申购量小于本次上网发行量时：若有效申购量加上发起人认购量大于或等于本次基金募集总额的 80%（16 亿元），申购者按有效申购量认购；若有效申购量加上发起人认购小于本次基金募集总额的 80%（16 亿元），经中国证监会批准，发行期可适当延长，但最长不超过 3 个月；在发行期内募集资金总额仍不足发行总规模的 80% 时，本次发行失败，发起人将在 30 日内将投资者的申购资金连同当期银行活期存款利息退还给投资者。

三、关于申购份数和申购次数的规定

1. 本次上网定价发行，参加申购的每一账户的申购量最少不得低于 1000 份；超过 1000 的，须为 1000 的整数倍。

2. 每一账户不设申购上限，可以重复申购，但每一个申购委托不得超过 999.9 万份基金单位。

四、申购程序

1. 办理账户开户登记手续和资金账户开户手续。

（1）已有上海证券交易所证券账户的投资者可直接进行申购。没有上海证券交易所证券账户的投资者，需在申购前持本人身份证到当地开户网点办理上海证券交易所证券账户或基金账户的开户手续；只买基金的投资者，可只开设上海证券交易所基金账户。各地开户网点 1998 年 3 月 18 日开始办理开户手续，凡在本次申购的投资者应在 3 月 18 至 20 日办好开户手续。有关开设基金账户的具体程序和办法，请到各开户网点仔细阅读有关规定。

（2）投资者持本人身份证和已经办理的上海证券交易所证券账户卡或基金账户卡，到与上交所交易系统联网的当地任何一家证券经营机构办理资金账户开户手续。

（3）已开设证券账户的投资者不得重复开设基金账户，否则将给自身的申购和交易造成不便或损失。

2. 在资金账户中存入足额申购资金。投资者应根据自己的计划申购量，在申购前向自己的资金账户中存入足够的资金。一经办理申购手续，申购资金即被冻结。

3. 委托申购。本次上网定价发行基金的申购手续与上网发行股票的申购手续相同。投资者可通过填写申购委托单、电话委托或磁卡委托方式在其开立资金账户的证券经营机构办理申购手续。

五、摇号抽签方法

若有效申购量大于本次上网发行量，本次发行将采取摇号抽签方式确定每个申购户的认购份数。具体操作将按如下步骤进行。

（1）确定有效申购量。3 月 24 日，由上海证券交易所的登记结算公司将申购资金冻结在申购专户中。3 月 25 日，由国泰证券有限公司和上交所对申购资金实际到账情况进行核查，由会计师事务所验资。以实际到账资金作为有效申购。所有申购资金务必在 3 月 24 日下午 5:00 前到达交易所申购专户，在途资金需提供中国人民银行电子联行划款凭证，否则视为无效申购。

（2）申购配号。3 月 25 日，由上交所交易系统主机自动按每 1000 份基金单位申购量确定一个申购号进行连续配号，并在当晚将申购配号记录传给各证券交易网点。凡资金不实的申购，一律视为无效申购，将不给予申购配号。3 月 26 日，申购者可到原委托申购的交易网点确认其申购配号。

（3）摇号抽签并公布中签号。3 月 26 日，在本基金发起人，以及公证部门的监督下，由国泰证券有限公司主持摇号抽签仪式。3 月 27 日，由国泰证券有限公司在《中国证券报》、《上海证券报》和《证券时报》上公布中签结果。

（4）确定认购份数。申购者根据公布的中签号码，并对照自己的申购配号，确认自己的可认购份数，每一个中签号码认购 1000 份基金单位。

六、清算与交割

1. 从 1998 年 3 月 24 日到 3 月 26 日，全部申购资金将被冻结在申购专户中，冻结期间按企业活期存款利率计算的资金利息属于设立后的本基金资产。有关申购资金划拨、冻结等事宜将在上海证券交易所向会员发出的通知中另行规定。

2. 上交所将在 3 月 27 日对未中签部分的冻结申购款予以解冻，未中签的申购资金及发行手续费返还投资者，中签的认购款在扣除上网发行费后划至金泰证券投资基金在托管银行的资金账户。

七、发行费用

1. 中签认购部分的发行费用在扣除会计师费、律师费、发行协调人费用、发行公告费、材料制作费、上网发行费等费用后余额归基金所有。

2. 本次上网定价发行，对投资者只按正常交易报单收取申购委托单费，不收取佣金、过户费和印花税等费用。申购委托单费由各地证券经营机构按原有标准自行收取，不得随意涨价。

3. 上网定价发行手续费由上交所按实际认购成交金额的 3.5‰ 提取。上交所按各参加上网定价发行的证券营业部的实际认购量，将该笔手续费自动划转到各证券营业部账户。

八、发起人和发行协调人

1. 发起人。

（1）国泰证券有限公司。

法人代表：金建栋

地址：上海市浦东商城路 199 号

联系电话：（010）68483934

传真：（010）68498554

联系人：丁昌海

（2）中国电力信托投资公司。

注册地址：北京市复兴内大街 51 号

法定代表人：邹泽锦

电话：010-63414499-1317

传真：010-63414140

联系人：高振营

（3）上海爱建信托投资公司。

注册地址：上海市香港路 59 号

法定代表人：王光俭

电话：021-64692179

传真：021-64392118

联系人：蔡越

（4）浙江省国际信托投资公司。

注册地址：杭州市延安路 515-521 号

法定代表人：王钟麓

电话：0571-5069372

传真：0571-5069126

联系人：李国强

2. 发行协调人：国泰证券有限公司。

法人代表：金建栋

地址：上海市浦东商城路 199 号

联系电话：（010）68483934

传真：（010）68498554

联系人：曹继东

国泰证券有限公司

20××年 3 月 17 日

资料来源：和讯网，http://jingzhi.funds.hexun.com/fundsreport/detail_ 150508.shtml.

4.3　开放式基金发行

开放式基金的发行是指基金管理公司依照有关规定，向中国证监会提交募集文件，首次发售基金份额募集基金的行为，与封闭式基金一样也需要经历申请、核准、发售、备案、公告 5 个步骤。

4.3.1　开户

拟进行基金投资的投资人，必须先开立基金账户和资金账户。基金账户是基金注册登记机构（一般为基金管理人或中国结算）为基金投资人开立的、用于记录其持有的基金份额及其变动情况的账户；资金账户是投资人在基金代销银行、证券公司开立的用于基金业务的资金结算账户。

个人投资者申请开立基金账户一般须提供以下材料：

1）本人身份证件；

2）代销网点当地城市的本人银行活期存款账户或对应的银行卡；

3）已填写好的《账户开户申请表》。

机构投资者申请开立基金账户须提供以下材料：

1）已填写好的《基金账户开户申请书》；

2）企业法人营业执照副本原件及复印件，事业法人、社会团体或其他组织则须提供民政部门或主管部门颁发的注册登记书原件及复印件；

3）指定银行账户的银行《开户许可证》或《开立银行账户申报表》原件及复印件；

4）《法人授权委托书》；

5）加盖预留印鉴的《预留印鉴卡》；

6）前来办理开户申请的机构经办人的身份证件原件。

4.3.2 认购

1．认购申请

投资人在办理基金认购申请时，须填写认购申请表，并需按销售机构规定的方式全额缴款。在基金募集期内购买基金份额的行为通常称为基金的认购。基金销售由基金管理人负责办理。基金也可以委托取得基金代销业务资格的其他机构代为办理，投资者在募集期内可以多次认购基金份额。一般情况下，已经正式受理的认购申请不得撤销。目前我国主要有商业银行、证券公司、证券投资咨询机构、专业基金销售机构及中国证监会规定的其他具备基金代销业务资格的机构可以办理开放式基金认购业务。

个人投资者认购基金必须提供以下材料：

1）本人身份证件；

2）基金账户卡（投资者开户时代销网点当场发放）；

3）代销网点当地城市的本人银行借记卡（卡内必须有足够的认购资金）；

4）已填写好的《银行代销基金认购申请表（个人）》。

机构投资者通过直销中心认购基金必须提供以下材料：

1）已填写好的《认购申请书》；

2）基金账户卡；

3）划付认购资金的贷记凭证回单复印件或电汇凭证回单复印件；

4）前来办理认购申请的机构经办人身份证件原件。

机构投资者通过代销网点认购基金必须提供以下材料：

1）已填写好的《银行代销基金认购申请表》；

2）基金账户卡；

3）在代销银行存款账户中存入足额的认购资金；

4）经办人身份证件原件。

2. 认购费用

（1）认购费率

根据《证券投资基金销售管理办法》规定，开放式基金的认购费率不得超过认购金额的5%。在具体实践中，基金管理人会针对不同的基金类型、不同的认购金额设置不同的认购费率。我国股票基金的认购费率大多在1%~1.5%，债券基金的认购费率通常在1%以下，货币市场基金一般不收取认购费。

（2）收费模式

基金份额的认购通常采用前端收费和后端收费两种模式。前端收费是指在认购基金份额时就支付认购费用的付费模式；后端收费是指在认购基金份额时不收费，在赎回基金份额时才支付认购费用的收费模式。后端收费模式设计的目的是为了鼓励投资者能长期持有基金，所以后端收费的认购费率一般设计成随着基金份额持有时间的延长而递减，持有至一定时间后费率可降为0。前端收费适合持有基金5年以内的人。

例4-1

假定基金认购价格为1元/份，认购费率为1.5%，甲买了10 000元的，赎回时1.2元/份，费率为1%。

前端收费：买入份数=（10 000−10 000×1.5%）÷1=9 850（份）

赎回金额=9 850×1.2−9 850×1.2×1%=11 701.8（元）

费用=申购费+赎回费=10 000×1.5%+9 850×1.2×1%=150+118.2=268.2（元）

后端收费：买入份数=10 000÷1=10 000（份）

赎回金额=10 000×1.2−10 000×1.2×1%−10 000×1.5%=11 730（元）

费用=申购费+赎回费=10 000×1.2×1%+10 000×1.5%=270（元）

3. 认购份额计算

其计算公式为：

$$净认购金额=认购金额÷（1+认购费率）$$

$$认购费用=净认购金额×认购费率$$

$$认购份额=（净认购金额+认购利息）÷基金份额面值$$

式中，"认购金额"是指投资人在认购申请中填写的认购金额总额；"认购费率"是指与投资人认购金额对应的认购费率；"认购利息"是指认购款项在基金合同生效前产生的利息。

例4-2

某投资人投资1万元认购基金，认购资金在募集期产生的利息为3元，其对应的认购费率为1.5%，基金份额面值为1元，则其认购费用及认购份额为：

净认购金额=10 000÷（1+1.5%）=9 852.22（元）

认购费用=9 852.22×1.5%=147.78（元）

认购份额=（9 852.22+3）÷1=9 855.22（份）

投资人投资 10 000 元认购基金，认购费用为 147.78 元，可得到基金份额 9 852.22 份。

4.3.3 确认

一般情况下，基金认购申请一旦提交，不得撤销。投资者 T 日提交认购申请后，于 T+2 日后到办理认购的网点查询认购申请的受理情况；并且也可以到各基金销售网点打印成交确认单；销售网点（代销网点和直销网点）对认购申请的受理并不代表认购成功，而仅代表销售网点已经接受了认购申请。申请的成功确认应以基金登记人的确认登记为准。此外，基金管理人将在基金成立之后按预留地址将《客户信息确认书》和《交易确认书》邮寄给投资者。认购申请被确认无效的，认购资金将退还投资者。

📖 阅读资料　A 股再现询价发行失败案例

进军创业板的贵阳朗玛信息询价失败，成为又一个八菱科技。据了解，由于参与询价的机构没达到 20 家这一法定标准，因此朗玛信息或中止发行。

上海一家基金公司负责人透露："保荐人宏源证券推荐的估值高达 20 倍，我们认为无法接受，所以放弃询价。"

基金冷对新股

"询价是新股发行必过的一道关口。"这家基金公司负责人将整个询价过程和盘托出："原先还能容忍，现在实在无法接受。"原来，新股询价前，公司负责人都会带队前往各家机构进行路演。这位基金公司负责人称："保荐人都希望卖个好价格，要求基金给出高一些的价格，尤其是创业板。"

原来，创业板公司路演时，保荐人都会要求基金公司按照成长性标准给予高估值。

"其实，现在创业板哪有真正的创业概念？我们认为都是传统的制造业。"这位基金公司负责人称："比如，2010 年业绩是 0.5 元，2011 年是 0.75 元，2012 年就要求我们给高一些的市盈率。"

好公司自然受到认可，可惜，现在新股公司包装过度也让基金公司心灰意冷。"我们不知道是不是应当相信看到的业绩。"这位基金公司负责人称。

高估值难认同

以往新股发行时，保荐人会四处打招呼，希望基金公司配合参与询价，以便顺利发行。"现在这种行情，打新股亏钱，我们不如拿钱补仓。"这位基金公司负责人称："不然打了新股亏本了，还被基民骂"。

这次贵阳朗玛信息就因高估值成为被市场放弃的第一个案。"八菱科技并不承认是估值太高，而是认为有效报价不足。"上海投行人称："但是贵阳朗玛信息确实是有机构放弃认购，并不认同保荐人给出的估值。"

保荐人新股推荐书里显示，宏源证券力推的价格是30元至40元，对应29倍至38倍的2011市盈率。

"中小板和创业板的平均市盈率也就25倍左右，现在还要在30倍市盈率之上，基金都比较谨慎。"上海投行人称。

降价重启发行

此前，八菱科技是A股历史上首家中止发行的公司，4个月后重启发行。

根据《证券发行与承销管理办法》第32条规定，初步询价结束后，公开发行股票数量在4亿股以下，提供有效报价的询价对象不足20家的，发行人及其主承销商不得确定发行价格，并应当中止发行。不过，该《办法》第32条同时规定，中止发行后，在核准文件有效期内，经向中国证监会备案，可重新启动发行。也就是说，朗玛信息仍然可以重新询价。"这要看交易所安排的时间了，因为证监会已同意发行。"上海投行人士称。

值得关注的是，朗玛信息或对上市非常渴求。如果顺利上市，第一大股东王伟董事长持股身家将达6.24亿元。不过，2010年股权变更时王伟欠缴306万元个人所得税。

资料来源：金融界，http://finance.jrj.com.cn/2012/01/12133212038175.shtml.

本章练习题

一、单项选择题

1. 如果基金募集失败，基金管理人要在基金募集期限届满后（　　　）日内返还投资者已缴纳的款项，并加计银行同期存款利息。

    A. 5　　　　　　B. 10　　　　　　C. 15　　　　　　D. 30

2. 基金合同生效，要求基金募集期限届满，封闭式基金份额持有人人数应达到不少于（　　　）人。

    A. 100　　　　　B. 200　　　　　C. 300　　　　　D. 以上都不是

3. 基金管理人自收到验资报告之日起（　　　）日内，向中国证监会提交备案申请和验资报告，办理基金的备案手续。

    A. 3　　　　　　B. 5　　　　　　C. 10　　　　　　D. 15

4. 基金的募集一般要经过申请、核准、（　　　）、备案、公告5个步骤。

    A. 发售　　　　　B. 批准　　　　　C. 发行　　　　　D. 申购

5. 根据《证券投资基金法》的规定，中国证监会应当自受理基金募集申请之日起（　　）个月内做出核准或不予核准的决定。

    A. 1　　　　　B. 2　　　　　C. 3　　　　　D. 6

6. 基金管理人应当在基金份额发售的（　　）日前公布招募说明书、基金合同及其他有关文件。

    A. 1　　　　　B. 2　　　　　C. 3　　　　　D. 6

7. 自基金份额发售日开始计算，基金的募集期限不得超过（　　）个月。

    A. 1　　　　　B. 2　　　　　C. 3　　　　　D. 6

8. 基金管理人应当在基金份额发售的 3 日前公布招募说明书、基金合同及其他有关文件。文件应当真实、准确、（　　）。

    A. 翔实　　　　B. 完整　　　　C. 有据可查　　　D. 公开

9. 基金募集期间募集的资金应当存入专门账户，在基金募集行为结束前（　　）。

    A. 基金管理人可以提取　　　　　　B. 基金托管人可以提取

    C. 任何人不得动用　　　　　　　　D. 基金投资者可以支取

10. 封闭式基金的认购单位是（　　）。

    A. 基金份额　　B. 元　　　　　C. 股　　　　　D. 面额

11. 基金金泰的发行方式是（　　）。

    A. 证券公司柜台　　　　　　　　　B. 网下发售

    C. 基金公司柜台　　　　　　　　　D. 上网定价发行

12. 金泰证券投资基金首次向社会公开发行（　　）亿份额基金单位。

    A. 10　　　　　B. 20　　　　　C. 30　　　　　D. 60

13. 国外常见的基金发行方式有（　　）种。

    A. 1　　　　　B. 2　　　　　C. 3　　　　　D. 4

14. 我国证券投资基金的发行方式主要有（　　）种。

    A. 1　　　　　B. 2　　　　　C. 3　　　　　D. 4

15. 我国封闭式基金的认购价格一般为 1 元基金份额面值加计（　　）元发售费用的方式加以确定。

    A. 1　　　　　B. 0.1　　　　　C. 0.01　　　　D. 10

16. 开放式基金需满足募集份额总额不少于（　　）亿份，基金合同方可生效。

    A. 1　　　　　B. 2　　　　　C. 3　　　　　D. 4

17. 根据《证券投资基金销售管理办法》的规定，开放式基金的认购费率不得超过认购金额的（　　）。

    A. 1%　　　　　B. 2.5%　　　　C. 3%　　　　　D. 5%

18. 我国股票基金的认购费率大多在（　　）左右。

    A．1% ~ 1.5%　　　B．1.5% ~ 2.5%　　　C．2% ~ 3%　　　D．1.5% ~ 2.5%

19. 债券基金的认购费率通常在（　　）以下。

    A．1%　　　　　　B．2.5%　　　　　　C．3%　　　　　　D．5%

20. 货币市场基金一般认购费率是（　　）。

    A．1%　　　　　　B．2%　　　　　　　C．3%　　　　　　D．0

21. 开放式基金份额的认购通常采用（　　）种收费模式。

    A．1　　　　　　　B．2　　　　　　　　C．3　　　　　　　D．4

22. 某投资人投资 1 万元认购基金，认购资金在募集期产生的利息为 3 元，其对应的认购费率为 1.2%，基金份额面值为 1 元，则以下计算正确的是（　　）。

    A．认购费用为 120 元　　　　　　　B．净认购金额为 9 884.42 元

    C．认购费用为 118.58 元　　　　　　D．认购份额为 9 881.42 份

23. 下列关于开放式基金认购收费的表述正确的是（　　）。

    A．申购费率不得超过申购金额的 3%

    B．前端收费是指在认购基金份额时就支付认购费用的付费模式；后端收费是指在认购基金份额时不收费，在赎回基金份额时才支付认购费用的收费模式

    C．前端收费适合持有基金期限在 10 年以上的投资者

    D．后端收费的认购费率一般设计为随着基金份额持有时间的延长而增加

24. 申购者根据公布的中签号码，并对照自己的申购配号，确认自己的可认购份数，每一个中签号码认购（　　）份基金单位。

    A．1 000　　　　　B．100　　　　　　　C．10 000　　　　　D．10

25. 基金募集期限届满，封闭式基金满足募集的基金份额总额达到核准规模的（　　）以上。

    A．40%　　　　　　B．60%　　　　　　C．75%　　　　　　D．80%

26. 下列关于认购开放式基金的表述正确的是（　　）。

    A．拟进行基金投资的投资人只需开立基金账户

    B．投资者在募集期内可以多次认购基金份额

    C．已经正式受理的认购申请可以撤销

    D．申请的成功与否应以销售机构对认购申请的受理为准

27. 开放式基金需满足募集份额总额不少于 2 亿份、基金份额持有人不少于（　　）人的要求，基金合同方可生效。

    A．100　　　　　　B．200　　　　　　　C．300　　　　　　D．以上都不是

28. 我国首只开放式基金华安创新首次设立募集目标为（　　）亿份基金单位。

  A. 10   B. 100   C. 3   D. 50

29. 投资者 T 日提交认购申请后，可于（ ）日起到办理认购的网点查询认购申请的受理情况。

  A. T+0   B. T+1   C. T+2   D. T+3

30. 每个有效证件允许开设（ ）个基金账户，已开设证券账户的不能再重复开设基金账户。

  A. 多   B. 0   C. 1   D. 2

二、不定项选择题

1. 封闭式基金发售方式主要有（ ）。

  A. 金额认购   B. 网上发售   C. 证券认购   D. 网下发售

2. 下列公式正确的是（ ）。

  A. 净认购金额=认购金额÷（1+认购费率）

  B. 净认购金额=认购金额÷（1−认购费率）

  C. 认购费用=净认购金额÷认购费率

  D. 认购份额=（净认购金额+认购利息）÷基金份额面值

3. 下列关于认购开放式基金的表述正确的是（ ）。

  A. 已经正式受理的认购申请可以撤销

  B. 投资者在募集期内可以多次认购基金份额

  C. 拟进行基金投资的投资人，必须先开立基金账户和资金账户

  D. 申请的成功与否应以销售机构对认购申请的受理为准

4. 下列关于封闭式基金交易的规则表述正确的是（ ）。

  A. 每个有效证件只允许开设 1 个基金账户

  B. 已开设证券账户的不能再重复开设基金账户

  C. 每位投资者只能开设和使用 1 个证券账户或基金账户

  D. 每位投资者只能开设和使用 1 个证券账户和基金账户

5. 投资人认购开放式基金，一般通过（ ）办理。

  A. 基金管理人

  B. 商业银行

  C. 证券交易所

  D. 经国务院证券监督管理机构认定的其他机构

6. 基金募集期限届满，开放式基金满足以下（ ）的要求，基金管理人应当自募集期限届满之日起 10 日内聘请法定验资机构验资。

  A. 基金募集份额总额不少于 2 亿份 B. 基金募集金额不少于 2 亿元人民币

C. 基金份额持有人的人数不少于300人　D. 基金份额持有人的人数不少于1000人

7. 封闭式基金份额合同生效，应符合的条件包括（　　　）。

A. 基金份额总额达到核准规模的80%以上

B. 基金合同期限为5年以上

C. 基金募集金额不低于3亿元人民币

D. 基金份额持有人不少于200人

8. 申请募集基金应提交的主要文件包括（　　　）等。

A. 募集基金的申请报告　　　　　　B. 基金合同草案

C. 基金托管协议草案　　　　　　　D. 招募说明书草案

9. 国外常见的基金发行方式包括（　　　）。

A. 直接销售发行　　B. 包销方式　　　C. 销售集团方式　　D. 计划公司方式

10. 基金的发行一般要经过（　　　）等环节。

A. 申请　　　　　　B. 核准　　　　　C. 发售　　　　　　D. 备案、公告

11. 基金管理人应当在基金份额发售的3日前公布招募说明书、基金合同及其他有关文件。文件应当（　　　）。

A. 真实　　　　　　B. 完整　　　　　C. 有据可查　　　　D. 准确

12. 某投资人投资1万元认购基金，认购资金在募集期产生的利息为3元，其对应的认购费率为1.5%，基金份额面值为1元，则其认购费用及认购份额计算结果正确的有（　　　）。

A. 净认购金额为9 852.22元　　　　B. 净认购金额为147.22元

C. 认购份额为9 852.22份　　　　　D. 认购费用147.78元

13. 封闭式基金设立的程序为（　　　）。

A. 确立基金发起人，拟订基金方案　B. 提交设立基金的相关文件

C. 监管机构的审核和批准　　　　　D. 召集管理人、托管人大会

14. 华安创新的认购费率分为（　　　）和（　　　）两档。

A. 1.2%；1.5%　　B. 1.5%；1.2%　　C. 1.2%；1%　　　D. 1.5%；1%

15. 基金发起人的核心工作是（　　　）。

A. 在充分市场调查的基础上进行基金产品的开发，设计出能够满足不同投资者需要的基金产品

B. 需要事先拟订并确定与基金发行、运营有关的一切事项

C. 基金经理、投资风格、募集资金额度、托管机构、销售渠道、注册登记

D. 核算与估值、基金清算、信息披露等。

16. 基金不满足有关募集要求的基金募集失败，基金管理人应承担以下责任（　　　）。

A. 赔偿投资者损失

B. 重新募集

C. 以固有财产承担因募集行为而产生的债务和费用

D. 在基金募集期限届满后 30 日内返还投资者已缴纳的款项，并加计银行同期存款利息

17. 以下关于基金募集申请核准说法正确的是（　　　）。

A. 国务院证券监督管理机构应当自受理基金募集申请之日起 6 个月内依照法律、行政法规及国务院证券监督管理机构的规定和审慎监管原则进行审查，做出核准或不予核准的决定，并通知申请人

B. 不予核准的，应当说明理由

C. 基金募集申请经中国证监会核准后方可发售基金份额

D. 以上说法都正确

18. 基金合同生效的流程为（　　　）。

A. 验资　　　　　　B. 备案　　　　　　C. 交易　　　　　　D. 投资者确认

19. 个人投资者申请开立基金账户一般须提供（　　　）。

A. 本人身份证件

B. 基金账户卡

C. 代销网点当地城市的本人有足够资金的银行借记卡

D. 已填写好的银行代销基金认购申请表（个人）

20. 认购封闭式基金份额的投资人必须携带（　　　）。

A. 深、沪证券账户或深、沪基金账户　　B. 深、沪证券账户和深、沪基金账户

C. 资金账户　　　　　　　　　　　　　　D. 身份证件

21. （　　　）可以向中国证监会申请基金代销业务资格，从事基金的代销业务。

A. 商业银行　　　　　　　　　　　　　　B. 证券公司

C. 证券投资咨询机构　　　　　　　　　　D. 专业基金销售机构

22. 某投资者投资 10 000 元认购基金，如管理人规定的认购费率为 1%，则下列正确的有（　　　）。

A. 净认购金额为 9 900.99 元　　　　　　B. 净认购金额为 9 910.28 元

C. 认购份额为 9 900.99 份　　　　　　　D. 认购份额为 9 910.99 份

23. 开放式基金份额的认购通常采用（　　　）模式。

A. 前端收费　　　　B. 后端收费　　　　C. 网上收费　　　　D. 网下收费

24. 后端收费模式设计的目的是（　　　）。

A. 为了鼓励投资者能长期持有基金

B. 后端收费适合持有基金 5 年以内的人。

C. 后端收费的认购费率一般设计成随着基金份额持有时间的延长而递减，持有至一定时间后费率可降为零

D．后端收费的认购费率一般设计成随着基金份额持有时间的延长而递增

25．下列关于开放式基金认购的表述错误的是（　　　）。

A．认购费率不得超过认购金额的 3%

B．基金产品后端收费的认购费率一般会随着投资时间的延长而递减，甚至不收取

C．我国股票基金的认购费率大多为 2%～2.5%，债券基金的认购费率通常在 2% 以下，货币市场基金认购费率一般在 1% 左右

D．前端收费适合持有基金 5 年以内的人

26．下列说法错误的有（　　　）。

A．我国第一只封闭式基金是华安创新　　B．我国第一只开放式基金是基金开元

C．基金金泰和基金开元是开放式基金　　D．华安创新是开放式基金

27．下列表述正确的是（　　　）。

A．一般情况下，基金认购申请一旦提交，不得撤销

B．投资者 T 日提交认购申请后，于 T+1 日后到办理认购的网点查询认购申请的受理情况

C．销售网点（代销网点和直销网点）对认购申请的受理并不代表认购成功，而仅代表销售网点已经接受了认购申请

D．申请的成功确认应以基金登记人的确认登记为准

28．买入与卖出封闭式基金份额，下列对于申报数量要求描述准确的是（　　　）。

A．为 100 份或其整数倍　　　　　　　B．为 1000 份或其整数倍

C．基金单笔最大数量应当低于 10 万份　D．基金单笔最大数量应当低于 100 万份

29．关于封闭式基金的交易，以下说法正确的是（　　　）。

A．封闭式基金的交易遵从"价格优先、时间优先"的原则

B．每份基金的申报价格最小变动单位为 0.001 元人民币

C．封闭式基金的交易实行 T+1 交割、交收

D．封闭式基金价格涨跌幅限制比例为 30%

30．某基金申购费率，100 万元以上（含 100 万元）至 500 万元以下为 0.9%。假定 T 日的基金份额净值为 1.25 元。若申购金额为 100 万元，则以下计算结果正确的有（　　　）。

A．净申购金额为 1 009 000 元　　　　B．净申购金额为 991 080.28 元

C．申购份额为 792 864.22 份　　　　　D．申购份额为 800 000 份

三、判断题

1．根据《证券投资基金销售管理办法》的规定，开放式基金的认购费率不得超过认购金额的 10%。　　　　　　　　　　　　　　　　　　　　　　　（　　　）

2．封闭式基金的基金份额，可以在证券交易所上市交易。　　　　　　（　　　）

3．货币市场基金一般不收取认购费。（　　）

4．开放式基金的后端收费模式是指在认购基金份额时不收费，在赎回基金时才支付认购费用的收费模式。（　　）

5．投资者在募集期内可以多次认购基金份额。（　　）

6．封闭式基金的认购价格一般采用 1 元基金份额面值加计 0.01 元发售费用的方式加以确定。（　　）

7．销售机构对认购申请的受理并不代表该申请一定成功。（　　）

8．国务院证券监督管理机构应当自受理基金募集申请之日起 3 个月内依照法律、行政法规及国务院证券监督管理机构的规定和审慎监管原则进行审查，做出核准或不予核准的决定，并通知申请人。（　　）

9．目前，深、沪证券交易所对封闭式基金的交易与股票交易一样实行价格涨跌幅限制。（　　）

10．封闭式基金达成交易后，相应的基金交割与资金交收在成交日后两个营业日（T+2日）内完成。（　　）

11．基金募集失败，基金管理人应以固有财产承担因募集行为而产生的债务和费用。（　　）

12．基金募集期间募集的资金应当存入专门账户，在基金募集行为结束前，任何人不得动用。（　　）

13．基金管理人应当自收到核准文件之日起 3 个月内进行基金份额的发售。（　　）

14．资金账户是基金注册登记人为基金投资人开立的、用于记录其持有的基金份额及其变动情况的账户。（　　）

15．基金募集申请经证券交易所核准后方可发售基金份额。（　　）

16．基金募集期限届满，封闭式基金需满足募集的基金份额总额达到核准规模的 60%以上、基金份额持有人不少于 100 人的要求，基金合同方可生效。（　　）

17．开放式基金需满足募集份额总额不少于 2 亿份、基金募集金额不少于 2 亿元人民币、基金份额持有人不少于 200 人的要求，基金合同方可生效。（　　）

18．封闭式基金的报价单位为 0.01 元人民币。（　　）

19．封闭式基金发售方式主要有网上发售和网下发售两种。（　　）

20．开放式基金的认购费率不得超过认购金额的 3%。（　　）

21．认购开放式基金，销售网点（代销网点和直销网点）对认购申请的受理就代表认购成功。（　　）

22．进行基金投资的投资人，须先开立基金账户或资金账户。（　　）

23．基金管理人应当自募集期限届满之日起 3 个月内聘请法定验资机构验资。（　　）

24．封闭式基金网上发售指通过与证券交易所的交易系统联网的全国各地的证券公司营业部，向特定的社会公众发售基金份额的发售方式。　　　　　　　（　　　）

25．网下发售是指通过基金管理人指定的营业网点和承销商的指定账户，向机构或个人投资者发售基金份额的发售方式。　　　　　　　　　　　　　（　　　）

26．基金金泰是我国发售的首只开放式基金。　　　　　　　　　　　（　　　）

27．基金账户是仅仅用于基金的认购及交易的账户。　　　　　　　　（　　　）

28．目前我国主要有商业银行、证券公司、证券投资咨询机构、专业基金销售机构及中国证监会规定的其他具备基金代销业务资格的机构可以办理开放式基金认购业务。（　　　）

29．开放式基金认购费用=净认购金额×认购费率。　　　　　　　　（　　　）

30．开放式基金份额的认购通常采用网上收费和网下收费两种模式。　（　　　）

四．思考题

1．国外的基金发行与我国的基金发行有什么区别？

2．基金的发行需要哪些环节？

3．封闭式基金发行方式是怎样的？

4．开放式基金认购费率怎样收取？

5．简述基金合同生效的条件及流程。

第 5 章

证券投资基金交易

基金的交易、申购和赎回为基金投资提供了流动性，运作方式不同的基金在交易、申购和赎回等环节上也存在较大的差异。本章将分别介绍封闭式基金、开放式基金、ETF 基金、LOF 基金交易的情况及基金份额登记。

5.1 封闭式基金交易

5.1.1 封闭式基金上市

封闭式基金的基金份额，经基金管理人申请，中国证监会核准，可以在证券交易所上市交易。中国证监会可以授权证券交易所依照法定条件和程序核准基金份额上市交易。基金份额上市交易应符合下列条件。

1）基金的募集符合《证券投资基金法》的规定。

2）基金合同期限为 5 年以上。

3）基金募集金额不低于 2 亿元人民币。

4）基金份额持有人不少于 1 000 人。

5）基金份额上市交易规则规定的其他条件。

5.1.2 封闭式基金交易规则

1. 开户

投资者买卖封闭式基金必须开立沪、深证券账户或基金账户及资金账户。基金账户只能用于基金、国债及其他债券的认购及交易。个人投资者开立基金账户，需持本人身份证到证券注册登记机构办理开户手续。办理资金账户需持本人身份证和已经办理的证券账户卡或基金账户卡，到证券经营机构办理。每个有效证件只允许开设 1 个基金账户，已开设证券账户的不能再重复开设基金账户，每位投资者只能开设和使用 1 个证券账户或基金账户。

2．交易时间

封闭式基金的交易时间是每周一至周五（法定公众节假日除外）9:30—11:30、13:00—15:00。

3．成交原则

封闭式基金的交易遵从"价格优先、时间优先"的原则。价格优先是指较高价格买进申报优先于较低价格买进申报，较低价格的卖出申报优先于较高价格的卖出申报。时间优先是指买卖方向相同、申报价格相同的，先申报者优先于后申报者，先后顺序按照交易主机接受申报的时间确定。

4．申报单位

封闭式基金的报价单位为每份基金价格。基金的申报价格最小变动单位为 0.001 元人民币，买入与卖出封闭式基金份额申报数量应当为 100 份或其整数倍，单笔最大数量应低于 100 万份。

5．其他

沪、深证券交易所对封闭式基金交易实行 10%的涨跌幅限制；实行 T+1 日交割、交收，即达成交易后，相应的基金交割与资金交收在交易日的下一个营业日（T+1 日）完成。

5.1.3　封闭式基金交易费用

1）证券交易经手费：由深圳证券交易所收取，收取标准为成交额的 0.095%。

2）证券交易监管费：由中国证监会收取，收取标准为成交额的 0.04%。

3）佣金：不得高于成交金额的 0.3%（深圳证券交易所特别规定该佣金水平不得低于代收的证券交易监管费和证券交易经手费，上海证券交易所无此规定），起点 5 元，由证券公司向投资者收取。

4）印花税：目前，封闭式基金交易不收取印花税。

5.1.4　封闭式基金折（溢）价率

投资者常常使用折（溢）价率反映封闭式基金份额净值与其二级市场价格之间的关系。当基金二级市场价格高于基金份额净值时，为溢价交易，对应的是溢价率。折（溢）价率的计算公式为：

$$折（溢）价率=（二级市场价格-基金份额净值）÷基金份额净值×100\%$$

$$=（二级市场价格÷基金份额净值-1）×100\%$$

当二级市场价格低于基金份额净值时，为折价交易，对应的是折价率。折（溢）价率的计算公式为：

$$折（溢）价率=（基金份额净值-二级市场价格）÷基金份额净值×100\%$$
$$=（1-二级市场价格÷基金份额净值）×100\%$$

✎ 例 5-1

基金份额净值为 1 元，二级市场价格为 0.8 元，此种情况为折价，即

$$折价率=[（1-0.8）÷1]×100\%=20\%$$
$$=（1-0.8）×100\%=20\%$$

当折（溢）价率较高时常常被认为购买封闭式基金的好时机，但实际上并不尽然，有时折价率会继续攀升，在弱市时更有可能出现价格与份额净值同步下降的情形。封闭式基金折价现象是全球基金市场普遍存在的现象，也是市场异象的典型代表。

5.2 开放式基金交易

5.2.1 申购

1．申购的概念

投资者在开放式基金合同生效后，申请购买基金份额的行为通常被称为基金的申购。

2．申购和认购的区别

1）购买时间不同。认购是在基金设立募集期内，申购则是在基金合同生效后。

2）赎回时间不同。认购期购买的基金份额一般要经过封闭期才能赎回，申购的基金份额在申购成功后的第 2 个工作日即能赎回。

3）费率不同。一般情况下，认购期购买基金的费率要比申购期优惠。

华夏优势增长股票基金认购和申购费率比较如表 5.1 所示。

4）撤销规定不同。投资者在份额发售期内已经正式受理的认购申请不得撤销。对于在当日基金业务办理时间内提交的申购申请，投资者可以在当日 15：00 之前提交撤销申请，予以撤销；15:00 后则无法撤销申请。

表 5.1 华夏优势增长股票基金认购和申购费率比较

购买数量	100 万元以下	100 万（含）～500 万元	500 万（含）～1 000 万元	1 000 万元（含）以上
认购费率	1.20%	0.90%	0.60%	每笔 1 000 元
申购费率	1.50%	1.20%	0.80%	每笔 1 000 元

资料来源：华夏基金网站。

3．申购的原则

1）"未知价"交易原则，是指投资者在申购基金份额时并不能即时获知买卖的成交价

格。申购价格只能以申购日交易时间结束后基金管理人公布的基金份额净值为基准进行计算。这一点与股票、封闭式基金等金融产品的"已知价"原则进行买卖不同。

2）"金额申购"原则，即申购以金额申请，如申购 10 000 元，但不能是 10 000 份。

4．申购费用

（1）费率

投资者在办理开放式基金申购时，一般需要缴纳申购费，但申购费率不得超过申购金额的 5%。

（2）收费方式

1）前端收费，是指基金管理人可以对选择前端收费方式的投资人根据其申购金额适用不同的前端申购费率标准。例如，华夏基金，在其前端收费模式中，将申购额度划分为 100 万元以下、100 万 ~ 500 万元、500 万 ~ 1 000 万元、1 000 万元以上 4 个档次。

2）后端收费，是指基金管理人可以对选择后端收费方式的投资人根据其持有期限适用不同的后端申购费率标准。对于持有期低于 3 年的投资人，基金管理人不得免收其后端申购费用。

华夏成长混合型基金后端收费费率如表 5.2 所示。

表 5.2　华夏成长混合型基金后端收费费率

1 年以内	满 1 年不满 2 年	满 2 年不满 3 年	满 3 年不满 4 年	满 4 年不满 5 年	满 5 年不满 8 年	满 8 年以后
1.80%	1.50%	1.20%	1.00%	0.50%		0

资料来源：华夏基金网站。

基金产品同时设置前端收费模式和后端收费模式的，其前端收费的最高档申购费率应低于对应的后端收费的最高档申购费率。

华夏大盘精选混合型基金前端收费与后端收费费率比较如表 5.3 所示。

表 5.3　华夏大盘精选混合型基金前端收费与后端收费费率比较

基金简称	申购费率										
	前端收费				后端收费						
	100 万元以下	100 万（含）～ 500 万元	500 万（含）～ 1 000 万元	1 000 万元以上（含）	1 年以内	满 1 年不满 2 年	满 2 年不满 3 年	满 3 年不满 4 年	满 4 年不满 5 年	满 5 年不满 8 年	满 8 年以上
华夏大盘精选混合	1.50%	1.20%	1.00%		1.80%	1.50%	1.20%	1.00%	0.50%		0

资料来源：华夏基金网站。

基金销售机构通过互联网、电话、移动通信等非现场方式实现自助交易业务的，经与基金管理人协商一致，可以对自助交易前端申购费用实行一定的优惠，如在广发基金官网上基金申购费率最低 4 折（不低于 0.6%），货币市场基金及中国证监会规定的其他品种除外。

5. 申购份额的计算

根据中国证监会 2007 年 3 月《关于统一规范证券投资基金认（申）购费用及认（申）购份额计算方法有关问题的通知》的规定，基金申购费用与申购份额的计算公式为：

$$净申购金额=申购金额÷（1+申购费率）$$
$$申购费用=净申购金额×申购费率$$
$$申购份额=净申购金额÷申购当日基金份额净值$$

当申购费用为固定金额时，申购份额的计算公式为：

$$净申购金额=申购金额-固定金额$$
$$申购份额=净申购金额÷T 日基金份额净值$$

例 5-2

某基金申购费率如表 5.4 所示。

表 5.4　某基金申购费率

申购金额（含申购费）	前端申购费率
100 万元以下	1.5%
100 万元（含）～500 万元	1.2%
500 万元（含）～1 000 万元	0.8%
1000 万元（含）以上	每笔 1000 元

假定 T 日的基金份额净值为 1.250 元，两笔申购金额分别为 100 万元和 1 000 万元，则每笔申购负担的前端申购费用和获得的基金份额计算如下。

① 申购 1：申购金额 100 万元，对应费率 1.2%。

净申购金额=1 000 000÷（1+1.2%）=988 142.29（元）
申购费用=988 142.29×1.2%=11 857.71（元）
申购份额=988 142.29÷1.250=790 513.83（份）

② 申购 2：申购金额 1 000 万元，对应费用 1 000 元。

净申购金额=10 000 000-1 000=9 999 000.00（元）
申购份额=9 999 000÷1.250=70 999 200.00（份）

6. 申购登记与款项的支付

投资者申购基金成功后，注册登记机构一般在 T+1 日为投资者办理增加权益的登记手续，基金管理人可以在法律法规允许的范围内，对登记办理时间进行调整，并最迟于开始实施前 3 个工作日内在至少一种中国证监会指定的信息披露媒体公告。

基金申购采用全额缴款方式。若资金在规定的时间内未全部到账，则申购不成功。申购不成功或无效，款项将退网投资者资金账户。

投资者在 T+2 日起有权赎回该部分的基金份额。投资者赎回基金份额成功后，注册登记机构一般在 T+1 日为投资者办理扣除权益的登记手续。

5.2.2 赎回

1．赎回的概念
基金份额持有人要求基金管理人购回其所持有的开放式基金份额的行为。

开放式基金的申购和赎回与认购一样，可以通过基金管理人的直销中心与基金销售代理人的代销网点办理。

2．赎回的原则
1）"未知价"交易原则。与申购一样，投资者赎回基金份额时并不能即时获知买卖的成交价格。赎回价格只能以赎回日交易时间结束后基金管理人公布的基金份额净值为基准进行计算。

2）"份额赎回"原则，即赎回以份额申请，如赎回 10 000 份，但不能是 10 000 元。

3．赎回的费用
投资者在办理开放式基金赎回时，一般需要缴纳赎回费，货币市场基金及中国证监会规定的其他品种除外。赎回费率不得超过基金份额赎回金额的 5%，赎回费总额的 25%归入基金财产。

对于短期交易的投资人，基金管理人可以在基金合同、招募说明书中约定按以下标准收取赎回费：①对于持续持有期少于 7 日的投资人，收取不低于赎回金额 1.5%的赎回费；②对于持续持有期少于 30 日的投资人，收取不低于赎回金额 0.75%的赎回费。按上述标准收取的基金赎回费应全额计入基金财产。

基金管理人可以根据基金份额持有人持有基金份额的期限适用不同的赎回费标准。通常，持有时间越长，适用的赎回费率越低。例如，华夏收入股票型基金，持有期限不满一年，赎回费率为 0.5%；持有满一年（含）不满二年，费率为 0.35%；持有满二年（含）不满三年，费率为 0.2%；持有满三年（含）以上，费率为 0。

4．赎回金额的计算
赎回金额的计算公式为：

$$赎回总金额=赎回份额×赎回日基金份额净值$$
$$赎回费用=赎回总金额×赎回费率$$
$$赎回金额=赎回总金额-赎回费用$$

例 5-3

假定某投资者在 T 日赎回 10 000 份基金份额,持有期限 1.5 年,对应赎回费率为 0.35%,该日基金份额净值为 1.25 元,则其获得的赎回金额为:

赎回总金额=10 000.00×1.25=12 500.00(元)

赎回费用=12 500.00×0.35%=43.75(元)

赎回金额=12 500.00−43.75=12 456.25(元)

该投资人的赎回金额为 12 456.25 元。

5. 赎回的登记与款项的支付

投资者在 T+2 日起有权赎回该部分的基金份额。投资者赎回基金份额成功后,注册登记机构一般在 T+1 日为投资者办理扣除权益的登记手续。

投资者提交赎回申请成交后,基金管理人应通过销售机构按规定向投资者支付赎回款项。对一般基金而言,基金管理人应当自受理基金投资者有效赎回申请之日起 7 个工作日内支付赎回款项。

6. 巨额赎回的认定及处理方式

(1)相关概念

1)巨额赎回。单个开放日基金净赎回申请超过基金总份额的 10%时,为巨额赎回。

2)单个开放日的净赎回申请。它是指该基金的赎回申请加上基金转换中的该基金的转出申请之和,扣除当日发生的该基金申购申请及基金转换中该基金的转入申请之和后得到的余额。

(2)基金管理人处理巨额赎回的方式

1)接受全额赎回。当基金管理人认为有能力兑付投资者的全额赎回申请时,按正常赎回程序执行。

2)部分延期赎回。当基金管理人认为兑付投资者的赎回申请有困难或认为兑付投资者的赎回申请进行的资产变现可能使基金份额净值发生较大波动时,基金管理人可以在当日接受赎回比例不低于上一日基金总份额 10%的前提下,对其余赎回申请延期办理。对单个基金份额持有人的赎回申请,应当按照其申请赎回份额占申请赎回总份额的比例确定该单个基金份额持有人当日办理的赎回份额。未受理部分,除投资者在提交赎回申请时选择将当只未获受理部分予以撤销外,延迟至下一开放日办理。转入下一开放日的赎回申请不享有赎回优先权,并将以下一个开放日的基金份额净值为基准计算赎回金额。以此类推,直到全部赎回为止。

(3)信息披露

当发生巨额赎回及部分延期赎回时,基金管理人应立即向中国证监会备案,在 3 个工作日内在至少一种中国证监会指定的信息披露媒体公告,并说明有关处理方法。

基金连续 2 个开放日以上发生巨额赎回,如基金管理人认为有必要,可暂停接受赎回申请;已经接受的赎回申请可以延缓支付赎回款项,但不得超过正常支付时间 20 个工作日,并应当在至少一种中国证监会指定的信息披露媒体公告。

5.2.3　份额转换

1．概念

开放式基金份额转换是指投资者将其所持有的某一只基金份额转换为另一只基金份额的行为。基金转换业务所涉及的基金,必须是由同一基金管理人管理的、在同一注册登记机构处注册登记的基金。基金的转换业务可视为从一只基金赎回份额,我们称之为"转出";同时申购另外一只基金的基金份额,我们称之为"转入"。基金转换转入的基金份额可赎回的时间为 T+2 日。

2．原则

投资者采用"份额转换"的原则提交申请,即在销售机构处以"份额"为单位提交转换申请,以转出和转入基金申请当日的份额净值为基础计算转入份额。

3．费用

由于不同基金的申购费率、赎回费率不同,基金份额持有人进行基金份额转换的,基金管理人应当按照转出基金的赎回费用加上转出与转入基金申购费用补差的标准收取费用。当转出基金申购费率低于转入基金申购费率时,费用补差为按照转出基金金额计算的申购费用差额;当转出基金申购费率高于转入基金申购费率时,不收取费用补差。

此外,基金份额的转换常常还会收取一定的转换费用。转换费率一般在 0.3% ~ 0.5%。基金转换业务相比较赎回基金份额后再进行基金申购而言,时间成本和交易费用都较低。

华夏基金公司部分基金转换费用如表 5.5 所示。

表 5.5　华夏基金公司部分基金转换费用

转出基金	转 入 基 金											
	华夏成长混合（前）	华夏回报混合（前）	华夏大盘精选混合（前）	华夏红利混合（前）	华夏回报二号混合	华夏优势增长股票	华夏沪深300指数	华夏债券A	华夏希望债券A	华夏经典混合	华夏收入股票	华夏亚债中国指数A
华夏红利混合	0（转换金额1000万元以上为500元）	0	0	—	0.5%（转换金额1000万元以上为500元）	0（转换金额1000万元以上为500元）	0（转换金额1000万元以上为500元）	0	0（转换金额1000万元以上为500元）	0	0	0（转换金额1000万元以上为500元）

5.3 其他类型基金交易

5.3.1 ETF 份额的交易及申购与赎回

1. ETF 份额折算与变更登记

（1）ETF 建仓期

ETF 的基金合同生效后，基金管理人应逐步调整实际组合直至达到跟踪指数要求，此过程为 ETF 建仓阶段。ETF 建仓期不超过 3 个月。

（2）ETF 份额折算

基金建仓期结束后，为方便投资者跟踪基金份额净值变化，基金管理人通常会以某一选定日期作为基金份额折算日，对原来的基金份额进行折算。ETF 基金份额折算由基金管理人办理，并由登记结算机构进行基金份额的变更登记。基金份额折算后，基金份额总额与基金份额持有人持有的基金份额将发生调整，但调整后的基金份额持有人持有的基金份额占基金份额总额的比例不发生变化。基金份额折算对基金份额持有人的收益无实质性影响。基金份额折算后，基金份额持有人将按照折算后的基金份额享有权利并承担义务。

ETF 份额折算的计算公式为：

$$折算比例 = \frac{X/Y}{I/1\,000}$$

式中：X 为份额折算日（T 日）基金资产净值；

Y 为份额折算日（T 日）基金份额总额；

I 为标的指数值。

折算比例以四舍五入的方法保留小数点后 8 位。

$$折算后的份额 = 原持有份额 \times 折算比例$$

📝 例 5-4

华夏上证 50ETF，合同生效日为 2004 年 12 月 30 日，基金份额折算日为 2005 年 2 月 4 日。当日上证 50 指数收盘值为 872.884 点，基金资产净值为 5 616 630 897.30 元，折算前基金份额总额为 5 435 331 306 份，假设某投资者在基金募集期内认购了 5 000 份，则：

① 折算比例=（5 616 630 897.30÷5 435 331 306）÷（872.884÷1 000）= 1.183 840 87

② 该投资者折算后的基金份额=5 000×1.183 840 87≈5 919（份）

2. ETF 份额的上市交易

ETF 的基金合同生效后，基金管理人可以向证券交易所申请上市，上市后要遵循以下交易规则：

1）上市首日的开盘参考价为前一工作日的基金份额净值；

2）实行价格涨跌幅限制，涨跌幅设置为 10%，从上市首日开始实行；

3）买入申报数量为 100 份及其整数倍，不足 100 份的部分可以卖出；

4）基金申报价格最小变动单位为 0.001 元。

基金管理人在每一交易日开市前须向证券交易所提供当日的申购、赎回清单。证券交易所在开市后根据申购、赎回清单和组合证券内各只证券的实时成交数据，计算并每 15 秒发布一次基金份额参考净值（IOPV），供投资者交易、申购、赎回基金份额时使用。

3. ETF 份额的申购、赎回

（1）ETF 份额的申购、赎回时间

投资者可办理申购、赎回业务的开放日为证券交易所的交易日，开放时间为 9:30—11:30 和 13:00—15:00。在此时间之外不办理基金份额的申购、赎回。

（2）ETF 份额的申购、赎回单位

投资者申购、赎回的基金份额须为最小申购、赎回单位的整数倍。一般最小申购、赎回单位为 50 万份或 100 万份。基金管理人有权对其进行更改，并在更改前至少 3 个工作日在至少一种中国证监会指定的信息披露媒体公告。

（3）ETF 份额的申购、赎回原则

1）申购、赎回 ETF 采用份额申购、份额赎回的方式申请。

2）申购、赎回 ETF 的申购对价、赎回对价包括组合证券、现金替代、现金差额及其他对价。

3）申购、赎回申请提交后不得撤销。

（4）申购、赎回流程

ETF 的基金管理人每日开市前会根据基金资产净值、投资组合及标的指数的成分股股票情况，公布证券申购与赎回清单，投资者据此进行操作。

1）申购的流程。投资者可依据清单内容，将成分股股票交付 ETF 的基金管理人以取得相应的 ETF 份额，从而使得 ETF 总份额增加。例如，对于易方达深证 100ETF，投资者可使用 13 手平安银行、43 手万科 A、5 手中国宝安、6 手南玻 A 等 100 只股票换取 100 万份 ETF 份额（1 个最小申购、赎回单位），或者用 65 手平安银行、215 手万科 A、25 手中国宝安、30 手南玻 A 等 100 只股票换取 500 万份 ETF 份额（5 个最小申购、赎回单位）。

2）赎回的流程。赎回是指用一定数额的 ETF 份额换取一篮子指数成分股股票，使得 ETF 总份额减少。

（5）申购、赎回清单

1）申购、赎回清单的内容。T 日申购、赎回清单公告内容包括最小申购、赎回单位所对应的组合证券内各成分证券数量、现金替代、T 日预估现金部分、T-1 日现金差额、基金份额净值及其他相关内容。

2）组合证券相关内容。组合证券是指基金标的指数所包含的全部或部分成分证券。申购、赎回清单将公告最小申购、赎回单位所对应的各成分证券名称、证券代码及数量。

华夏上证 50ETF 组合证券信息如图 5.1 所示。

股票代码	股票简称	股票数量	现金替代标志	现金替代溢价比例	固定替代金额
600000	浦发银行	8 900	允许	10.0%	
600010	包钢股份	2 100	允许	10.0%	
600015	华夏银行	2 900	允许	10.0%	
600016	民生银行	17 700	允许	10.0%	
600019	宝钢股份	4 100	允许	10.0%	
600028	中国石化	3 300	允许	10.0%	
600030	中信证券	3 200	允许	10.0%	

图 5.1 华夏上证 50ETF 组合证券信息（部分）

资料来源：华夏基金公司网站。

3）现金替代相关内容。现金替代是指申购、赎回过程中，投资者按基金合同和招募说明书的规定，用于替代组合证券中部分证券的一定数量的现金。采用现金替代是为了在相关成分股股票停牌等情况下方便投资者的申购，提高基金运作的效率。现金替代分为 3 种类型：禁止现金替代、允许现金替代和必须现金替代。

① 禁止现金替代是指在申购、赎回基金份额时，该成分证券不允许使用现金作为替代。在申购、赎回清单中，这类证券较为少见。

② 允许现金替代是指在申购基金份额时，允许使用现金全部或部分该成分替代该成分证券，但在赎回基金份额时，该成分证券不允许使用现金作为替代。允许现金替代的证券一般是由于停牌等原因导致投资者无法在申购时买入的证券，申购、赎回清单中的大部分证券都属于此类。对于可以现金替代的证券，替代金额的计算公式为：

替代金额=替代证券数量×该证券最新价格×（1+现金替代溢价比例）

最新价格的确定原则为：该证券正常交易时，采用最新成交价；该证券正常交易中出现涨停时，采用涨停价格；该证券停牌且当日有成交时，采用最新成交价；该证券停牌且当日无成交时，采用前一交易日收盘价。

现金替代溢价又称现金替代保证。收取现金替代溢价的原因是，对于使用现金替代的证券，基金管理人需在证券恢复交易后买入，而实际买入价格加上相关交易费用后与申购时的最新价格可能有所差异。为便于操作，基金管理人在申购、赎回清单中预先确定现金替代溢价比例，并据此收取现金替代金额。如果预先收取的金额高于基金购入该部分证券的实际成本，则基金管理人将退还多收取的差额；如果预先收取的金额低于基金购入该部分证券的实际成本，则基金管理人将向投资者收取欠缺的差额。现金替代溢价比例没有统一标准，一般为 10%~15%。

例 5-5

2012 年 8 月 20 日，华夏上证 50ETF 的成分股，浦发银行（60000）的最新成交价为 7.52 元/股，浦发银行的替代数量为 8 900 股，现金溢价比例为 10%，则：

$$替代金额 = 8\,900 \times 7.52 \times (1+10\%) = 73\,620.8（元）$$

③ 必须现金替代是指在申购、赎回基金份额时，该成分证券必须使用现金作为替代。必须现金替代的证券一般是由于标的指数调整即将被剔除的成分证券。对于必须现金替代的证券，基金管理人将在申购、赎回清单中公告替代的一定数量的现金，即固定替代金额。其计算公式为：

固定替代金额 = 申购、赎回清单中该证券数量 × 该证券经除权调整 T-1 日收盘价

如易方达深证 100ETF 的成分证券中，山西证券为必须替代品种，其 2012 年 8 月 21 日的固定替代金额为 3 120.39 元。

4）预估现金部分相关内容。预估现金部分是指为便于计算基金份额参考净值及申购、赎回，代理证券公司预先冻结申请申购、赎回的投资者的相应资金，由基金管理人计算的现金数额。其计算公式为：

T 日预估现金部分 = T-1 日最小申购、赎回单位的基金资产净值 -（申购、赎回清单中必须用现金替代的固定替代金额 + 申购、赎回清单中可以用现金替代成分证券的数量与 T 日预计开盘价相乘之和 + 申购、赎回清单中禁止用现金替代成分证券的数量与 T 日预计开盘价相乘之和）

式中，"T 日预计开盘价"主要根据上海证券交易所提供的标的指数成分证券的预计开盘价确定。另外，若 T 日为基金分红除息日，则计算公式中的"T-1 日最小申购、赎回单位的基金资产净值"需扣减相应的收益分配数额。预估现金部分的数值可能为正、为负或为零。

5）现金差额相关内容。T 日现金差额应在 T+1 日的申购、赎回清单中公告。其计算公式为：

T 日现金差额 = T 日最小申购、赎回单位的基金资产净值 -（申购、赎回清单中必须用现金替代的固定替代金额 + 申购、赎回清单中可以用现金替代成分证券的数量与 T 日收盘价相乘之和 + 申购、赎回清单中禁止用现金替代成分证券的数量与 T 日收盘价相乘之和）

T 日投资者申购、赎回基金份额时，需按 T+1 日公告的 T 日现金差额进行资金的清算交收。

现金差额的数值可能为正、为负或为零。

投资者申购时，如现金差额>0，则投资者应根据其申购的基金份额支付相应的现金；如现金差额<0，则投资者将根据其申购的基金份额获得相应的现金。投资者赎回时，如现金差额>0，则投资者将根据其赎回的基金份额获得相应的现金；如现金差额<0，则投资者应根据其赎回的基金份额支付相应的现金。

例如，2012 年 8 月 20 日，华夏上证 50ETF 的现金差额为 31 968.86 元，则投资者申购一个基金份额时，应支付 31 968.86 元，而赎回一个基金份额时应获得 31 968.86 元。

5.3.2　LOF 份额的上市交易及申购与赎回

1．LOF 份额的上市条件

LOF 的上市须由基金管理人及基金托管人共同向深圳证券交易所提交上市申请。基金申请在交易所上市应当具备下列条件。

1）基金的募集符合《证券投资基金法》的规定。

2）募集金额不少于 2 亿元人民币。

3）持有人不少于 1 000 人。

4）交易所规定的其他条件。

2．LOF 份额的交易规则

（1）上市首日开盘参考价

基金上市首日的开盘参考价为上市首日前一交易日的基金份额净值。

（2）交易规则

基金上市后，投资者可在交易时间内通过交易所各会员单位证券营业部买卖基金份额，以交易系统撮合价成交。具体交易规则如下。

1）买入与卖出 LOF 申报数量应为 100 份或其整数倍，申报价格最小变动单位为 0.001 元人民币。

2）深圳证券交易所对 LOF 交易实行价格跌涨幅限制，涨跌幅比例为 10%，自上市首日起执行。

（3）结算

T 日闭市后，中国结算公司深圳分公司根据 LOF 的交易数据，计算每个投资者买卖 LOF 的数量，并于 T 日晚根据清算结果对投资者的证券账户余额进行相应的记增或记减处理，完成 LOF 份额的交收。T 日买入基金份额自 T+1 日起即可在深圳证券交易所卖出或赎回。

3．LOF 份额的申购和赎回

LOF 份额的场内、场外申购和赎回均采取"金额申购、份额赎回"原则，申购申报单位为 1 元人民币，赎回申报单位为 1 份基金份额。

申购、赎回流程如下。

1）T 日，场内投资者以深圳证券账户通过证券经营机构向交易所交易系统申报基金申购、赎回申请；场外投资者以深圳开放式基金账户通过代销机构提交基金申购、赎回申请。

2）T+1 日，中国结算公司根据基金管理人传送的申购、赎回确认数据，进行场内、场外申购、赎回的基金份额登记过户处理。

3）自 T+2 日起，投资者申购份额可以使用。

5.3.3　创新型封闭式基金交易

创新型封闭式基金的创新主要涉及以下两个方面。

1）基金存续期内，若上市交易后，折价率连续 50 个交易日超过 20%，则基金可通过召开基金份额持有人大会转换运作方式，成为开放式基金（LOF），接受投资者赎回申请。该内容被称为"救生艇条款"，如即将发行的大成优选混合型证券投资基金，即采用这一应对长期高折价率的措施。

2）构化分级基金由两级份额组成：优先级份额和普通级份额。两级份额分别募集和计价，但资产合并运作，在法律主体上是同一基金。

因此，在转化前创新型封闭式基金的交易规则与普通封闭式基金相同，而在转化后则与 LOF 基金相同。2007 年 8 月 1 日，大成基金发行的国内首只创新型封闭式基金正式运行，目前已转为大成优选股票型证券投资基金（LOF）。

5.4　基金份额登记

5.4.1　基金份额注册登记模式

在我国，开放式基金的注册登记模式可有 3 种选择方式。

1．内置型
由基金管理公司内设的注册登记部门负责基金的注册登记业务。该种模式通常采用基金管理公司中央登记的原则，所有有关基金开户、认购、申购、赎回、转托管、非交易过户、红股红利发放、基金转换等客户资料、交易数据的确认、变更都经过基金管理公司的登记注册中心完成。

2．外置型
由中国证券登记结算有限责任公司或托管商业银行负责基金的注册登记业务。

3．混合型
由基金管理公司与中国证券登记结算有限责任公司或托管商业银行共同负责基金的注

册登记业务。

目前，就注册登记技术系统的准备而言，中国证券登记结算公司、各大国有商业银行及基金管理公司都已经完成了对开放式基金注册登记系统的开发，具备了运作开放式基金注册登记系统的功能。但考虑到政策因素、系统的灵活性、方便对客户资料的运用等因素，现有基金管理公司普遍采用内置型注册登记模式。

随着开放式基金规模和种类的增加，基金管理公司单个注册登记系统受理的投资者数量将增加，业务量将增大，由于基金管理公司的人才、资金、技术等方面的局限性，将影响基金业务的进一步扩大。选择网络容量大、电子化程度高、专业水平强的独立的过户代理商将成为今后开放式基金注册登记的主流模式。

5.4.2 基金份额过户

基金份额过户一般是因为继承、捐赠、司法强制执行等原因，一般称其为非交易过户。其中继承是指由于基金的原持有人死亡，而其原本持有的基金单位由其合法的继承人继承；捐赠则是指基金持有人将其所持有的基金单位捐赠给福利性质的基金会或社会团体；司法强制执行是指司法机关依据已经生效的司法文书将基金持有人持有的基金单位强制判决划转给其他自然人、法人、社会团体或其他组织。同时在办理非交易过户的时候必须向基金管理人提供其要求提供的相关证明文件。

非交易过户的原则有以下几点。

1）非交易过户受让方应当符合相应基金契约规定的基金持有人条件。

2）非交易过户受让方应当按照基金账户和交易账户开户要求办理基金账户和交易账户开户手续。

3）非交易过户所涉及的基金份额应当是未予质押或设定了其他限制的份额。

4）因离婚等原因进行财产分割或出于债务履行需要提出非交易过户申请的，除非出具法院司法文书或仲裁机构的仲裁文书或经过公证的离婚协议，一般不受理该等申请。但应告知申请人按照先赎回再申购的程序完成过户。

5）司法和行政非交易过户的效力高于其他非交易过户。

6）司法和行政非交易过户按照"时间在先"原则认定效力。

7）公证遗嘱的效力高于非公证遗嘱的效力，时间在后遗嘱的效力高于时间在先遗嘱效力。

8）除非法律另有规定，赠与协议本身不单独构成非交易过户的依据。

9）因丧失民事行为能力产生非交易过户，应当持司法机关裁定或经公证机关公证的医疗单位证明提出申请。

10）投资者申请办理非交易过户，转入方必须已开设基金账户，办理非交易过户需到转入方或转出方办理托管交易的销售网点办理申请。

11）非交易过户后，原基金账户份额的存续时间，在转到新的基金账户后仍旧连续计算。

12）进行非交易过户时，可以是一个基金账户里拥有的基金管理公司的一只或多只开放式基金，也可以是同一只基金的部分或全部份额。

13）同一托管销售机构的投资者做非交易过户可直接办理；不同托管销售机构的投资者做非交易过户，则须先做转托管后做非交易过户。

14）非交易过户申请自申请受理日起，符合条件的 2 个月内办理确认手续。基金注册登记人可收取一定的过户费用。

5.4.3　基金份额转托管

1．概念

基金份额转托管是一种基金份额的转出/转入业务，指投资者申请将其在某一销售机构（或网点）交易账户中持有的基金份额全部或部分转出，并转入另一销售机构（或网点）的交易账户。

2．种类

（1）系统内转托管

基金份额在交易所系统内转入（转出），即在上证所系统内的转托管，即在有资格的上证所会员的不同营业部之间的转指定，或者在不同会员的营业部之间的转指定。

（2）跨系统转托管

基金份额在有资格的上证所会员营业部与上证所系统外基金代销机构柜面之间转入（转出）。

3．具体操作

基金份额转托管业务分转出、转入两步完成，投资者需要带上身份证、基金账户卡和原机构的资金卡在原购买基金的网点办理转托管转出业务，然后在 20 个工作日内到转入机构办理转入申请。办理转托管业务，要求投资者在即将转入的销售机构先开立基金交易账户。

一般情况下，投资者于 T 日转托管基金份额成功后，转托管份额于 T+1 日到达转入方网点，投资者可于 T+2 日起赎回该部分的基金份额。转托管后，原托管份额的存续时间，在转到新的托管网点后仍旧连续计算。权益登记日的前 5 天和后 3 天内，不接受投资人转托管的业务申请。

4．LOF 份额的跨系统转托管

投资者办理 LOF 基金份额的跨系统转托管有下列两种情形。

1）投资者通过深交所交易系统认购或买入的上市开放式基金份额只能在深交所交易，

不能直接申请赎回，如果投资者拟将该基金份额赎回，可以先办理跨系统转托管，将基金份额转入基金管理人或其代销机构，之后再通过基金管理人或其代销机构营业网点赎回。

在办理跨系统转托管之前，投资者应确保拟转出基金份额的深圳证券账户已在基金管理人或其代销机构处注册深圳开放式基金账户。同基金份额拟转入的代销机构取得联系，获知该代销机构代码（6×××××），并按照代销机构的要求办妥相关手续（账户注册或注册确认）以建立业务关系。

在核实上述事项后，投资者可在正常交易日持有效身份证明文件和深圳证券账户卡到转出方证券营业部办理跨系统转托管。投资者须填写转托管申请表，写明拟转入的代销机构代码（6×××××）、深圳证券账户号码、拟转出上市开放式基金代码和转托管数量。

2）投资者通过基金管理人及其代销机构认购、申购的上市开放式基金份额只能赎回，不能通过深交所交易系统卖出，如果投资者拟将该基金份额通过深交所交易系统卖出，可以先办理跨系统转托管，将基金份额转入深交所交易系统之后再委托证券营业部卖出。

在办理跨系统转托管之前，投资者须同基金份额拟转入的证券营业部取得联系，获知该证券营业部的深交所席位号码。

投资者可在正常交易日持有效身份证明文件和深圳证券账户卡（因深圳开放式基金账户有电脑记录但无账户卡，故应携带注册该开放式基金账户时所用的深圳证券账户卡）到转出方代销机构办理跨系统转托管业务。投资者须填写转托管申请表，写明拟转入的证券营业部席位号码、深圳开放式基金账户号码、拟转出上市开放式基金代码和转托管数量，其中转托管数量应为整数份。

投资者 T 日（交易日）申请办理的跨系统转托管若为有效申报，则其申报转托管的上市开放式基金份额可在 T+2 日到账，即投资者自 T+2 日始可申请赎回或申报卖出基金份额。

🌐 阅读资料　开放式基金获利秘诀

秘诀一：避免短线交易

A 先生曾有过一段对开放式基金频繁进行短线操作的经历。下面是 A 先生进行操作的过程。

某年年初，A 先生购买了净值为 11 000 元/份的开放式基金 A 20 000 份，短期持有后，该基金净值上升为 11 500 元/份，A 先生将该基金出售；同时，A 先生申购了净值为 0.950 0 元/份的开放式基金 B 20 000 份，短期持有后，该基金净值上升为 0.980 0 元/份，A 先生再次将该基金抛售。请计算 A 先生经过两次短线操作后到底挣了多少钱？

申购基金单位金额的计算方法如下。

申购金额=申购份额×交易日基金单位净值+申购费用

申购费用=申购份额×交易日基金单位净值×申购费率

赎回基金单位金额的计算方法如下。

$$赎回金额=赎回份额\times交易日基金单位净值-赎回费用$$
$$赎回费用=赎回份额\times交易日基金单位净值\times赎回费率$$

假设开放式基金的赎回费率为 15% 左右，申购费率为 10%，则 A 先生申购开放式基金 A 的价格如下。

开放式基金 A 的申购费用为：$20\,000\times11\,000\times10\%=220$（元）

开放式基金 A 申购价为：$20\,000\times11\,000+220=22\,220$（元）

开放式基金 A 的赎回费用为：$20\,000\times11\,500\times15\%=345$（元）

开放式基金 A 的赎回金额为：$20\,000\times11\,500-345=22\,655$（元）

A 先生对开放式基金 A 的短线操作利润为：$22\,655-22\,220=435$（元）

而 A 先生申购、赎回基金 A 的交易费用共计：$220+345=565$（元）

交易费用是所获利润的 130 倍。

开放式基金 B 的申购费用为：$20\,000\times0.950\,0\times10\%=190$（元）

开放式基金 B 的申购价为：$20\,000\times0.950\,0+190=19\,190$（元）

开放式基金 B 的赎回费用为：$20\,000\times0.980\,0\times15\%=294$（元）

开放式基金 B 的赎回价格为：$20\,000\times0.980\,0-294=193\,06$（元）

A 先生对开放式基金 B 的短线操作利润为：$19\,306-19\,190=116$（元）

A 先生申购、交易基金 B 的交易费用共计：$190+294=484$（元）

A 先生对基金 B 的交易费用是其利润的 417 倍。

假如不存在交易费用，A 先生所获得的毛利是多少呢？是 1600 元。而实际上扣除交易费用后 A 先生获得了多少利润呢？仅仅 551 元，毛利中的 656% 就这样被交易费用所吞噬的。

秘诀二：巧妙选择 LOF 基金交易场所

A 先生投资 5 万元申购一只 LOF 基金——南方高增长，他采取了场外申购，即通过银行柜台等申购方式。按照申购当日的基金份额净值 1.499 3 元、对应申购费率 1.5% 计算，根据新的申购费计算方法，需要缴纳的申购费用为：申购金额－［申购金额÷（1+申购费率）］，则：

$$申购费用=50\,000-[50\,000÷(1+1.5\%)]=738.92（元）$$
$$净申购金额=申购金额÷(1+申购费率)=50\,000÷(1+1.5\%)=49\,261.08（元）$$
$$申购份额=49\,261.08÷1.499\,3=32\,856.052\,8（份）$$

而 B 先生选择了在场内申购，即像炒股一样通过交易所买入这只基金。B 先生买入这只基金的价格将按其当日的收盘价 1.475 元计算，并且在交易过程中不需要支付申购和赎回费用，只需要支付一定比率的券商佣金。其计算公式为：

$$券商佣金=挂牌价格\times申购份额\times券商佣金比率$$
$$申购金额=挂牌价格\times(1+券商佣金比率)\times申购份额$$

按照对应券商佣金比率为 0.2% 计算，同样获得 32 856.052 8 份该基金份额，B 先生需要支付的券商佣金为：1.475×32 856.052 8×0.2%=96.925 元，需要支付的申购金额为：1.475×（1+0.2%）×32 856.052 8=48 559.60 元。

最终，同样拥有 32 856.052 8 份该 LOF 基金，A 先生需支付 50 000 元，而 B 先生只需支付 48 559.60 元，省了 1 440.40 元。

点评

LOF 基金，即上市型开放式基金，在产品特性上与一般开放式基金没有区别，只是在交易方式上增加了二级市场买卖这个新渠道。也就是说，LOF 既可在一级市场即银行网点等代销机构处申购和赎回，也可通过交易所即二级市场进行买卖。而在这两种交易方式中间，存在着不小的"省钱"空间。

由案例可以看出，与在银行柜台等一级市场进行申购、赎回相比，通过交易所在二级市场买卖 LOF 的优势之一就是交易成本要低得多。

LOF 在二级市场的交易过程中，需要支付的成本主要就是券商佣金，通常来说，买卖一个来回最多只有 0.5%，而如果是在一级市场申购、赎回，需要支付的费用则与普通开放式基金相同约为 2%（申购费用 1%～1.5%、赎回费用约 0.5%），整个买卖过程可省下约 1.5% 的交易成本。例如，上例中，A 先生需缴纳的申购费用为 739 元，而 B 先生投资同样多的基金份额，只需要支付 97 元券商佣金。

除去成本上的优势外，LOF 在二级市场上的流动性与股票类似，即在二级市场上卖出后，资金 T+1 日就可以到账，而如果是在一级市场上赎回，资金到账的时间则需要 T+3 日以上。

另外，由于 LOF 的二级市场价格像封闭式基金一样，是受供求关系影响的，所以与基金净值并不相同，而且，其交易价格还很有可能低于基金净值。

因此，在二级市场买入 LOF 基金的另一大优势是有机会以低于基金净值的价格买入同一只基金。例如，上例中，A 先生在一级市场买入，需按当日基金净值 1.499 3 元申购，而 B 先生在二级市场交易，其当日收盘价格只有 1.475 元。对于中小投资者来说，在这种情况下，从二级市场上买入 LOF 是更好的策略。

本章练习题

一、单项选择题

1. 基金管理人应当自收到投资者的申购（认购）、赎回申请之日起（　　）个工作日内，对该申购（认购）、赎回申请的有效性进行确认。

  A. 1   B. 6   C. 3   D. 7

2．基金份额申购、赎回的资金清算是由（　　）根据确认的投资者申购、赎回数据信息进行的。

    A．注册登记机构   B．基金管理公司

    C．基金份额持有人   D．证券交易所

3．持有人 T 日提交基金份额跨系统转托管申请，如处理成功，（　　）日起转托管转入的基金份额可赎回或卖出。

    A．T+0   B．T+1   C．T+2   D．T+3

4．由于 LOF 的基金份额是分系统登记的，下列表述错误的是（　　）。

    A．登记在基金注册登记系统中的基金份额可以申请赎回

    B．登记在基金注册登记系统中的基金份额可以在证券交易所卖出

    C．登记在证券登记结算系统中的基金份额可以在证券交易所卖出

    D．登记在证券登记结算系统中的基金份额不能直接申请赎回

5．T 日现金差额在（　　）日的申购、赎回清单中公告。

    A．T-1   B．T+1   C．T+0   D．T+2

6．可以现金替代是指（　　）。

    A．在申购、赎回基金份额时，不允许使用现金作为组合证券中各成分证券的替代

    B．在申购基金份额时，允许使用现金作为组合证券中全部或部分成分证券的替代

    C．在赎回基金份额时，允许使用现金作为组合证券中各成分证券的替代

    D．在申购、赎回基金份额时，必须使用现金作为组合证券中各成分证券的替代

7．对于可以现金替代的证券，替代金额的计算公式为（　　）。

    A．替代金额=替代证券数量×该证券最新价格×现金替代溢价比例

    B．替代金额=替代证券数量×该证券最新价格×（1+现金替代溢价比例）

    C．替代金额=替代证券数量×该证券最新价格×（1−现金替代溢价比例）

    D．替代金额=替代证券数量×该证券最新价格÷（1+现金替代溢价比例）

8．下列关于开放式基金份额转换的表述正确的是（　　）。

    A．涉及的基金必须是由同一基金管理人管理的、在同一注册登记人处注册登记的基金

    B．基金转换转入的基金份额可赎回的时间为 T+1 日

    C．投资者采用"金额转换"的原则提交申请

    D．当转出基金申购费率高于转入基金申购费率时，费用补差为按照转出基金金额计算的申购费用差额

9．投资者申购基金成功后，投资者在（　　）日起有权赎回该部分的基金份额。

    A．T+0   B．T+1   C．T+2   D．T+3

10. 基金申购费用与申购份额的计算公式是（　　）。

  A．净申购金额=申购金额÷（1−申购费率）

  B．申购费用=净申购金额÷申购费率

  C．申购份额=净申购金额÷申购当日基金份额总值

  D．当申购费用为固定金额时，申购份额=净申购金额÷T日基金份额净值

11. 下列关于基金赎回费的表述正确的是（　　）。

  A．对于持续持有期少于7日的投资人，收取不低于赎回金额1.5%的赎回费

  B．对于持续持有期少于5日的投资人，收取不低于赎回金额1.5%的赎回费

  C．对于持续持有期少于20日的投资人，收取不低于赎回金额0.75%的赎回费

  D．对于持续持有期少于30日的投资人，收取不低于赎回金额1.5%的赎回费

12. 下列关于开放式基金申购的表述正确的是（　　）。

  A．申购费率不得超过申购金额的3%

  B．基金产品前端收费的最高档申购费率应低于对应的后端最高档申购费率

  C．基金管理人可以对选择前端收费方式的投资人根据其持有期限适用不同的前端申购费率标准

  D．基金管理人可以对选择后端收费方式的投资人根据其申购金额的数量适用不同的后端申购费率标准。对于持有期低于3年的投资人，基金管理人不得免收其后端申购费用

13. 下列关于开放式基金的表述正确的是（　　）。

  A．申购期购买基金的费率要比认购期优惠

  B．认购期购买的基金份额一般要经过封闭期才能赎回

  C．申购的基金份额要在申购成功后的第一个工作日才能赎回

  D．在申购期内产生的利息，在基金合同生效时，自动转换为投资者的基金份额

14. 下列关于开放式基金的表述正确的是（　　）。

  A．认购指在基金合同生效后，投资者申请购买基金份额的行为

  B．开放式基金的申购和赎回不可以通过基金管理人的直销中心与基金销售代理人的代销网点办理

  C．申购是指在基金设立募集期内，投资者申请购买基金份额的行为

  D．赎回是指基金份额持有人要求基金管理人购回其所持有的开放式基金份额的行为

15. LOF份额的认购分（　　）两种方式。

  A．场外认购和场内认购   B．集体认购和个人认购

  C．公开认购和私人认购   D．有偿认购和无偿认购

16. 封闭式基金交易"价格优先、时间优先"的原则包括（　　）。

    A. 较高价格的卖出申报优先于较低价格的卖出申报

    B. 较高价格买进申报优先于较低价格买进申报

    C. 买卖方向相同、申报价格相同的，后申报者优先于先申报者

    D. 较低价格买进申报优先于较高价格买进申报

17. 基金连续 2 个开放日以上发生巨额赎回，基金管理人已经接受的赎回申请可以延缓支付赎回款项，但不得超过正常支付时间（　　）个工作日，并应当在至少一种中国证监会指定的信息披露媒体公告。

    A. 3　　　　　　　　　B. 6　　　　　　　　　C. 10　　　　　　　　　D. 20

18. 投资者进行 ETF 证券认购时须具有（　　）。

    A. 沪、深 B 股或 H 股账户　　　　　　　B. 开放式基金账户

    C. 沪、深 A 股账户　　　　　　　　　　　D. 封闭式基金账户

19. 与普通的开放式基金不同，ETF 份额（　　）。

    A. 只能以现金认购

    B. 只能以证券认购

    C. 既可以用现金认购，也可用证券认购

    D. 既不能用现金认购，也不能用证券认购

20. 下列关于 ETF 认购的表述正确的是（　　）。

    A. 场内现金认购是指投资者通过基金管理人指定的发售代理机构以现金进行的认购

    B. 场外现金认购是指投资者通过基金管理人及其指定的发售代理机构以现金方式参与证券交易所上网定价发售

    C. 证券认购是指投资者通过基金管理人及其指定的发售代理机构以指定的证券进行的认购

    D. 证券认购是指投资者通过基金管理人及其指定的发售代理机构以指定的证券参与证券交易所上网定价发售

21. ETF 的申购、赎回采用（　　）方式。

    A. 金额申购、份额赎回　　　　　　　　　B. 份额申购、金额赎回

    C. 金额申购、金额赎回　　　　　　　　　D. 份额申购、份额赎回

22. 证券交易所在开市后根据申购、赎回清单和组合证券各只证券的实时成交数据，计算并每（　　）发布一次基金份额参考净值。

    A. 15 秒　　　　　　　B. 30 秒　　　　　　　C. 分钟　　　　　　　D. 1 天

23. 基金转换转入的基金份额可赎回的时间为（　　　）日。

    A．T   B．T+1   C．T+2   D．T+3

24. 基金管理人可以在当日接受赎回比例不低于上一日基金总份额（　　　）的前提下，对其余赎回申请延期办理。

    A．5%   B．8%   C．10%   D．15%

25. 单个开放日基金净赎回申请超过基金总份额的（　　　）时，为巨额赎回。

    A．5%   B．10%   C．15%   D．20%

26. 投资者申购基金成功后，注册登记机构一般在（　　　）日为投资者办理增加权益的登记手续。

    A．T+0   B．T+1   C．T+2   D．T+3

27. 某投资人投资 1 万元认购基金，认购资金在募集期产生的利息为 3 元，其对应的认购费率为 1.2%，基金份额面值为 1 元，则以下计算正确的是（　　　）。

    A．认购费用为 120 元   B．净认购金额为 9 884.42 元

    C．认购费用为 118.58 元   D．认购份额为 9 881.42 份

28. 开放式基金的赎回费率不得超过基金份额赎回金额的 5%，赎回费总额的（　　　）归入基金财产。

    A．10%   B．25%   C．30%   D．50%

29. 《证券投资基金销售管理办法》规定开放式基金的认购费率不得超过认购金额的（　　　）。

    A．1%   B．2.5%   C．3%   D．5%

30. ETF 的申购对价、赎回对价不包括（　　　）。

    A．组合证券   B．现金替代   C．现金   D．其他对价

二、不定项选择题

1. 下列关于开放式基金赎回金额计算公式正确的是（　　　）。

    A．赎回总金额=赎回份额×赎回日基金份额净值

    B．赎回总金额=赎回份额÷赎回日基金份额净值

    C．赎回金额=赎回总金额−赎回费用

    D．赎回金额=赎回总金额+赎回费用

2. 下列关于 ETF 认购方式的表述正确的是（　　　）。

    A．场内现金认购是指投资者通过基金管理人指定的发售代理机构以现金方式参与证券交易所上网定价发售

    B．场外现金认购是指投资者通过基金管理人及其指定的发售代理机构以现金进行的认购

C. 场外现金认购是指投资者通过基金管理人及其指定的发售代理机构以现金方式参与证券交易所上网定价发售

D. 证券认购是指投资者通过基金管理人及其指定的发售代理机构以指定的证券进行的认购

3. 开放式基金注册登记机构的主要职责为（　　）。

A. 建立并管理投资者基金份额账户　　　B. 负责基金份额登记，确认基金交易

C. 发放红利　　　　　　　　　　　　　D. 建立并保管基金投资者名册

4. 基金份额持有人（　　），必须先办理跨系统转托管。

A. 拟申请将登记在证券登记结算系统中的基金份额赎回

B. 拟申请将登记在证券登记结算系统中的基金份额进行上市交易

C. 拟申请将登记在基金注册登记系统中的基金份额赎回

D. 拟申请将登记在基金注册登记系统中的基金份额进行上市交易

5. LOF 申请在交易所上市应当具备的条件是（　　）。

A. 基金的募集符合《证券投资基金法》的规定

B. 募集金额不少于 2 亿元人民币

C. 持有人不少于 200 人

D. 基金管理公司规定的其他条件

6. 某基金申购费率，100 万（含）~500 万元为 0.9%。假定 T 日的基金份额净值为 1.25 元。若申购金额为 100 万元，则以下计算结果正确的有（　　）。

A. 净申购金额为 1 009 000 元　　　　　B. 净申购金额为 991 080.28 元

C. 申购份额为 792 864.22 份　　　　　D. 申购份额为 800 000 份

7. 下列关于基金赎回费的表述正确的是（　　）。

A. 对于持续持有期少于 7 日的投资人，收取不低于赎回金额 1.5%的赎回费

B. 对于持续持有期少于 7 日的投资人，收取不低于赎回金额 0.75%的赎回费

C. 对于持续持有期少于 20 日的投资人，收取不低于赎回金额 1.5%的赎回费

D. 对于持续持有期少于 30 日的投资人，收取不低于赎回金额 0.75%的赎回费

8. 下列关于开放式基金申购的表述错误的是（　　）。

A. 申购费率不得超过申购金额的 3%

B. 基金产品后端收费的最高档申购费率应低于对应的前端最高档申购费率

C. 基金管理人可以对选择前端收费方式的投资人根据其申购金额适用不同的前端申购费率标准

D. 基金管理人可以对选择后端收费方式的投资人根据其申购金额适用不同的后端申购费率标准。对于持有期低于 3 年的投资人，基金管理人不得免收其后端申购费用

9. 关于赎回登记和赎回款项的支付，下列说法正确的是（　　）。

　A. 投资者提交赎回申请成交后，基金管理人应通过销售机构按规定向投资者支付赎回款项

　B. 对一般基金而言，基金管理人应当自受理基金投资者有效赎回申请之日起 5 个工作日内支付赎回款项

　C. 基金申购采用全额缴款方式。若资金在规定的时间内未全部到账，则申购不成功

　D. 申购不成功或无效，款项将退回投资者资金账户

10. 下列关于开放式基金的表述正确的是（　　）。

　A. 认购期购买基金的费率要比申购期优惠

　B. 认购期购买的基金份额一般要经过封闭期才能赎回

　C. 申购的基金份额要在申购成功后的第 2 个工作日才能赎回

　D. 在认购期内产生的利息，在基金合同生效时，自动转换为投资者的基金份额

11. 关于 LOF 份额的认购，以下说法正确的是（　　）。

　A. LOF 可采取场内认购和场外认购方式

　B. 场内认购的基金份额登记在中国结算公司的证券登记结算系统

　C. 我国只有深圳证券交易所开办 LOF 业务

　D. 投资者可通过基金管理人及其代销机构的营业网点场内认购 LOF 份额

12. 关于上市开放式基金的上市交易，以下说法正确的是（　　）。

　A. 基金管理人及基金托管人共同向上海证券交易所提交上市申请

　B. 基金上市首日的开盘参考价为上市首日前一交易日的基金份额净值

　C. 买入上市开放式基金申报数量应当为 100 份或其整数倍，申报价格最小变动单位为 0.001 元人民币

　D. 上市开放式基金交易价格涨跌幅限制比例为 10%，上市首日没有涨跌幅限制

13. 关于巨额赎回，以下说法正确的是（　　）。

　A. 单个开放日基金的赎回申请超过基金总份额的 20% 时，为巨额赎回

　B. 出现巨额赎回时，基金管理人可以决定接受全额赎回或部分延期赎回

　C. 当发生巨额赎回及部分延期赎回时，基金管理人应立即向中国证监会备案并公告

　D. 部分延期赎回时，转入下一开放日的赎回申请不享有赎回优先权

14. 封闭式基金交易"价格优先、时间优先"的原则包括（　　）。

　A. 较高价格买进申报优先于较低价格买进申报

　B. 较低价格的卖出申报优先于较高价格的卖出申报

  C. 买卖方向相同、申报价格相同的，先申报者优于后申报者

  D. 先后顺序按照交易主机接受申报的时间确定

15. 下列关于封闭式基金交易的规则表述正确的是（　　）。

  A. 每个有效证件只允许开设 1 个基金账户

  B. 已开设证券账户的不能再重复开设基金账户

  C. 每位投资者只能开设和使用 1 个证券账户或基金账户

  D. 每位投资者只能开设和使用 1 个证券账户和基金账户

16. 封闭式基金发售方式主要有（　　）。

  A. 金额认购　　　　B. 网上发售　　　　C. 证券认购　　　　D. 网下发售

17. 下列公式正确的是（　　）。

  A. 净认购金额=认购金额÷（1+认购费率）

  B. 净认购金额=认购金额÷（1−认购费率）

  C. 认购费用=净认购金额÷认购费率

  D. 认购份额=（净认购金额+认购利息）÷基金份额面值

18. ETF 申购、赎回清单公告内容包括（　　）等内容。

  A. 最小申购

  B. 赎回单位所对应的组合证券内各成分证券数据

  C. 现金替代

  D. 基金份额净值

19. ETF 份额申购、赎回的原则有（　　）。

  A. 申购、赎回采用份额申购、份额赎回

  B. 申购、赎回 ETF 的申购对价、赎回对价包括组合证券、现金替代、现金差额及其他对价

  C. 申购、赎回申请提交后不得撤销

  D. 申购、赎回采用金额申购、份额赎回

20. 申购、赎回 ETF 的申购对价、赎回对价包括（　　）。

  A. 组合证券　　　　B. 现金替代　　　　C. 现金差额　　　　D. 其他对价

21. ETF 上市后要遵循的交易规则有（　　）。

  A. 基金上市首日的开盘参考价为前一工作日基金份额净值

  B. 基金价格涨跌幅比例为 10%，自上市首日起实行

  C. 基金买入申报数量为 100 份或其整数倍，不足 100 份的部分可以卖出

  D. 基金申报价格最小变动单位为 0.005 元

22. 因（ ）导致的基金非交易过户需向基金销售网点申请办理。

    A. 继承   B. 司法强制执行

    C. 捐赠   D. 经注册登记机构认可的其他情况

23. 出现巨额赎回时，基金管理人可以根据基金当时的资产组合状况决定（ ）。

    A. 接受全额赎回   B. 拒绝全额赎回   C. 全部延期赎回   D. 部分延期赎回

24. 下列关于认购开放式基金的表述正确的是（ ）。

    A. 已经正式受理的认购申请可以撤销

    B. 投资者在募集期内可以多次认购基金份额

    C. 拟进行基金投资的投资人，必须先开立基金账户和资金账户

    D. 申请的成功与否应以销售机构对认购申请的受理为准

25. 投资人认购开放式基金，一般通过（ ）办理。

    A. 基金管理人

    B. 商业银行

    C. 证券交易所

    D. 经国务院证券监督管理机构认定的其他机构

26. 买入与卖出封闭式基金份额，对于申报数量要求描述准确的是（ ）。

    A. 为 100 份或其整数倍   B. 为 1 000 份或其整数倍

    C. 基金单笔最大数量应当低于 10 万份   D. 基金单笔最大数量应当低于 100 万份

27. 关于封闭式基金的交易，以下说法正确的是（ ）。

    A. 封闭式基金的交易遵从"价格优先、时间优先"的原则

    B. 每份基金的申报价格最小变动单位为 0.001 元人民币

    C. 封闭式基金的交易实行 T+1 交割、交收

    D. 封闭式基金价格涨跌幅限制比例为 30%

28. 封闭式基金份额上市交易，应符合的条件包括（ ）。

    A. 基金份额总额达到核准规模的 80% 以上

    B. 基金合同期限为 5 年以上

    C. 基金募集金额不低于 3 亿元人民币

    D. 基金份额持有人不少于 1 000 人

29. 以下说法正确的是（ ）。

    A. 非交易过户所涉及的基金份额应当是未予质押或设定了其他限制的份额

    B. 赠与协议本身单独构成非交易过户的依据

    C. 司法和行政非交易过户的效力低于其他非交易过户

    D. 司法和行政非交易过户按照时间在先原则认定效力

30. 开放式基金的注册登记模式有（　　　）。

　　A. 内置型　　　　B. 外置型　　　　C. 混合型　　　　D. 垂直型

三、判断题

1. 基金份额申购、赎回的资金清算是由基金管理公司根据确认的投资者申购、赎回数据信息进行的。（　　　）

2. 持有人 T 日提交基金份额跨系统转托管申请，如处理成功，T+2 日起，转托管转入的基金份额可赎回或卖出。（　　　）

3. T 日现金差额在 T+1 日的申购、赎回清单中公告。（　　　）

4. T 日申购、赎回清单中公告 T−1 日预估现金部分。（　　　）

5. 对于持续持有期少于 30 日的投资人，收取不低于赎回金额 0.75% 的赎回费。（　　　）

6. 基金管理人可以对选择前端收费方式的投资人根据其申购金额的数量适用不同的前端申购费率标准。（　　　）

7. 股票基金、债券基金申购、赎回的"金额申购、份额赎回"原则是指投资者在申购、赎回时并不能即时获知买卖的成交价格。申购、赎回价格只能以申购、赎回日交易时间结束后，基金管理人公布的基金份额净值为基准进行计算。（　　　）

8. 《证券投资基金销售管理办法》规定开放式基金的认购费率不得超过认购金额的 10%。（　　　）

9. 投资者赎回基金份额成功后，注册登记机构一般在 T+2 日为投资者办理扣除权益的登记手续。（　　　）

10. 目前，封闭式基金交易要收取印花税。（　　　）

11. 开放式基金份额的注册登记业务只能由基金管理人自行办理。（　　　）

12. LOF 采取"金额申购、份额赎回"原则，即申购以金额申请，赎回以份额申请。（　　　）

13. 场内认购 LOF 份额，应持深圳人民币普通证券账户或证券投资基金账户。（　　　）

14. 封闭式基金的基金份额，可以在证券交易所上市交易。（　　　）

15. 在 ETF 申购、赎回过程中，可以现金替代的证券一般是由于停牌等原因导致投资者无法在申购时买入的证券。（　　　）

16. 在 ETF 申购、赎回过程中，投资者按基金合同和招募说明书的规定，可用一定数量的现金替代组合证券中的部分证券，这被称为现金替代。（　　　）

17. ETF 申报价格最小变动单位为 0.001 元。（　　　）

18. ETF 买入申报数量为 100 份或其整数倍，不足 100 份的部分可以卖出。（　　　）

19. ETF 份额可用现金认购，也可用证券认购。（　　　）

20. 基金份额被冻结的，被冻结部分产生的权益一并冻结。（　　　）

21. 基金转托管在转入方进行申报，基金份额转托管一次完成。　　　　（　　）

22. 开放式基金份额转换是指投资者将其所持有的某一只基金份额转换为另一只基金份额的行为。　　　　（　　）

23. 基金连续 3 个开放日以上发生巨额赎回，如基金管理人认为有必要，可暂停接受赎回申请。　　　　（　　）

24. 货币市场基金一般不收取认购费、赎回费。　　　　（　　）

25. 基金管理人可以从开放式基金财产中计提销售服务费，用于基金的持续销售和服务基金份额持有人。　　　　（　　）

26. 投资者在办理开放式基金申购时，一般需要缴纳申购费，但申购费率不得超过申购金额的 10%。　　　　（　　）

27. 开放式基金的赎回费率不得超过基金份额赎回金额的 5%。　　　　（　　）

28. 基金认购费率统一按净认购金额为基础收取。　　　　（　　）

29. 开放式基金的后端收费模式是指在认购基金份额时不收费，在赎回基金时才支付认购费用的收费模式。　　　　（　　）

30. 开放式基金的认购采取金额认购的方式。　　　　（　　）

四、思考题

1. 简述封闭式基金交易的规则。

2. 简述封闭式基金上市的条件。

3. 简述开放式基金申购和认购的区别。

4. 简述开放式基金申购的原则。

5. 简述假设某投资者在基金期内认购了 5 000 份 ETF，基金份额折算日的基金资产净值为 3 127 000 230.95 元，折算前的基金份额总额为 3 013 057 000 份，当日标的指数收盘值为 966.45 元。试计算：①折算比例；②该投资者折算后的基金份额。

6. 某投资者认购 100 000 份 ETF 份额，认购价格为 1 元/份，认购费率为 1%，则需准备多少资金金额？

● 第 6 章 ●

证券投资基金营销

基金市场营销的内容主要包括开发客户、营销环境的分析、营销组合的设计、营销过程的管理 4 个方面。基金营销主要由基金管理公司内设的市场部门承担，也可以委托取得基金代销业务资格的机构办理。在基金营销过程中，基金销售机构必须注意遵循监管机构的规定，加强自身的合规性控制，规范营销人员的行为。

6.1 基金营销概述

6.1.1 基金营销的含义

证券投资基金的市场营销是基金销售机构从市场和客户的需要出发所进行的基金产品设计、销售、售后服务等一系列活动的总称。证券投资基金的市场营销是实现基金管理公司经营目标的基本活动。

6.1.2 基金营销的特点

1. 合规性

基金是面向广大投资者的金融理财产品，为了保护投资者的利益，监管部门从基金销售机构、基金销售支付结算、基金销售宣传推介材料、基金销售费用、基金销售业务规范等多个角度制定了基金营销活动的专门法律法规，如 2011 年 10 月 1 日起实施的《证券投资基金销售管理办法》等。基金销售机构、基金营销人员在开展基金营销活动时，必须严格遵守这些规定。

2. 专业性

基金是投资于股票、债券、货币市场工具等多种证券投资工具的组合投资工具，客观上要求营销人员具有证券投资、证券交易及基金等方面的专业基础知识，和一定的金融市场从业经验，这些专业知识的运用是营销人员进行营销和服务的前提条件和重要保障。与一般有形产品的营销相比，基金对营销人员的专业水平要求更高。

3. 服务性

基金是一种无形产品，其给客户带来的核心价值在于基金营销人员在投资者购买基金前的适当性调查、投资者教育、产品收益介绍、风险揭示及客户购买产品之后的跟踪服务，如基金单位净值的查询、基金份额的交易、基金的赎回、基金的转换等方面的指导与协助。

4. 持续性

基金营销的服务性特点决定了基金营销具有持续性的特点，应该贯穿于客户购买基金产品之前、持有基金产品及赎回基金产品的始终。只有优质的、持续性的营销服务才能不断扩大客户群体，扩大基金规模。

5. 适用性

基金营销人员在销售基金及相关产品的过程中，应首先通过面谈、填写调查问卷等方式对客户的家庭收入、家庭生命周期、风险偏好、风险承受能力、投资风格、投资目标等进行全面、具体的评估，将客户进行具体的归类，有针对性地提供适合客户的基金产品，适当性管理也是监管机构对基金销售的要求。

6.1.3 基金营销的主要内容

与一般企业营销类似，证券经纪业务营销的内容也包括产品设计、定价策略、品牌及广告策划及营销渠道选择等。

1. 开发客户

开发客户包括目标市场选择、营销渠道选择、客户关系建立和客户促成等内容。

（1）目标市场与营销渠道选择是招揽客户的前提和基础

基金市场具有客户群体多元化、需求多样化和服务个性化的特点。因此，基金营销人员在开展营销活动时，需要采用目标市场策略，在市场调研的基础上对市场进行细分，正确选择目标市场，确定市场定位。

（2）客户关系建立是客户招揽的保证

目标客户是基金营销人员在市场细分的基础上确定的重点客户群。选定了目标客户，基金营销人员就应该收集客户信息，了解客户并与之建立关系。①收集目标客户的名单及其基本资料。②了解客户的身份、财产与收入状况、投资经验和风险偏好情况。③建立客户档案，整理分析客户资料，确定沟通方案，把握最佳的接触时机与方法，为促成客户关系的建立打下基础。

（3）客户促成是证券经纪业务营销的关键环节

客户促成即客户与基金营销人员充分沟通后达成共识，认可并购买基金产品和相关服务的过程，是基金营销的关键环节。基金营销人员在客户促成的过程中，应当熟悉产品及服务的特征、风险，根据客户的财产与收入状况、投资经验和风险偏好，向客户推荐适当的产品及服务，并向客户充分提示投资风险。

2. 基金营销环境分析

基金营销环境是指基金营销活动有潜在关系的内部和外部因素的集合。营销环境分为微观环境和宏观环境两大类。微观环境包括营销渠道、投资者、竞争者、公众等。宏观环境包括人口、经济、政治法律以及社会文化等。在进行基金营销时，销售人员主要应关注以下几点。

（1）微观环境

1）销售渠道。基金的销售渠道主要有直销和代销两种。在营销的过程中，基金公司应考虑销售渠道与目标客户的适应性，如在经济发达地区，可以大量发展网上直销。此外，销售机构的股权结构、经营目标、经营策略、资本实力、营销团队等都会对基金营销产生重要的影响。

2）竞争对手。目前我国基金的竞争已经进入到了白热化的阶段，深入地研究竞争对手的基金特点、竞争策略、竞争优势是基金营销中必不可少的一环。

3）投资者行为。投资者行为主要取决于其性别、年龄、教育背景、学历、职业、家庭生命周期、家庭收入、风险偏好、风险承受能力等。基金营销人员在进行基金营销时，应对影响投资者决策的因素有深刻的认识与理解，只有这样才能更有效地与投资者进行沟通。

（2）宏观环境

1）宏观经济。基金产品的需求受宏观经济景气度影响很大，基金营销具有很强的周期性。当经济繁荣时，就业增加、收入提高、证券资本价格不断上涨，基金需求相应增加；反之，在经济萧条期，资本市场处于熊市下降通道，基金也不能独善其身，需求自然下降。

2）宏观政策。国家出台的与资本市场有关的宏观经济政策、法律、法规等都对基金营销产生着巨大的影响。

3. 基金营销组合的设计

基金营销组合的四大要素——产品（Product）、价格（Price）、渠道（Place）和促销（Promotion）是基金营销的核心内容。

（1）产品

基金产品是满足投资者需求的有形载体。基金销售机构只有不断提供能够满足投资人需求的多样化基金产品供客户选择，才能不断扩大业务规模。全国规模第一的华夏基金公司目前旗下有股票型基金 6 只，指数型基金 6 只，混合型基金 9 只，债券型基金 7 只，货币型基金 2 只，封闭型基金 2 只，共 32 只基金，能够满足各种投资者的需求。

（2）价格

基金产品的价格主要体现为基金的相关费用，如开放式基金的费用主要包括管理费、托管费、认（申）购费、赎回费等。基金管理人可以通过制定灵活的费率结构，达到扩大基金销售规模的目的，如对于通过网上直销渠道交易的投资者给予认（申）购费、赎回费的折扣。

（3）渠道

渠道就是基金产品从基金管理人到投资者手中的途径。基金的销售渠道主要有直销和代销两种。直销主要通过基金公司，代销主要通过商业银行、证券公司、专业的基金销售机构。

（4）促销

促销就是营销者向投资者传递有关本基金管理公司及产品的各种信息，说服或吸引消费者购买其产品，以达到扩大销售量的目的。促销实质上是一种沟通活动，即营销者（信息提供者或发送者）发出作为刺激消费的各种信息，把信息传递到一个或更多的目标对象（信息接受者等），以影响其态度和行为。常用的促销手段有广告、人员推销、网络营销、营业推广和公共关系。基金管理公司可根据实际情况及市场、产品等因素选择一种或多种促销手段的组合。

尽管营销组合的 4 个要素本身都具有其重要性，但是一个营销战略是否成功最终取决于如何把各个要素有机地结合起来并使其互相协调。

4. 营销过程的管理

营销过程应注重以下几个问题。

1）全面的销售计划的制订应该在基金销售工作中列入最重要的地位，销售计划的制订应遵循两个原则：既要满足基金销售的成本要求，又要满足销售团队能够实际达成。销售计划应先由销售团队自下而上，根据市场需求、市场基础及市场竞争环境等市场指标写出销售计划草案，以保证销售计划的可行性。然后自上而下根据企业的长远发展战略和企业资源，经过分析当年的实际经营状况和行业发展状况，并参照销售团队的销售计划草案，制订出切实可行的销售计划。

2）一个销售计划执行案应该是一个有清晰目标、有执行步骤，既完整又简练的执行方案，它应该包括现状分析、销量目标、费用目标、销售区域、达成时间、销售策略、组织安排、行动步骤、过程控制、结果评估这几个事项。做出销售计划执行方案后，接下来销售计划的培训工作是很重要的，对各级销售组织的销售计划培训可以保证整个销售组织达到上下统一思想，理解清晰充分，从而使销售计划的每一个部分都能被理解并落实到行动中。

3）销售工作中的流程是保证销售计划落实的工具。流程包括两个层面：一方面是销售团队内部的执行流程，主要是用来规定每个岗位在执行销售计划中承担的任务和职责，以及每个岗位之间工作任务的关系和传递顺序及时间。执行流程是用来保证在执行销售计划时做到每件事都有人负责，每件事都能在指定时间完成，从而最大化地保证销售计划的有效执行。另一方面是销售团队和企业其他相关职能部门的业务流程，主要是用来规定每个部门在营销活动中承担的任务和职责，以及每个部门之间工作的关系和传递顺序及时间。业务流程是用来保证可能影响销售计划达成和落实的每个部门都能按照流程中规定的任务和职责，在指定的时间内最大化地支持和保障销售计划的最终落实。

4）为了有效激励销售团队，在执行销售计划时最大化地发挥主观能动性，应当建立绩效考核制度使销售计划的执行和落实情况同每个执行人的切身利益联系起来。并且，要建立各级定期会议制度来保证在过程中及时总结和改进在执行中出现的问题，以及要建立定期培训制度，不断地培训销售人员执行销售计划的专业技能。

5）进行销售计划的量化管理，将销售计划按照区域、渠道、产品进行量化，然后将量化后的销售计划落实到时间上，也就是按照不同销售团队层级落实到季计划、月计划、周计划和日计划进行具体执行。然后，建立信息系统及时地收集和反馈信息，时时监督和追踪销售计划的执行情况。根据信息反馈及时地指导和修正销售计划的执行。

6.2　基金营销实务

6.2.1　基金产品设计概况

经过多年的发展，基金市场的产品门类正在不断增多。各种带有创新意义的产品不断涌现在投资者面前。基金产品是基金营销的对象，是基金公司向投资者提供服务的载体，其重要性不言而喻。

1. 基金产品设计的参考因素

基金产品设计时，应综合考虑基金管理人、投资者、投资市场等多方面的因素。

（1）内部因素

1）基金管理人自身的管理能力。不同的基金管理人善于管理不同类型的基金。有的擅长管理股票型基金，有的擅长管理债券型基金，有的擅长管理成长型基金，有的擅长管理收入型基金。基金产品设计应充分考虑到基金管理人的能力水平，发挥基金管理人的管理优势。

2）基金公司产品布局。基金公司通常会设置几种大类的基金，在每一大类基金品种里又设置不同类型的基金。新设计的基金产品应尽量避免和以往的基金在投资目标、投资策略、资产配置方面重复出现，积极开发目前产品没有涉及的领域和主题。

（2）外部因素

1）投资者。在细分市场的基础上确定不同的目标市场，针对每个目标市场投资者的风险偏好和风险承受能力来设计有针对性的产品，才能满足投资者不断细化的需求。

2）资本市场的变化。资本市场是基金营销的外部环境，也为基金产品开发提供了新的着眼点和契机，只有顺应资本市场的瞬息变幻，才能跟得上资本市场发展的脚步。例如，在钢铁、有色金属、橡胶、农产品等领域的商品期货市场活跃的背景下，市场热点也扩散到 A 股市场上。在这种情况下，对基金重仓股加以研究，并结合商品期货的变化选择具体基金产品，可以达到事半功倍的效果。

3）相关法律法规的规定。根据《证券投资基金运作管理办法》申请募集基金，拟募集的基金应当具备下列条件：①有明确、合法的投资方向；②有明确的基金运作方式；③符合中国证监会关于基金品种的规定；④不与拟任基金管理人已管理的基金雷同；⑤基金合同、招募说明书等法律文件草案符合法律、行政法规和中国证监会的规定；⑥基金名称表明基金的类别和投资特征，不存在损害国家利益、社会公共利益，欺诈、误导投资者，或者其他侵犯他人合法权益的内容；⑦中国证监会根据审慎监管原则规定的其他条件。基金产品设计应充分考虑这些规定和限制，才能提高产品设计的效率。

2．基金产品设计的流程

（1）产品市场研究

基金公司首先应对目前市场上竞争者的基金产品、自己的基金产品、投资者的需求和资本市场的最新发展加以研究。

（2）草拟产品设计方案

在进行充分的市场调查之后，基金公司结合自身特点和投资者的需求，拿出产品设计草案，并请市场营销部门就销售可行性进行论证，请投资部门对投资可行性进行论证。

（3）确定最终的设计方案

对销售的可行性和投资的可行性进行充分的论证后和修改后，基金公司确定最终的产品设计方案，并向上级主管机关提出发售申请。

（4）产品跟踪与改进

基金上市发行之后，还有根据客户的反馈和投资运作的反馈对基金产品进行不断的改进和调整，使其逐步走向完善。

6.2.2　基金产品线

基金产品线是指一家基金管理公司所拥有的不同基金产品及其组合。

1．产品线的参考因素

通常通过产品线的长度、宽度、深度这 3 个指标来考察基金产品线。

1）产品线的长度，即一家基金管理公司所拥有的基金产品的总数，如截至 2012 年 8 月，南方基金公司共拥有 45 只基金。

2）产品线的宽度，即一家基金管理公司所拥有的基金产品的大类有多少。如南方基金公司目前有股票型、偏股型、债券型、保本型、指数型、QDII 基金、货币基金、理财基金、封闭式基金 9 个基金大类。

3）产品线的深度，即一家基金管理公司所拥有的基金产品大类中有多少更细化的子类基金。南方基金的股票型基金大类中有南方积配、南方高增、南方绩优、南方成分、南方隆元、南方盛元、南方价值、南方策略、南方消费、南方消费收益、南方消费进取11个子类基金。

2．产品线的类型

1）水平式，即基金管理公司根据市场范围，不断开发新品种，增加产品线的长度或扩大产品线的宽度。采用这种类型基金产品线的基金管理公司具有较高的适应性和灵活性，要求公司有较强的竞争实力，基金管理能力全面。大多数基金公司的产品线都属于这种类型。

2）垂直式，即基金管理公司根据自身的能力专长，在某一个或几个产品类型方向上开发各具特点的子类基金产品，以满足在这个方向上具有特定风险收益偏好的投资者的需要。在这方面，国内基金公司的差异化还不明显，不同于国外著名的基金公司，有的做专业债券，最大债券基金一笔达到200亿美元的；有的专注做指数基金；有的走团队合作；有的强调明星基金经理培养，另外可以有高风险，高收益的；有的只做牛市，熊市很差，牛市很强；还有的做主动量化，等等。

3）综合式，即基金管理公司在自身的能力专长基础上，既在一定的产品类型上做重点发展，也在更广泛的范围内构建自身的产品线。

3．基金产品的定价

基金产品定价就是与基金产品本身相关的各项费率的确定，主要包括认购费率、申购费率、赎回费率、管理费率和托管费率等。基金产品定价主要考虑基金产品的类型、市场环境、投资者特性、渠道等因素。

（1）基金产品的类型

基金产品的费率与其风险收益成正比，风险收益越高，费率越高。其呈现从股票基金到混合基金、债券基金和货币市场基金递减的趋势。

华夏基金公司各类型基金费率比较如表6.1所示。

（2）市场环境

市场竞争越激烈，为有效获取市场份额，基金费率通常会越低。截至2012年5月，我国共有基金995只，竞争的激烈程度可想而知。同时，竞争对手的定价行为也会在一定程度上影响产品费率的确定。

（3）投资者特性

一般来说，个人投资者没有费率的话语权，只能被动接受，而机构客户与基金管理公司就产品价格问题的谈判能力较强，通常也能得到更加优惠的费率待遇。

（4）渠道

直销和代销渠道的基金产品费率是不相同的。由于销售成本等方面的差异，通常直销渠道的产品费率更低。

华夏基金不同销售渠道费率比较如表6.2所示。

表 6.1　华夏基金公司各类型基金费率比较

基金简称	申购费率											赎回费率
	前端收费				后端收费							
	100万元以下	100万(含)~500万元	500万(含)~1000万元	1000万元以上(含)	1年以内	满1年不满2年	满2年不满3年	满3年不满4年	满4年不满5年	满5年不满8年	满8年以后	
华夏优势增长股票	1.50%	1.20%	0.80%	每笔1000元	无此收费模式							0.50%
华夏成长混合	1.50%	1.20%	0.80%	每笔1000元	1.80%	1.50%	1.20%	1.00%	0.50%		0	0.50%
华夏希望债券A	1.00%	0.80%	0.50%	每笔1000元	无此收费方式							不满60天：0.1%；满60天(含)以上：0
华夏现金增利货币	不收申购、赎回费，在基金资产中计提销售服务费，年费率0.25%											

资料来源：华夏基金公司网站。

表 6.2　华夏基金不同销售渠道费率比较

基金名称（均为前收费模式）		在线支付方式				转账支付方式
		无优惠	建行卡、交行卡、招行卡	农行卡	除建行卡、交行卡、招行卡、农行卡外的其他支付方式	工行卡、建行卡、农行卡、交行卡
华夏成长混合	100万元以下	1.50%	1.20%	1.05%		
华夏复兴股票 华夏优势增长股票	100万(含)~500万元	1.20%	0.96%	0.84%		
华夏蓝筹混合（LOF）	500万(含)~1000万元	0.80%	0.64%	0.60%	0.60%	
华夏行业股票（LOF）	1000万元以上(含)	每笔1000元	每笔1000元	每笔1000元	每笔1000元	

资料来源：华夏基金公司网站。

6.2.3 基金销售渠道

目前，我国开放式基金销售直销渠道占比33.96%，券商渠道占比8.81%，银行渠道占比57.23%，整体还延续着银行渠道为主、基金直销和券商为辅的局面。而在英美等金融业发达国家，第三方机构占据基金销售市场主导地位，拥有60%以上的市场份额，且经多年发展已经形成多渠道、多费率层次的基金销售模式。

1. 直销渠道

基金管理公司为基金的直销渠道。基金管理公司的直销人员对金融市场、基金产品具有一定的专业知识和投资理财经验，尤其对本公司整体情况及本公司基金产品有着深刻的理解，能够给机构和个人投资者提供更加专业、细致的服务等。基金管理公司的直销队伍虽然只是基金公司的一个部门，但比较专业，可以加强与客户之间的沟通和交流，提供更好的、持续的服务。

2. 代销渠道

（1）商业银行

在我国，个人投资者持有的金融资产主要以银行存款为主，商业银行具有众多的存款客户。选择大型国有商业银行作为开放式基金的代销渠道，有利于争取银行储户这一细分市场。目前，基金销售机构中全国性商业银行有17家，城市商业银行31家，农村商业银行12家，共60家。商业银行的优势在于能为基金的销售提供完善的硬件设施和投资群，但与基金公司相比，其为投资者提供的专业化、个性化服务与客户需求尚有一定差距。因此，基金管理人必须加强与代销商业银行的合作，通过对银行人员的持续培训，组织客户推介会及代销手续费的合理分配，增强银行代销的积极性，提高银行人员的营销能力。

（2）证券公司

证券公司的业务主要以证券经纪业务为主，因此有着广泛的股票客户基础。同时，相比商业银行，证券公司网点拥有更多的专业投资咨询人员，可以为投资者提供个性化的服务。另外，ETF和LOF等基金创新品种的推出，使得证券公司可以发挥自己的交易服务优势，在市场竞争中占据优势。目前，具有代销资格的证券公司共计94家，超过银行的数量。

（3）证券咨询机构和专业基金销售公司

在基金规模不断壮大、品种逐步增加的形势下，对投资基金提供专业咨询服务，已经成为一种市场需求。顺应这种需要，《证券投资基金销售管理办法》出台后，证券投资咨询机构和专业基金销售公司开展基金代销业务成为监管机构鼓励的发展方向。但是较商业银行和证券公司来说，这部分代销机构发展的速度还是比较慢，今后应该大力发展。目前，具有基金代销资格的证券咨询机构只有一家，为天相投资顾问有限公司。针对于专业基金销售公司，2011 年，《证券投资基金销售管理办法（修订稿）》放宽了专业销售机构的准入条件：一是将组织形式放宽为有限责任公司或合伙企业；二是将出资人放宽至具有基金从业经历的专业个人出资人；三是将注册资金的要求从 2 000 万元人民币降低至 500 万元人民币；四是将具有基金从业资格人员最低数量从 30 人放宽至 10 人。2012 年 2 月 22 日，中国证监会正式批准好买财富、诺亚正行、众禄投顾、东方财富为第一批专业代销机构。

6.2.4　基金促销手段

基金促销手段主要包括人员推销、广告促销、营业推广和公共关系 4 个要素。

1．人员推销

人员推销是指基金代销机构通过派出销售人员与一个或一个以上可能成为购买者的人交谈，做口头陈述，以推销商品，促进和扩大销售。人员销售是销售人员帮助和说服购买者购买某种商品或劳务的过程。人员推销是一种具有很强人性因素的独特的促销手段。它具备许多区别于其他促销手段的特点，可完成许多其他促销手段所无法实现的目标，其效果是极其显著的。尤其对于基金这种特殊的金融产品，销售活动需要更多地解决问题和说服工作，人员推销是最佳选择。说服和解释能力在人员推销活动中尤为重要，它会直接影响推销效果。

2．广告促销

广告的目的就是通知、影响和劝说目标市场。基金广告可以是品牌和形象广告，也可以是基金产品广告和产品订购信息，它能改变目标客户对公司本身和基金产品的知晓程度，有利于销售人员更好地推介基金。通过各种媒体发送，如印刷媒体、广播媒体、户外和公共交通广告、直接营销和网站在线服务等。

3．营业推广

营业推广是一种适宜于短期推销的促销方法，是基金公司为鼓励购买基金产品而采取的除广告、公关和人员推销之外的所有企业营销活动的总称。基金销售中常用的营业推广手段主要有销售网点宣传、举办投资者交流活动和费率优惠等。

1）宣传品。在销售网点，如商业银行、证券公司等，可以通过张贴宣传画，发放宣传手册及其他可以吸引客户的材料，达到吸引投资者注意的效果。

2）投资者交流。基金销售机构针对证券公司、保险公司、财务公司、信托投资公司等金融机构、企事业单位等机构客户，可以通过召开研讨会、推介会、报刊或网上路演等方式，传达投资理念和投资策略，争取客户的认同，以达到促销目的。

3）价格优惠。基金管理人一般在持续营销期间，或者在不同的交易渠道间（如网上银行），以更低的申购费率吸引客户，前提是这种优惠应当在监管部门允许的范围内，不能进行不正当的价格竞争。

4. 公共关系

随着公共关系日益成为基金代销机构，尤其是市场营销不可分割的组成部分，营销公共关系也迅速成为基金代销公共关系的一个重要方面。公共关系是社会组织为塑造组织形象，运用传播手段，与公众进行的双向交流和沟通，以达到相互了解、信任和支持合作的管理活动。公共关系是一种传播活动，也是一种管理职能。在市场营销学体系中，公共关系是企业机构唯一一项用来建立公众信任度的工具。公共关系的主要内容包括出版物、事件、新闻、确定媒体、社区关系、游说、社会理念营销等。例如，2009年10月15日，华夏基金员工自发成立了北京市华夏人慈善基金会，基金会成立后，已经向灾区、教育投入了数百万资金，为华夏基金公司树立了良好形象。

6.2.5 基金销售行为规范

1. 基金销售机构的规范

基金销售由基金管理人负责办理，基金管理人可以委托取得基金代销业务资格的其他机构代为办理，未取得基金代销业务资格的机构，不得接受基金管理人委托代为办理基金的销售。商业银行、证券公司、证券投资咨询机构、专业基金销售机构，以及中国证监会规定的其他机构可以向中国证监会申请基金代销业务资格。

2. 基金销售机构人员行为的规范

1）遵纪守法。

2）基金管理人、代销机构的工作人员在从事基金销售活动时，不得有下列情形：以排挤竞争对手为目的，压低基金的收费水平；采取抽奖、回扣或送实物、保险、基金份额等方式销售基金；以低于成本的销售费率销售基金；募集期间对认购费打折；承诺利用基金资产进行利益输送；挪用基金份额持有人的认购、申购、赎回资金；在基金宣传推介材料上采取不规范的竞争行为；中国证监会规定禁止的其他情形。

3）基金销售人员应依法为基金份额持有人保守秘密，不得泄露投资者买卖、持有基金份额的信息或其他信息。

4）未经基金管理人或代销机构聘任，任何人员不得从事基金销售活动；从事宣传推介基金活动的人员还应当取得基金从业资格。

3. 基金宣传推介材料规范

（1）基本要求

基金管理公司和基金代销机构应当在宣传推介材料中加强对投资人的教育和引导，积极培养投资人长期投资理念。

（2）基金销售宣传的禁止规定

基金宣传推介材料必须真实、准确，不得有下列情形。

1）虚假记载、误导性陈述或重大遗漏。

2）预测该基金的证券投资业绩。

3）违规承诺收益或承担损失。

4）诋毁其他基金管理人、基金托管人或基金代销机构，或者其他基金管理人募集或管理的基金。

5）夸大或片面宣传基金，违规使用"安全"、"保证"、"承诺"、"保险"、"避险"、"有保障"、"高收益"、"无风险"等可能使投资者认为没有风险的词语。

6）登载单位或个人的推荐性文字。

7）基金宣传推介资料所使用的语言表述应当准确清晰，还应当特别注意：在缺乏足够证据支持的情况下，不得使用"业绩稳健"、"业绩优良"、"位居前列"、"首只"、"最大"、"最强"、"唯一"等表述；不得使用"坐享财富增长"、"安心享受成长"、"尽享牛市"等易使基金投资人忽视风险的表述；不得使用"欲购从速"、"申购良机"等片面强调集中营销时间限制的表述；不得使用"净值归一"等误导基金投资人的表述。

（3）对宣传推介材料中登载基金过往业绩的规定

基金宣传推介材料可以登载该基金、基金管理人管理的其他基金的过往业绩，但基金合同生效不足 6 个月的除外。基金宣传推介材料登载过往业绩，基金合同生效 6 个月以上但不满 1 年的，应当登载从合同生效之日起计算的业绩；基金合同生效 1 年以上但不满 10 年的，应当登载自合同生效当年开始所有完整会计年度的业绩，宣传推介材料公布在下半年的，还应登载当年上半年度的业绩；基金合同生效 10 年以上的，应当登载最近 10 个完整会计年度的业绩。

（4）基金销售宣传推介材料的报送

基金管理公司和基金代销机构应当在分发或公布基金宣传推介资料之日起 5 个工作日内递交报告材料至基金管理公司或基金代销机构主要办公场所所在地证监局。

4．基金销售费用规范

基金的认购费和申购费可以在基金份额发售或申购时收取，也可以在赎回时从赎回金额中扣除，但费率不得超过认购和申购金额的 5%。赎回费率不得超过基金份额赎回金额的 5%；赎回费在扣除手续费后，余额不得低于赎回费总额的 25%，余额归入基金财产。基金管理人可以根据投资者的认购金额、申购金额的数量适用不同的认购、申购费率标准，也可以根据基金份额持有人持有基金份额的期限适用不同的赎回费率标准。未经招募说明书载明并公告，不得对不同投资人适用不同费率。

5．证券投资基金销售适用性

基金销售机构在实施基金销售适用性的过程中应当遵循投资人利益优先原则、全面性原则、客观性原则和及时性原则，进行审慎调查、基金产品风险评价、基金投资人风险承受能力调查和评价。

6.3 基金服务

客户服务是基金营销的重要组成部分，贯穿于基金营销的始终。基金公司及代销机构通过营销人员开发市场、招揽客户，这仅仅是基金业务拓展的第一步。营销人员只有通过提供优质的服务，才能与客户建立长期的关系，奠定有广度和深度的客户基础，才能达到业务拓展和提升市场占有率的目标。

6.3.1 基金客户服务方式

基金客户服务主要有以下几种方式。

1. 电话呼叫中心

设置全国统一号码电话服务，投资者通过固定电话、手机均可拨打。电话中心服务方式包括自动语音系统和客户服务热线。自助语音系统就是客户根据提示音按键选择自己所需的服务项目，通过语音可以 24 小时查询交易情况、基金账户余额、基金产品与服务等信息。客户服务热线包括人工咨询服务及在线客户咨询服务。

2. 网络服务

随着互联网的普及，网络日益成为基金客服的重要媒介。投资者不仅可以通过基金公司网站进行基金交易与查询，还可以获得大量交易信息和咨询。一般网站还可以区分出基金交易户与未有交易的浏览户，让服务有不同层次之别。浏览户可以通过网站了解共同基金的基本投资常识、基金公司的产品与市场状况，对交易户则加入更多的查询和使用的功能，并且还有个人化的专属网页，包含个人的投资建议与投资现值查询等。

有的基金公司还推出了基金经理面对面的在线答疑活动，投资者可以通过该平台直接与基金经理互动交流，了解基金经理对后市的研判及投资策略。

3. 邮寄服务

可以通过纸质邮件和电子邮件两种方式向客户定期发送对账单，以便客户及时了解交易发生的时间、金额、数量、价格及基金余额等信息。同时还可以向客户定期或不定期的发送理财资讯材料和基金宣传材料等。

4. 专属服务

客户中有许多投资金额庞大的个人或机构法人，这类投资金额庞大的客户有许多本身就有相当丰富的投资经验，一些机构法人甚至设有投资部门，他们需要的是连续性、专业性的服务。因此，在这类客户开始认购基金前，应指派专人为该客户提供专属的售前与售后服务。除了定期的书面报告传送，以及电话或亲自拜访解说外，每当市场发生大幅度的变动，或是客户投资组合有必要调整的时候，这些被指派的投资顾问，还必须立即与客户联系，提供给客户最及时的投资咨询。

5. 媒体服务

帮助客户树立正确的基金投资观念也是客户服务的重要一环，这对于潜在客户尤其重要。由于各种媒体也希望能传递正确、专业的信息给客户，基金管理公司及代销机构多会不定期地与报纸杂志合作推出系列专栏，向投资大众介绍最新的投资信息。当市场有大幅的波动时，许多报纸也会通过基金公司的专业分析，让大众了解市场的未来走势。此外，基金管理公司也会印制许多非广告说明的教育性手册，通过各种形式分送给交易客户与潜在客户。

6. 讲座、推介会和座谈会的召开

利用专业力量及所联系的外部专业资源为基金投资者提供多层次、多视角的系列投资理财讲座，与投资者分享基金投资理念，剖析国内外经济形势、金融政策、及其所昭示的投资契机。

6.3.2 基金服务内容

1. 投资产品设计服务

根据客户的资金期限结构、流动管理要求、风险承受能力、投资目标等特点为客户量身设计合适的投资产品，组建系列基金产品，通过这些产品不同的投资收益比、投资方向、投资风格来满足投资者不同的资金理财需求。

2. 交易服务

向投资者提供有关于基金专业知识的介绍、基金交易的风险揭示、基金产品信息的宣传及基金的认购、申购、赎回等服务。尤其是基金公司网站开通的"网上交易"功能，费率可以低至4折，并且7×24小时均可操作。

3. 查询服务

通过各种服务方式向投资者提供账户余额、收益结果、交易明细、分红信息、历史账单、权威报告、基金净值、产品信息、热点问题、服务提示、最新公告、公司动态等丰富资讯。

4. 咨询服务

通过电话、网络在线等方式，由工作人员为投资者解答有关于基金产品、基金交易、投资策略等方面的一系列问题。

5. 投诉服务

如果客户对基金公司提供的各种服务感到不满，可以在基金公司或其指定的销售点填写投诉单，也可以通过电话中心直接与基金公司联系，获得基金公司的明确答复。

阅读资料　银华货币市场基金低成本营销

主动压缩首发时间，以持续营销实现资产规模的逐步扩张

货币市场基金拥有零手续费、高流动性的优良特征，相对于其他基金产品而言，货币市场基金不存在由于认、申购期费率不同而造成申购期投资成本上升的问题，因此，货币市场基金持续营销更具优势。

基于货币基金的特性，银华基金管理公司主动放弃对基金首发规模的片面追求，选择了缩短发行时间以减少高额首发成本的营销策略，并相应制订了一整套低成本营销方案，一方面，力争以较少的投入获得最优的营销效果；另一方面，银华基金管理公司在发行中深入渠道，并将这种与渠道的密切沟通一以贯之，为此后的持续营销奠定了深厚的渠道基础。银华货币市场基金自 2012 年 1 月 17 日正式发行，截至 1 月 25 日，创造了当时开放式基金的最短发行纪录，并且仅 7 个工作日便成功募集了基金份额 5.91 亿份。

除了满意的首发规模，银华货币市场基金以其产品创新的魅力不断吸引着投资者。该基金在国内率先引入"客户分级"制度，根据基金份额持有的不同将投资者划分为 A 级和 B 级两类，实行销售服务差别费率。对认（申）购金额 500 万元以上（含 500 万元）的投资者（B 级），收取 0.01% 的销售服务费；对认（申）购金额 500 万元以下的投资者（A 级），销售服务费率按 0.25% 提取。在收益率信息披露上，分别公布 A、B 两级的每万份日收益和 7 日年化收益率。

差别费率降低了 B 级投资人的投资成本，该基金自成立以来 B 级收益率一直名列前茅，A 级在同类基金中也保持了收益率的稳定。优良的投资业绩加上银华基金与渠道及投资者卓有成效的沟通，使银华货币市场基金赢得了投资人的认可，该基金资产规模大幅增加。

自银华基金管理公司在业内首创份额分级制度后，该项创新已经为多家基金公司在设计货币市场基金时所采用，货币市场基金份额分级制度已经逐步成为一种规范而被业内广泛使用。

选择缩短首发时间，控制首发成本，创新产品设计，加之贯彻始终的与渠道的深入沟通，成功实现基金规模的扩张，显示出银华货币市场基金营销策略的准确定位。

本章练习题

一、单项选择题

1.（　　）是基金营销部门的一项关键性工作。只有仔细地分析投资者，针对不同的市场与客户推出有针对性的基金产品，才能更有效地实现营销目标。

　　A．确定目标市场与客户　　　　　　　　B．开发新客户

　　　　C．保住老客户　　　　　　　　　　D．设计市场营销组合

2．（　　）是将产品或服务的信息传达到市场上，通过各种有效媒体在目标市场上宣传产品的特点和优点，让客户了解产品在设计、分销、价格上的潜在好处，最后通过市场将产品销售给客户。

　　　　A．促销　　　　　B．代销　　　　　C．传销　　　　　D．分销

3．（　　）的主要任务是使客户在需要的时间和地点获得产品。

　　　　A．促销　　　　　B．渠道　　　　　C．代销　　　　　D．传销

4．（　　）是满足投资者需求的手段。

　　　　A．产品　　　　　B．费率　　　　　C．促销　　　　　D．渠道

5．下列不属于基金宣传推介材料的禁止规定的是（　　）。

　　　　A．虚假记载、误导性陈述或重大遗漏　　B．预测该基金的证券投资业绩

　　　　C．登载基金过往业绩　　　　　　　　　D．登载单位或个人的推荐性文字

6．关于基金销售渠道，以下说法不正确的是（　　）。

　　　　A．专业基金销售公司开展基金代销业务逐渐被市场淘汰

　　　　B．国有商业银行主要是为基金的销售提供了完善的硬件设施和客户群

　　　　C．相比商业银行，证券公司网点拥有更多的专业投资咨询人员，可以为投资者提供个性化的服务

　　　　D．基金管理公司虽然直销队伍规模相对较小，但人员素质较高，可以加强与客户之间的沟通和交流，提供更好的、持续的理财服务

7．以下不是证券投资基金营销特殊性的是（　　）。

　　　　A．专业性　　　　　B．服务性　　　　　C．有形性　　　　　D．适用性

8．下列基金费率不属于投资者在买进与卖出基金环节一次性支出的费用的是（　　）。

　　　　A．管理费率　　　　B．认购费率　　　　C．申购费率　　　　D．赎回费率

9．营销环境中的（　　）是指与公司关系密切、能够影响公司客户服务能力的各种因素，主要包括股东支持、销售渠道、客户、竞争对手及公众。

　　　　A．微观环境　　　　B．宏观环境　　　　C．内部环境　　　　D．外部环境

10．人们的金融产品选择依赖的（　　），主要有心理上的和个人自身的因素。

　　　　A．外在因素　　　　B．内在因素　　　　C．个人因素　　　　D．社会因素

11．（　　）多属于阶段性或短期性的刺激工具，用以鼓励投资者在短期内较迅速和较大量地购买某一基金产品。

　　　　A．人员推销　　　　B．营业推广　　　　C．广告促销　　　　D．公共关系

12．基金产品线的（　　），即一家基金管理公司所拥有的基金产品的大类是多少。

　　　　A．宽度　　　　　B．高度　　　　　C．长度　　　　　D．深度

13．除货币市场基金及中国证监会规定的其他品种外，基金的赎回费不得超过基金份额赎回金额的（　　　）；同时，应当将不低于赎回费总额的（　　　）归入基金财产。

    A．10%；25%　　B．5%；25%　　　　C．10%；30%　　D．5%；30%

14．（　　　）是指为实现战略营销目标而把营销计划转变为营销行动的过程，包括日复一日、月复一月、持续有效地贯彻营销计划活动。

    A．市场营销分析　　　　　　　　B．市场营销计划
    C．市场营销实施　　　　　　　　D．市场营销控制

15．针对机构投资者、中高收入阶层这样的大客户，基金管理公司可以通过（　　　）进行一对一的人员推销，以达到最佳的营销效果。

    A．传销队伍　　B．分销队伍　　C．代销队伍　　D．直销队伍

16．（　　　）是为投资额较大的个人投资者和机构投资者提供的最具个性化的服务。

    A．电话服务中心　　　　　　　　B．邮寄服务
    C．自动传真、电子信箱与手机短信　D．专人服务

17．基金管理人委托代销机构办理基金的销售时，应当签订（　　　），明确双方的权利和义务。

    A．书面代销协议　　　　　　　　B．书面委托协议
    C．书面交易协定　　　　　　　　D．书面合作协议

18．基金的认购费和申购费可以在基金份额发售或申购时收取，也可以在赎回时从赎回金额中扣除，但费率不得超过认购和申购金额的（　　　）。

    A．3%　　　　B．4%　　　　　C．5%　　　　　D．6%

19．关于基金产品定价，下面叙述不正确的是（　　　）。

    A．是与基金产品本身相关的各项费率的确定，主要包括认购费率、申购费率、赎回费率、管理费率和托管费率等
    B．从股票基金到混合基金、债券基金和货币市场基金，各项基金费率基本上呈递增趋势，这是由产品本身的风险收益特征决定的
    C．客户规模越大，它与基金管理公司就产品价格问题的谈判能力就越强，通常也能得到更加优惠的费率待遇
    D．市场竞争越激烈，为有效获取市场份额，基金费率通常会越低

20．基金产品线是指一家基金管理公司所拥有的不同基金产品及其组合。考察基金产品线的内涵一般不包括（　　　）。

    A．产品线的长度　　　　　　　　B．产品线的宽度
    C．产品线的深度　　　　　　　　D．产品线的高度

21．投资者应（　　　），即选择优秀基金管理公司的产品。

    A．了解基金　　　　　　　　　　B．了解市场

C. 了解历史　　　　　　　　　　D. 了解基金管理公司

22. 基金销售机构、基金营销人员在开展基金营销活动时，必须严格遵守基金营销活动的监管规定，体现了证券投资基金市场营销的（　　　）。

　　A. 专业性　　　　B. 适用性　　　　C. 规范性　　　　D. 技术性

23. 在确定目标市场与客户上，基金销售机构面临的重要问题之一就是分析投资人的（　　　），包括投资人的投资规模、风险偏好，对基金流动性、安全性的要求等因素。

　　A. 理想需求　　　B. 真实需求　　　C. 目标需求　　　D. 预期需求

24. （　　　）是基金产品设计的起点，它从根本上决定着基金产品的内部结构。

　　A. 确定具体的目标客户　　　　　B. 确定拟纳入的股票

　　C. 发现具有发展潜力的市场　　　D. 挖掘其他基金的优点

25. （　　　）即一家基金管理公司所拥有的基金产品大类中有多少更细化的子类基金。

　　A. 产品线的广度　　　　　　　　B. 产品线的宽度

　　C. 产品线的深度　　　　　　　　D. 产品线的长度

26. （　　　）的基金产品线，即基金管理公司根据市场范围，不断开发新品种，增加产品线的长度或扩大产品线的宽度。

　　A. 水平式　　　　B. 垂直式　　　　C. 综合式　　　　D. 单一式

27. （　　　）的基金产品线，即基金管理公司根据自身的能力专长，在某一个或几个产品类型方向上开发各具特点的子类基金产品，以满足在这个方向上具有特定风险收益偏好的投资者的需要。

　　A. 水平式　　　　B. 垂直式　　　　C. 综合式　　　　D. 单一式

28. （　　　）的基金产品线，即基金管理公司在自身的能力专长基础上，既在一定的产品类型上做重点发展，也在更广泛的范围内构建自身的产品线。

　　A. 水平式　　　　B. 垂直式　　　　C. 综合式　　　　D. 单一式

29. 采用（　　　）基金产品线的基金管理公司具有较高的适应性和灵活性，在竞争中有回旋余地。这要求公司有一定的实力，特别是要具备宽泛的基金管理能力。

　　A. 水平式　　　　B. 垂直式　　　　C. 综合式　　　　D. 单一式

30. 基金管理人可以委托取得基金代销业务资格的其他机构代为办理基金销售业务，基金管理人与被委托的其他销售机构是一种（　　　）关系。

　　A. 依托　　　　　B. 委托代理　　　C. 信托

二、不定项选择题

1. 营销组合的四大要素包括（　　　）。

　　A. 产品　　　　　B. 费率　　　　　C. 渠道　　　　　D. 推销

2. 基金营销不同于有形产品营销，有其特殊性，主要体现在（　　　）。

　　A. 服务性　　　　B. 专业性　　　　C. 持续性　　　　D. 适用性

3. 基金市场营销主要是指开放式基金的市场营销，其涉及的内容包括（　　）。

    A. 营销渠道的建立　　　　　　　　B. 营销环境的分析

    C. 营销组合的设计　　　　　　　　D. 营销过程的管理

4. 营销过程的管理主要包括（　　）。

    A. 市场营销分析　B. 市场营销计划　　C. 市场营销实施　D. 市场营销控制

5. （　　）可以向中国证监会申请基金代销业务资格。

    A. 商业银行　　　　　　　　　　　B. 证券公司

    C. 专业基金销售机构　　　　　　　D. 保险公司

6. 基金市场营销分析的具体内容包括（　　）。

    A. 设定具体的市场营销目标

    B. 收集有关本公司及其竞争者未来发展趋势的数据

    C. 分析拟发行基金的目标市场

    D. 评估外部因素和内部因素

7. 基金营销的微观环境是指与公司关系密切、能够影响公司服务顾客能力的各种因素，主要包括（　　）。

    A. 管理水平　　　　B. 客户　　　　　　C. 公众　　　　　D. 竞争对手

8. 在基金营销环境的要素中，公司（　　）会对基金营销产生重要的影响。

    A. 股权结构　　　B. 经营流程　　　　C. 经营策略　　　D. 资本实力

9. 开放式基金的直销是不通过中介机构而是由基金管理人附属的销售机构把基金份额直接出售给投资者的，一般通过（　　）等实现。

    A. 邮寄　　　　　　B. 电话　　　　　　C. 银行现场销售　D. 直销队伍

10. 开放式基金的代销是一种通过（　　）等代销机构销售基金的方法。

    A. 银行　　　　　　B. 证券公司　　　　C. 保险公司　　　D. 证券交易所

11. 在营销环境的诸多因素中，基金管理人最需要关注的有（　　）。

    A. 销售公司本身的情况　　　　　　B. 影响投资者决策的因素

    C. 监管机构对基金营销的监管　　　D. 基金市场的总体情况

12. 基金促销组合的要素包括（　　）。

    A. 人员推销　　　B. 广告促销　　　　C. 营业推广　　　D. 公共关系

13. 基金业常用的营业推广手段有（　　）。

    A. 销售网点宣传　　　　　　　　　B. 广告促销

    C. 举办投资者交流活动　　　　　　D. 费率优惠

14. 基金销售宣传的内容必须真实、准确，并须符合的规定有（　　）。

    A. 不得有虚假记载、误导性陈述和重大遗漏

    B．不得登载单位或个人的推荐性文字

    C．应对基金的证券投资业绩进行预测

    D．不得诋毁其他基金管理人、基金托管人或基金代销机构，或者其他基金管理人募集或管理的基金

15．公共关系所关注的是基金公司为赢得各类公众尊敬所做的努力，这些公众包括（　　）。

    A．新闻媒介　　　　B．股东　　　　　C．监管机构　　　　D．基金公司经理

16．基金产品设计包含的重要信息输入有（　　）。

    A．客户需求信息　　　　　　　　B．投资运作信息

    C．产品市场信息　　　　　　　　D．市场总体状况

17．下列关于基金宣传推介材料规范的说法正确的有（　　）。

    A．基金管理公司和基金代销机构应当在基金宣传推介材料中加强对投资人的教育和引导

    B．基金宣传推介材料所使用的语言表述应当准确、清晰

    C．基金宣传推介材料必须真实、准确，与基金合同、基金招募说明书相符，与备案的材料一致

    D．可以使用"业绩稳健"、"业绩优良"、"名列前茅"等词语进行语言表述

18．国际上，开放式基金的销售主要分为（　　）。

    A．分销　　　　　　B．零售　　　　　C．直销　　　　　D．代销

19．（　　）作为理财顾问或金融规划师，可以针对特定的客户需求，提供独立的咨询服务，将基金作为客户资产组合的一部分销售出去。

    A．银行　　　　　　B．证券公司　　　C．律师事务所　　D．基金管理公司

20．基金销售机构在基金销售活动中，不得进行的行为有（　　）。

    A．让证券公司客户以自己熟悉的方式进行基金申购、赎回

    B．以排挤竞争对手为目的，压低基金的收费水平

    C．擅自变更向基金投资人的收费项目或收费标准，或者通过先收后返、财务处理等方式变相降低收费标准

    D．采取抽奖、回扣或送实物、保险、基金份额等方式销售基金

21．证券投资基金设立独立的客户服务部门，通过一套完整的客户服务流程，一系列完备的软、硬件设施，以系统化的方式，应用（　　）实现客户服务。

    A．电话服务中心　　　　　　　　B．邮寄服务

    C．自动传真、电子信箱与手机短信　D．"一对一"专人服务

22．基金管理人、代销机构的工作人员在从事基金销售活动时，不得有（　　）情形。

    A．以排挤竞争对手为目的，压低基金的收费水平

B. 采取抽奖、回扣或者送实物、保险、基金份额等方式销售基金

C. 以低于成本的销售费率销售基金

D. 在基金宣传推介材料上采取不规范的竞争行为

23. 基金销售业务信息管理平台主要包括（　　　）。

A. 前台业务系统　　　　　　　　　B. 后台管理系统

C. 综合业务系统　　　　　　　　　D. 应用系统的支持系统

24. 基金产品设计中需要注意（　　　）。

A. 要确定目标客户，了解他们的风险收益偏好

B. 选择与目标客户的风险收益偏好相适应的金融工具及其组合

C. 考虑相关法律法规的约束

D. 考虑基金管理人自身的管理水平

25. 基金产品定价就是与基金产品本身相关的各项费率的确定，主要包括（　　　）。

A. 认（申）购费率　　　　　　　　B. 赎回费率

C. 管理费率　　　　　　　　　　　D. 托管费率

26. 常见的基金产品线类型有（　　　）。

A. 水平式　　　　B. 垂直式　　　　C. 综合式　　　　D. 单一式

27. 在基金运作过程中直接从基金资产中支付的费用有（　　　）。

A. 申购费　　　　B. 赎回费　　　　C. 管理费　　　　D. 托管费

28. 基金投资者在买进与卖出基金环节一次性支出的费用有（　　　）。

A. 认购费　　　　B. 申购费　　　　C. 赎回费　　　　D. 管理费

29. 基金产品定价需要考虑的因素包括（　　　）。

A. 基金产品的类型　　　　　　　　B. 市场环境

C. 客户特性　　　　　　　　　　　D. 渠道特性

30. （　　　）方式的服务具有一定的市场需求，尤其在基金合同、招募说明书、定期公告与临时公告等方面。

A. 自动传真　　　B. 邮寄服务　　　C. 电子信箱　　　D. 手机短信

三、判断题

1. 基金营销主要由基金管理公司内设的市场部门承担，不可以委托外部机构承担。

（　　　）

2. 基金营销的特殊性主要体现在服务性、专业性和一次性上。　　　　　（　　　）

3. 一般而言，以机构投资者为服务对象营销成本低，但服务成本较高；相反，以个人投资者为服务对象则营销成本高，但服务成本低。　　　　　　　　　（　　　）

4. 证券投资基金的市场营销是基金销售机构从市场和客户需要出发所进行的基金产品

设计、销售、售后服务等一系列活动的总称。 （　　）

5．营销的微观环境是指与公司关系密切，能够影响公司客户服务能力的各种因素。

（　　）

6．基金管理人可以通过制定灵活的费率结构，达到扩大基金销售规模的目的。

（　　）

7．开放式基金的销售主要分为直销和承销两种方式。 （　　）

8．基金销售的专业性反映了从投资人的需要出发向投资人销售合适的产品，坚持了"投资人利益优先"的原则，也是监管机构对基金销售的要求。 （　　）

9．证券投资基金交易价格主要反映在买卖基金时支付费用的高低，或者说基金交易价格的核心是基金费用的高低。 （　　）

10．基金产品是基金营销管理的主体，基金产品本身能否适合基金投资者的需要在很大程度上决定了营销的效果。 （　　）

11．实现证券投资基金市场营销目标要求仔细分析投资者，针对不同的市场与客户推出适合的基金产品。 （　　）

12．促销的主要任务是使客户在需要的时间和地点以便捷的方式获得产品。 （　　）

13．代销机构可以委托其他机构代为办理基金的销售。 （　　）

14．在基金营销过程中，基金销售机构必须注意遵循监管机构的规定，加强自身的合规性控制，规范营销人员的行为。 （　　）

15．营销组合的四大要素——产品、费率、促销和渠道，是基金营销的核心内容。

（　　）

16．影响投资决策的内在因素包括人的身份、社会地位等。 （　　）

17．成功的市场营销实施取决于公司能否将行动方案、组织结构、决策和奖励制度、人力资源和企业文化等相关要素组合出一个能支持企业战略的、结合紧密的行动方案。

（　　）

18．基金份额持有人在同一基金管理人所管理的不同基金之间进行转换时，应当按照转出基金的赎回费用加上转出与转入基金申购费用补差的标准收取费用。 （　　）

19．广告的目的就是通知、影响和劝说目标市场。 （　　）

20．基金宣传推介材料必须真实、准确，与基金合同、基金招募说明书相符，与备案的材料一致。 （　　）

21．基金宣传推介材料可以登载该基金、基金管理人管理的其他基金的过往业绩，但基金合同生效不足 9 个月的除外。 （　　）

22．基金销售机构在实施基金销售适用性的过程中，应当遵循"基金管理人利益优先"原则。 （　　）

23．基金宣传推介材料可以适当地登载单位或个人的推荐性文字。 （　　）

24．宏观环境是指能影响整个微观环境的、广泛的社会性因素，包括人口、经济、政治、法律、技术、文化等因素。 （　　）

25．直销是不通过中介机构，而是由基金管理人附属的销售机构把基金份额直接出售给投资者的模式。 （　　）

26．代销是一种通过银行、证券公司、保险公司、财务顾问公司等代销机构销售基金的方法。 （　　）

27．在我国，大众投资群体仍以银行储蓄为主要金融资产，商业银行具有广泛的客户基础。 （　　）

28．针对投资意识较强的老股民群体，利用专业基金销售公司将是争取这类客户的有效手段。 （　　）

29．基金销售机构针对保险公司、财务公司等机构客户，可以通过召开研讨会、推介会的办法，向特定的或不特定的客户群体传达投资理念和投资策略，争取客户的认同，以达到促销目的。 （　　）

30．从股票基金到混合基金、债券基金和货币市场基金，各项基金费率基本上呈递增趋势，这是由产品本身的风险收益特征决定的。 （　　）

四、思考题

1．简述基金营销的特点。

2．简述基金营销营销环境的主要内容。

3．简述基金组合设计的因素。

4．简述基金营销过程应注意的问题。

5．简述基金产品线的类型。

6．简述基金的销售渠道。

第 7 章

证券投资基金利润分配

证券投资基金利润分配是基金的投资者取得投资收益的基本方式。基金利润分配的基础是基金经营活动所产生的利润，基金的主要利润源自利息收入、投资收益及其他收入。

7.1 证券投资基金估值

对基金投资管理过程中，也需要对基金的经营活动及活动结果进行系统、连续地会计确认、计量、记录，通常称之为"会计核算"。基金核算不仅是基金对外信息披露的主要内容之一，也是投资者对基金运作进行监督的主要途径，其重要性不言而喻。

7.1.1 证券投资基金估值的概念

证券投资基金估值是指按照公允价格对基金全部资产和所有负债的价值进行计算、评估，以确定基金资产净值和基金份额净值的过程。基金份额净值是计算投资者申购基金份额、赎回资金金额的基础，也是评价基金投资业绩的重要指标之一。其中：

$$基金资产净值 = 基金资产 - 基金负债$$

$$基金份额净值 = \frac{基金资产净值}{基金总份额}$$

7.1.2 证券投资基金估值需要考虑的因素

1. 估值频率

基金估值的频率是由基金的组织形式、投资对象的特点等因素决定的，并在《基金合同》、《基金招募说明书》中予以公告。

海外的基金多为每个交易日估值，但也有一部分基金是每周估值一次，有的甚至每半个月、每月估值一次。我国开放式基金于每个交易日估值，并于次日公告基金份额净值。

封闭式基金每周披露一次基金份额净值，但每个交易日也进行估值。

2．投资品种交易活跃程度

对交易活跃的品种估值较为简单，直接采用市场交易价格就可以对基金资产估值。

对交易不活跃的品种估值较为困难和复杂，有的品种长期没有交易价格，有的品种交易价格缺乏公信性。例如，代办股份转让系统的股票，有每周仅交易 1 次的，有每周仅交易 3 次的，可供参考的交易价格过少。这时对基金资产进行估值就需要非常慎重，其中证券资产的流动性是非常关键的因素。

3．价格操纵及滥估问题

价格操纵是指对于流动性较差的证券品种，基金管理人通过多次少量买入拉升价格，以提升基金业绩的行为。

滥估是指对于流动性较差的证券品种，其估值需要基金经理进行主观判断时，基金管理人为了制造虚假业绩而对该品种进行缺乏依据的高估。

因此，要避免以上现象的发生，需要监管当局颁布更为详细的估值规则来规范估值行为，或者建立独立的第三方估值机构。如果基金管理人通过估值技术获得所持有证券的公允价值，基金托管人应对管理人所采用的估值技术的科学性、合理性、合法性等方面进行审查，以保证其公允性。

4．估值方法的一致性及公开性

估值方法的一致性是指基金管理人在进行资产估值时均应采用同样的估值方法，遵守同样的估值规则。

估值方法的公开性是指基金采用的估值方法需要在《基金合同》、《基金招募说明书》等法定文件中公开披露。假如基金变更了估值方法，也需要及时在季度报告、中期报告、年度报告中进行披露。

7.1.3　基金估值实务

1．估值程序

1）基金管理人估值。基金管理人按照每个开放日闭市后的数据计算基金份额净值，之后将基金份额净值结果发给基金托管人。

2）基金托管人复核。基金托管人按基金合同规定的估值方法、时间、程序对基金管理人的计算结果进行复核，复核无误后签章返回给基金管理人，由基金管理人对外公布，并由基金注册登记机构根据确认的基金份额净值计算申购、赎回数额。月末、年中和年末估值复核与基金会计账目的核对同时进行。

3）QDII 基金份额净值应当至少每周计算并于估值日后 2 个工作日内披露一次，如基金投资衍生品，应当在每个工作日计算并披露。基金份额净值应当以人民币或美元等主要外汇货币单独或同时计算并披露。基金资产的每一次交易应当在最近份额净值的计算中得以反映。

2. 估值方法

（1）交易所上市、交易品种的估值

通常情况下，交易所上市的有价证券（包括股票、权证等）以其估值日在证券交易所挂牌的市价（收盘价）估值；交易所上市交易的债券按估值日收盘净价估值；交易所上市交易的股指期货合约以估值当日结算价进行估值；交易所上市不存在活跃市场的有价证券，采用估值技术确定公允价值。交易所以大宗交易方式转让的资产支持证券，采用估值技术确定公允价值；在估值技术难以可靠计量公允价值的情况下，按成本进行后续计量。

（2）交易所发行未上市品种的估值

1）首次发行未上市的股票、债券和权证，采用估值技术确定公允价值，在估值技术难以可靠计量公允价值的情况下按成本计量。

2）送股、转增股、配股和公开增发新股等发行未上市股票，按交易所上市的同一股票的市价估值。

3）首次公开发行有明确锁定期的股票，同一股票在交易所上市后，按交易所上市的同一股票的市价估值。

4）非公开发行有明确锁定期的股票，按下述方法确定公允价值。

① 如果估值日非公开发行有明确锁定期的股票的初始取得成本高于在证券交易所上市交易的同一股票的市价，应采用在证券交易所上市交易的同一股票的市价作为估值日该股票的价值。

② 如果估值日非公开发行有明确锁定期的股票的初始取得成本低于在证券交易所上市交易的同一股票的市价，应按以下公式确定该股票的价值：

$$FV = C + (P - C)\frac{D_l - D_r}{D_l}$$

式中　FV——估值日该非公开发行有明确锁定期的股票的价值；

　　　C——该非公开发行有明确锁定期的股票的初始取得成本（因权益业务导致市场价格除权时，应于除权日对其初始取得成本做相应调整）；

　　　P——估值日在证券交易所上市交易的同一股票的市价；

　　　D_l——该非公开发行有明确锁定期的股票锁定期所含的交易所的交易天数；

　　　D_r——估值日剩余锁定期，即估值日至锁定期结束所含的交易所的交易天数（不含估值日当天）。

剩余锁定期越小，越接近上市交易价格，剩余锁定期越大，越接近成本价。

例 7-1

某股票锁定期价格 18 元，上市交易价格 22 元，锁定期 100 天，剩余锁定期 60 天，则股票价值：

$$FV=C+（P-C）（1-D_r/D_l）=18+（22-18）×（100-60÷100）=19.6（元）$$

（3）交易所停止交易等非流通品种的估值

1）因持有股票而享有的配股权，从配股除权日起到配股确认日止，如果收盘价高于配股价，按收盘价高于配股价的差额估值。收盘价等于或低于配股价，则估值为零。

2）对停止交易但未行权的权证，一般采用估值技术确定公允价值。

3）对于因重大特殊事项而停牌股票的估值，需要按估值基本原则判断是否采用估值技术。中国证券业协会基金估值工作小组介绍了此类股票的常用估值方法，包括指数收益法、可比公司法、市场价格模型法和估值模型法等，供管理人对基金估值时参考。

（4）全国银行间债券市场交易的债券、资产支持证券等固定收益品种，采用估值技术确定公允价值。

（5）QDII 基金投资衍生品、流动性受限证券的，投资流动性受限证券的估值可以参照国际会计准则进行。

3. 计价错误的处理

基金管理公司应制定估值及份额净值计价错误的识别及应急方案。当估值或份额净值计价错误实际发生时，基金管理公司应立即纠正，及时采取合理措施防止损失进一步扩大。当基金份额净值计价错误达到或超过基金资产净值的 0.25%时，基金管理公司应及时向监管机构报告；当计价错误达到 0.5%时，基金管理公司应当公告并报监管机构备案。基金管理公司和托管银行因共同行为给基金财产或基金份额持有人造成损害的，应承担连带赔偿责任。

4. 暂停估值的情形

当基金有以下情形时，可以暂停估值。

1）基金投资所涉及的证券交易所遇法定节假日或因其他原因暂停营业时。

2）因不可抗力或其他情形致使基金管理人、基金托管人无法准确评估基金资产价值时。

3）占基金相当比例的投资品种的估值出现重大转变，而基金管理人为保障投资人的利益已决定延迟估值时。

4）如出现基金管理人认为属于紧急事故的任何情况，会导致基金管理人不能出售或评估基金资产时。

5）中国证监会和基金合同认定的其他情形。

阅读资料 基金调整未停牌重仓品种估值引争议

双汇停牌引发了基金调整其股价估值的热潮。随之而来出现了一个新现象，对于有市场价格的证券品种，有基金公司以交易不活跃为由，调整了其旗下基金重仓的该证券品种的估值。对此，业内出现了两种不同声音。这也提醒市场，应警惕今后可能出现的基金过度使用估值调整现象。

防止过度使用估值调整

在基金调整双汇估值逐渐被市场认可之后，有基金公司高管不无担忧地指出，现在更值得关注的是要防止今后可能出现的基金滥用估值调整的可能性。在双汇停牌且基本面有重大变化的背景下，重仓双汇的基金将估值下调是为了更公平地对待持有人，尽量避免出现有信息优势的机构提前赎回，而将损失让其他持有人承担。但不排除今后有的公司会利用估值调整这一手段"打擦边球"。基金业也需要未雨绸缪防范可能出现的过度使用估值调整现象。

例如，上海一家基金公司日前公告称，旗下部分基金所持有一个券种交易不活跃，成交价格严重偏离。为使持有该债券的基金估值更加公平、合理，根据相关规定，公司决定于 2011 年 3 月 22 日对该品种的估值价按 3 月 21 日收盘价格计算。换句话说，3 月 22 日该品种存在市场交易，但该公司认为市场交易出的价格不靠谱，于是就决定不按当天的收盘价计算净值，而以之前一天的收盘价为准。

Wind 数据统计显示，22 日当天，该券种大幅上涨。资料显示，截至 2010 年年末，该公司旗下有只规模 1 亿多的基金重仓持有该品种，占基金净值比例超过 9%，若不进行估值调整，该券种大幅上涨对该基金净值有明显的拉升作用。业内人士指出，事实上，估值调整对于在 3 月 22 日正常赎回的持有人似乎不公平，因为他们本可享受到该品种上涨带来的收益。

从 Wind 统计数据来看，该品种在部分交易时段确实存在交易不活跃现象，基金调整价格似乎也无可厚非。但这也有两个问题，首先，如何定义交易不活跃；其次，该品种交易不活跃现象持续已久，既然认为其交易不活跃，对于这种流动性风险早应该有所防范才是。

这也提醒市场，要警惕今后可能出现的基金过度使用估值调整现象。例如，今后基金公司可以认为当天出现大涨的某一品种交易不活跃，人为压低价格，这就形成了一个低价申购基金的良机。即使像双汇这类已停牌的股票，也有可能出现将其估值下调过深，反而带来了申购套利机会。

侧袋账户尚不可行

应该说，这确实引发了业内对基金公司可能滥用估值调整的担心。同时，对于双汇，各基金公司判断也不一致。当然，不同市场主体对于同一只股票价值做出的判断存在分歧在所难免，找到能被所有人认同的估值方法和估值结果几乎是不可能的。

因此，有基金研究机构分析人士提出，对停牌股估值调整的缺点也是显而易见的，因为估出的价格毕竟不是市场价格，是否可以借用对冲基金的"侧袋账户"方法，当停牌股票达到基金净值一定比例的时候，将停牌股锁定，在没有市场价格之前，持有人的申购赎回与此部分资产无关，直至其复牌。

不过，也有权威人士指出，侧袋账户目前尚不可行。对冲基金使用侧袋账户主要源于对冲基金投资人数量较少，日常申购、赎回不频繁的特性。而国内公募基金主要面对广大投资金额较低的个人投资者，这在实施层面会面临较大障碍。很明显的一点是法规层面，目前现有的基金合同没有操作侧袋账户的可能性；同时在技术层面，也会给现有基金注册登记系统带来巨大的数据处理压力。

业内人士进一步指出，更重要的是作为开放式基金，在未遇不可抗力时，无权限制赎回，虽然个别股票停牌，但作为组合投资的基金理应事前防范此类流动性风险，并应有相关制度安排，不能人为限制持有人的财产。这还需要基金业进一步加强估值方法体系研究，既形成一套行之有效的应急机制，也切实防范可能出现的过度使用估值调整问题。

资料来源：新浪财经网，http://finance.sina.com.cn/money/fund/20110329/01559606654.shtml.

7.2　基金费用

基金的费用主要可分为两大类：其一是基金销售过程中由基金投资者自己承担的费用，主要有申购费、赎回费、基金转换费。这类费用可直接在投资者申购、赎回或是转换的金额中收取。此类费用并不参与基金的会计核算。其二是基金管理过程中发生的费用，主要有基金管理费、基金托管费、信息披露费等。这类费用应由基金资产承担，

此类费用需要直接从基金资产中列支，我们所指的基金费用则是这类费用。

7.2.1　基金费用的种类

1）基金管理人的管理费。

2）基金托管人的托管费。

3）销售服务费。

4）基金合同生效后的信息披露费用。

5）基金合同生效后的会计师费和律师费。

6）基金份额持有人大会费用。

7）基金的证券交易费用。

8）按照国家有关规定和基金合同约定，可以在基金财产中列支的其他费用。

7.2.2　按比例提取的费用

在基金费用中可以按比例提取的费用为基金管理费、基金托管费和基金销售服务费。

1．基金管理费

基金管理费是指基金管理人管理基金资产而向基金收取的费用。

（1）计提标准

基金管理费率通常与基金规模成反比，与风险成正比。基金规模越大，基金管理费率越低；基金风险程度越高，基金管理费率越高。不同类别及不同国家、地区的基金，管理费率不完全相同。美国一般为净资产的 0.4%～1%，我国香港特区一般不超过 2%，台湾地区一般不超过 1.5%。目前，证券衍生工具基金管理费率最高，认股权证基金的管理费率大约为 2.5%，我国股票基金大部分按照 1.5%的比例计提基金管理费，债券基金的管理费率一般低于 1%，货币市场基金的管理费率为 0.33%。

（2）计提方法

目前，我国的基金管理费、基金托管费和基金销售服务费均是按前一日基金资产净值的一定比例逐日计提，按月支付。其计算公式为：

$$H = E \cdot \frac{R}{365}$$

式中 H——日计提的费用；

E——前一日的基金资产净值；

R——费率。

2．基金托管费

基金托管费是指基金托管人为基金提供托管服务而向基金收取的费用。基金托管费收取的比例与基金规模、基金类型有一定关系，通常基金规模越大，基金托管费率越低。新兴市场国家和地区的托管费收取比例相对要高。基金托管费年费率国际上通常为 0.2%左右，美国一般为 0.2%，我国内地及台湾、香港地区则为 0.25%。目前，我国封闭式基金按照 0.25%的比例计提基金托管费；开放式基金根据基金合同的规定比例计提，通常低于 0.25%；股票基金的托管费率要高于债券基金及货币市场基金的托管费率。

托管费的计提方法与管理费相同。

3．基金销售服务费

基金销售服务费目前只有货币市场基金和一些债券基金收取，费率大约为 0.25%。收取销售服务费的基金通常不收申购费。

7.2.3 基金交易费用

基金交易费用是指基金进行证券买卖交易时所发生的相关交易费用。目前，我国证券投资基金的交易费用主要包括印花税、交易佣金、过户费、经手费、证管费。交易佣金由证券公司按成交金额的一定比例向基金收取，印花税、过户费、经手费、证管费等则由登记公司或交易所按有关规定收取。参与银行间债券交易的，还须向中央国债登记结算有限责任公司支付银行间账户服务费，向全国银行间同业拆借中心支付交易手续费等服务费用。

我国封闭式基金主要交易费用如表 7.1 所示。

表 7.1　我国封闭式基金主要交易费用一览表

项　　目	费　　率
交易佣金	不超过交易金额的 0.25%
过户登记费	上交所 0.05% 过户费，深交所 0.002 5% 名册服务月费
分红手续费	0.3%

7.2.4　基金运作费用

基金运作费用是指为保证基金正常运作而发生的应由基金承担的费用，包括审计费、律师费、上市年费、信息披露费、分红手续费、持有人大会费、开户费、银行汇划手续费等。按照有关规定，发生的这些费用如果影响基金份额净值小数点后第 5 位的，即发生的费用大于基金净值十万分之一，应采用预提或待摊的方法计入基金损益；发生的费用如果不影响基金份额净值小数点后第 5 位的，即发生的费用小于基金净值十万分之一，应于发生时直接计入基金损益。

7.2.5　基金税收

1．基金的税收

（1）营业税

对基金管理人运用基金买卖股票、债券的差价收入，免征营业税。《关于证券投资基金税收问题的通知》规定："对基金管理人运用基金买卖股票、债券的差价收入，在 2003 年年底前暂免征收营业税。"《关于证券投资基金税收政策的通知》规定："自 2004 年 1 月 1 日起，对证券投资基金（封闭式证券投资基金、开放式证券投资基金）管理人运用基金买卖股票、债券的差价收入，继续免征营业税。"

以发行基金方式募集资金不属于营业税的征税范围，不征收营业税。

（2）印花税

根据财政部、国家税务总局的规定，从 2008 年 9 月 19 日起，基金卖出股票时按照 1‰的税率征收证券（股票）交易印花税，而对买入交易不再征收印花税。

（3）所得税

对证券投资基金从证券市场中取得的收入，包括买卖股票、债券的差价收入，股权的股息、红利收入，债券的利息收入及其他收入，暂不征收企业所得税。对基金取得的股利收入、债券的利息收入、储蓄存款利息收入，由上市公司、发行债券的企业和银行在向基金支付上述收入时代扣代缴 20%的个人所得税。根据财政部、国家税务总局《关于股息红利个人所得税有关政策的通知》(财税〔2005〕102 号)、《关于股息红利有关个人所得税政策的补充通知》(财税〔2005〕107 号)，对证券投资基金从上市公司分配取得的股息红利所得，扣缴义务人在代扣代缴个人所得税时按 50%计算应纳税所得额。

2．机构投资者买卖基金的税收

（1）营业税

金融机构（包括银行和非银行金融机构）买卖基金的差价收入征收营业税，非金融机构买卖基金份额的差价收入不征收营业税；基金管理人、基金托管人从事基金管理活动取得的收入，依照税法规定征收营业税。

（2）印花税

企业投资者买卖基金份额暂免征收印花税。

（3）所得税

企业投资者买卖基金份额获得的差价收入，应并入企业的应纳税所得额，征收企业所得税；企业投资者从基金分配中获得的收入，暂不征收企业所得税；基金管理人、基金托管人从事基金管理活动取得的收入，依照税法规定征收企业所得税。

3．个人投资者投资基金的税收

（1）印花税

个人投资者买卖基金份额暂免征收印花税。

（2）所得税

1）个人投资者买卖基金份额获得的差价收入，在对个人买卖股票的差价收入未恢复征收个人所得税以前，暂不征收个人所得税。

2）个人投资者从基金分配中获得的股票的股利收入、企业债券的利息收入、储蓄存储利息收入，由上市公司发行债券的企业和银行在向基金支付上述收入时，代扣代缴 20%的个人所得税。证券投资基金从上市公司分配取得的股息红利所得，扣缴义务人在代扣代缴个人所得税时，按 50%计算应纳税所得额。基金向个人投资者分配股息、红利、利息时，不再代扣代缴个人所得税。个人投资者从基金分配中取得的收入，暂不征收个人所得税。

3）投资者从基金分配中获得的国债利息、买卖股票差价收入，在国债利息收入、个人买卖股票差价收入未恢复征收所得税以前，暂不征收所得税。

4）个人投资者从封闭式基金分配中获得的企业债券差价收入，按现行税法规定，应对个人投资者征收个人所得税，税款由封闭式基金在分配时依法代扣代缴。

5）个人投资者申购和赎回基金份额取得的差价收入，在对个人买卖股票的差价收入未恢复征收个人所得税以前，暂不征收个人所得税。

7.3 基金利润

基金的利润源自基金投资收益、利息收入及其他收入等。不同类型的基金在利润分配方式上也表现有所不同。

7.3.1 基金会计

1. 基金会计核算概述

（1）基金会计核算的定义

基金会计核算是指收集、整理、加工有关基金投资运作的会计信息，准确记录基金资产变化情况，及时向相关各方提供财务数据及会计报表的过程。

（2）基金会计核算的相关责任人

基金管理公司是证券投资基金会计核算的责任主体，对所管理的基金应当以每只基金为会计核算主体，独立建账、独立核算，保证不同基金在名册登记、账户设置、资金划拨、账簿记录等方面相互独立。同时，由于基金托管人对基金管理公司计算的基金资产净值及基金业绩报告负有复核责任，因此基金托管人也需要对所托管的证券投资基金进行会计核算，并将有关结果同基金管理公司相核对。

（3）其他

我国基金的会计年度为公历每年 1 月 1 日至 12 月 31 日。基金核算以人民币为记账本位币，以人民币元为记账单位。

2. 基金会计核算的特点

（1）会计主体是证券投资基金

企业会计核算以企业为会计核算主体，基金会计则以证券投资基金为会计核算主体。这样做一可以使证券投资基金的管理主体即基金管理公司的经营活动与证券投资基金的投资管理活动区别开，二可以将基金管理公司管理的不同基金之间的投资管理活动区别开。

（2）会计分期细化到日

企业的会计一般以年度、半年、季度和月份为分期。从及时性原则上说，基金会计期间划分必将更加细化，即以周甚至以日为核算披露期间，如我国的基金会计核算均已细化到日。例如，开放式基金的申购和赎回逐日进行，逐日计算债券利息、银行存款利息等，逐日预提或待摊影响到基金份额净值小数点后第 5 位的费用，逐日对基金资产进行估值确认，货币市场基金一般每日结转损益等。

（3）基金持有的金融资产和承担的金融负债通常归类为以公允价值计量且其变动计入

当期损益的金融资产和金融负债

根据《企业会计准则第 22 号——金融工具确认和计量》，金融资产在初始确认时划分为 4 类：以公允价值计量且其变动计入当期损益的金融资产、持有至到期投资、贷款和应收款项及可供出售的金融资产。其中，以公允价值计量且其变动计入当期损益的金融资产包括交易性金融资产和指定为以公允价值计量且其变动计入当期损益的金融资产。金融负债在初始确认时划分为两类：以公允价值计量且其变动计入当期损益的金融负债和其他金融负债。其中，以公允价值计量且其变动计入当期损益的金融负债包括交易性金融负债和指定为以公允价值计量且其变动计入当期损益的金融负债。

基金以投资管理为主要业务，其目的是在承受风险的同时获取较高的资本利得收益，投资管理活动的性质决定了其取得的金融资产或金融负债是交易性的；同时，对于开放式基金而言，其持有的金融资产必须能随时变现，以应对基金持有人赎回基金份额。因此，除非基金合同另有约定，基金持有的金融资产和承担金融负债通常归类为以公允价值计量且其变动计入当期损益的金融资产和金融负债。

3．基金会计核算的主要内容

根据《证券投资基金会计核算业务指引》的规定，基金会计核算对象主要有资产类、负债类、资产负债共同类、所有者权益类和损益类的核算。基金会计核算的内容主要包括以下几类业务。

（1）证券和衍生工具交易及其清算的核算

证券投资基金主要投资于政策允许范围内的有价证券和衍生金融工具，包括股票、债券、资产支持证券、权证、远期投资等有价证券和衍生金融工具的买卖及回购交易等。

（2）持有证券的上市公司行为的核算

持有证券的上市公司行为是指与基金持有证券的上市公司有关的、所有涉及该证券权益变动并进而影响基金权益变动的事项，包括新股、红股、红利、配股等公司行为的核算。

（3）各类资产的利息核算

其主要包括债券的利息、银行存款利息、清算备付金利息、回购利息等。各类资产利息均应按日计提，并于当日确认为利息收入。

（4）基金费用的核算

它包括计提基金管理费、托管费、预提费用、摊销费用、交易费用等。这些费用一般也按日计提，并于当日确认为费用。

（5）开放式基金份额变化的核算

开放式基金还须对基金份额的申购与赎回情况、转入与转出情况及基金份额拆分进行会计核算。

（6）基金资产估值的核算

基金逐日对其资产按规定进行估值，并于当日将投资估值增（减）值确认为公允价值变动损益。

（7）本期利润及利润分配的核算

这是指会计期末结转基金损益，并按照规定对基金分红进行除权、派息、红利再投资等进行核算。证券投资基金一般在月末结转当期损益，按固定价格报价的货币市场基金一般逐日结转损益。

（8）基金财务会计报告

根据有关规定，基金管理公司应及时编制并对外提供真实、完整的基金财务会计报告。财务会计报告分为年度、半年度、季度和月度财务会计报告。半年度、年度财务会计报告至少应披露会计报表和会计报表附注的内容。基金会计报表包括资产负债表、利润表及净值变动表等报表。

（9）基金会计核算的复核

目前，对于国内证券投资基金的会计核算，基金管理人与基金托管人按照有关规定，分别独立进行账簿设置、账套管理、账务处理。基金托管人按照规定对基金管理人的会计核算进行复核并出具复核意见。

7.3.2 基金利润

基金利润是指基金在一定会计期间的经营成果。利润包括收入减去费用后的净额、直接计入当期利润的利得和损失等。由于各类基金在投资对象、投资策略和投资目标上各不相同，因此不同类型基金的利润来源也各有差异。例如，货币市场基金主要投资于货币市场工具而获得利息收入，债券基金主要投资于各种债券而获得债券利息，股票基金主要通过买卖股票的差价和股票的分红派息获得收益。有些高风险性的基金，如对冲基金，主要是在期权期货等金融衍生工具市场上进行投资或投机以获得高额的投资回报。在境外还有一些私募股权基金是通过投资企业未上市股权或房地产等实业来获得投资利润的。

1. 基金收入来源

它主要包括利息收入、股利收入、资本利得及其他收入。基金资产估值引起的资产价值变动作为公允价值变动损益计入当期损益。

（1）利息收入

1）银行存款利息。一般情况下，基金都会将必须保留的现金存入银行，从而获得存款利息收入。

2）债息。基金投资各种债券（国债、金融债、企业债等）也能定期获得债券的利息收入。

3）其他。货币市场基金投资于商业票据、短期国债、央行票据等货币市场工具，其收益主要有利息组成。资产支持证券利息收入、买入返售金融资产收入等。

（2）股利收入

股票型基金以上市公司发行的股票为主要投资对象。基金买入并持有上市公司的股票，有权分得公司派发的红利或股息。红利是指基金购买上市公司的普通股而享有的对该公司净利润的分配权。股息是指基金购买上市公司的优先股而享有的对该公司净利润的分配权。股息通常是按照一定的比例事先规定的，这是股息和红利的主要区别。

（3）资本利得

资本利得是指基金经营活动中因买卖股票、债券、资产支持证券、基金等实现的差价收益及衍生工具投资产生的相关损益，如卖出或放弃权证、权证行权等实现的损益。具体包括股票投资收益、债券投资收益、资产支持证券投资收益、基金投资收益、衍生工具收益等。

（4）其他收入

其他收入是指除上述收入以外的其他各项收入，包括赎回费扣除基本手续费后的余额、手续费返还、ETF 替代损益，以及基金管理人等机构为弥补基金财产损失而支付给基金的赔偿款项等。这些收入项目一般根据发生的实际金额确认。

（5）公允价值变动损益

公允价值变动损益是指基金持有的采用公允价值模式计量的交易性金融资产、交易性金融负债等公允价值变动形成的应计入当期损益的利得或损失，并于估值日对基金资产按公允价值估值时予以确认。

2. 与基金利润有关的几个概念

（1）本期利润

本期利润是基金在一定时期内全部损益的总和，包括计入当期损益的公允价值变动损益。该指标既包括了基金已经实现的损益，也包括了未实现的估值增值或减值，是一个能够全面反映基金在一定时期内经营成果的指标。

（2）本期已实现收益

该指标是指基金本期利息收入、投资收益、其他收入（不含公允价值变动收益）扣除相关费用后的余额，是将本期利润扣除本期公允价值变动损益后的余额。

（3）损益平准金

损益平准金是指在申购赎回基金份额时，申购或赎回款项中包含的按未分配基金净收益占基金净值比例计算的金额。损益平准金于基金申购确认日或基金赎回确认日确认，并于期末全额转入未分配基金净收益。

（4）期末可供分配利润

该指标是指期末可供基金进行利润分配的金额，为期末资产负债表中未分配利润与未分配利润中已实现部分的较低数。由于基金本期利润包括已实现和未实现两部分，如果期末未分配利润的未实现部分为正数，则期末可供分配利润的金额为期末未分配利润的已实现部分；如果期末未分配利润的未实现部分为负数，则期末可供分配利润的金额为期末未分配利润（已实现部分扣减未实现部分）。

（5）未分配利润

未分配利润是基金进行利润分配后的剩余额，将转入下期分配。

7.3.3　基金利润分配

1．基金利润分配对基金份额净值的影响

基金进行利润分配会导致基金份额净值的下降。但投资者的投资价值在分配前后是一致的，不会受到损失。例如，一只基金在分配前的份额净值是 1.25 元，假设每份基金分配 0.05 元，在进行分配后基金的份额净值将会下降到 1.2 元。尽管基金的份额净值下降了，并不意味着投资者有投资损失。假设一个基金投资者在该基金中拥有 1 000 份的基金投资，分配前该投资者在该基金中的投资价值为 1 250（1 000×1.25）元，分配后该投资者获得了 50（1 000×0.05）元的现金分红，其在该基金上的投资价值为 1 200（1 000×1.2）元，与现金分红合计仍为 1 250 元，因此分配前后的价值不变。

2．封闭式基金的利润分配

根据《证券投资基金运作管理办法》有关规定，封闭式基金的利润分配每年不得少于一次，封闭式基金年度利润分配比例不得低于基金年度已实现利润的 90%。

封闭式基金当年利润应先弥补上一年度亏损，然后才可进行当年分配。封闭式基金一般采用现金方式分红。

3．开放式基金的利润分配

我国开放式基金按规定需在基金合同中约定每年基金利润分配的最多次数和基金利润分配的最低比例。利润分配比例一般以期末可供分配利润为基准计算。

开放式基金的分红方式有以下两种。

1）现金分红方式。根据基金利润情况，基金管理人以投资者持有基金单位数量的多少，将利润分配给投资者。这是基金分配最普遍的形式。

2）分红再投资转换为基金份额。分红再投资转换为基金份额是指将应分配的净利润按除息后的份额净值折算为等值的新的基金份额进行基金分配。

例 7-2

某投资者持有基金 100 000 万份，每基金份额分红 0.05 元，现金分红 5 000 元。如果选择分红再投资的方式，若基准日份额净值 1.25 元，则获得基金份额 4 000（5 000÷1.25）份，持有基金总份额变为 10.4 万份。

根据有关规定，基金分配应当采用现金方式。开放式基金的基金份额持有人可以事先选择将所获分配的现金利润，按照基金合同有关基金份额申购的约定转为基金份额。基金

份额持有人事先未做出选择的，基金管理人应当支付现金。

4. 货币市场基金的利润分配

《货币市场基金管理暂行规定》第 9 条规定："对于每日按照面值进行报价的货币市场基金，可以在基金合同中将收益分配的方式约定为红利再投资，并应当每日进行收益分配。"

2005 年 3 月 25 日中国证监会下发的《关于货币市场基金投资等相关问题的通知》（证监基金字［2005］41 号）规定："当日申购的基金份额自下一个工作日起享有基金的分配权益，当日赎回的基金份额自下一个工作日起不享有基金的分配权益。"

具体而言，货币市场基金每周五进行分配时，将同时分配周六和周日的利润；每周一至周四进行分配时，则仅对当日利润进行分配。投资者于周五申购或转换转入的基金份额不享有周五、周六和周日的利润，投资者于周五赎回或转换转出的基金份额享有周五、周六和周日的利润。

例 7-3

假设投资者在 2012 年 8 月 3 日（周五）申购了份额，那么基金将从 8 月 6 日（周一）开始计算其权益。如果在 8 月 3 日（周五）赎回了份额，那么除了享有 8 月 3 日（周五）的利润之外，还同时享有 8 月 4 日（周六）和 8 月 5 日（周日）的利润，但不再享受 8 月 6 日的利润。

节假日的利润计算基本与在周五申购或赎回的情况相同。投资者在法定节假日前最后一个开放日的利润将与整个节假日期间的利润合并后于法定节假日最后一日进行分配。法定节假日结束后第一个开放日起的分配规则同日常情况下的分配规则一样。投资者于法定节假日前最后一个开放日申购或转换转入的基金份额不享有该日和整个节假日期间的利润，投资者于法定节假日前最后一个开放日赎回或转换转出的基金份额享有该日和整个节假日期间的利润。

例 7-4

2012 年 9 月 30 日至 10 月 7 日为法定休假日，2012 年 10 月 8 日是节后第一个工作日，假设投资者在 2012 年 9 月 28 日（周五，节前最后一个工作日）申购了基金份额，那么基金利润将会从 10 月 8 日起开始计算；如果投资者在 2012 年 9 月 28 日赎回了基金份额，那么投资者将享有直至 10 月 7 日内该基金的利润。

阅读资料　基金景福可分配利润最高　分红行情提前布局

分红行情提前布局

上周大盘再度下行，封基场内涨跌互现，其中债券基金分级 B 在上周涨幅居前。一般而言，传统封基每年的分红行情都在四季度如期到来。而今年市场行情并不给力，传统封基的可分配利润并不高。

不过业内人士认为，目前封基的折价率相对合理，是参与分红行情的一个较好时期。相关公司股票走势如图 7.1 所示。

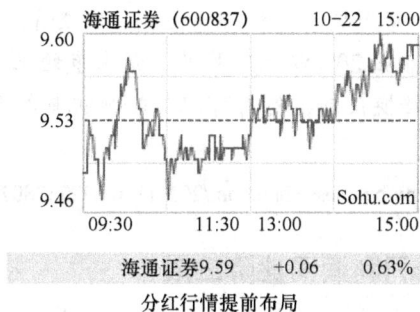

图 7.1　相关公司股票走势

上周，封闭式基金表现最好的为基金普惠、基金景福、基金景宏，单周净值增长率分别为 1.23%、1.11% 和 0.76%。市价方面，基金普惠、基金汉兴上周均逆市上涨 0.88% 和 0.82%，在传统封基中涨幅居前。整体来看，上周传统封闭式基金市价好于净值，市价平均跌幅为 0.12%，净值平均跌幅为 0.38%。

对于传统封闭式基金的投资，好买基金认为主要关注到两个方面的内容，一是到期年限，目前平均是 3.08 年左右；二是折价率，目前封闭式基金折价率的平均年化收益率在 3.89%，维持在今年以来的高位。

由于股指期货的推出，以及关注封闭式基金的机构投资者的增多，传统封闭式基金的折价率很难再回到从前，因此目前是投资封闭式基金的一个较好时候。好买基金认为，现阶段选封闭式基金可以从分红这一角度入手，选择净值在 1 元以上的，中报可分配利润加上三季报已实现收益为正，同时折价率相对较高的基金。

好买基金测算显示，目前前三季度可分配利润最高的为基金景福，其次为基金通乾和基金汉盛，分别为 0.15 元、0.12 元和 0.12 元。

银华瑞祥折价有望消失

上周，债券市场继续小幅上涨，大部分债券分级基金的母基金净值出现小幅上涨。受益于信用债表现较优，持有信用债占比较高的富国汇利涨幅最大，为 0.2%。

由于近期债市走势良好，多数高风险份额近期二级市场表现优于净值，对应折价大幅收窄或溢价扩大。

虽然净值下跌，不过上周聚利 B 逆市上涨 4.44%，成为基金场内最高涨幅的基金，而多利进取的市价跌幅较大为 2.83%。经过上周变动，当前溢价最高的仍为多利进取，溢价 35%，而裕祥 B 折价最大，当前折价 8.57%。

分级股基来看，上周分级股基的低风险份额大多数下跌，高风险份额中，仅建信进取逆市上涨，单周涨幅为 1.01%，其余均有不同幅度的下跌。但指数型分级基金高风险份额市价相比净值普遍更为抗跌，对应溢价有所抬升。

海通证券测算认为，目前申万进取依然溢价最高，且溢价继续扩大，当前溢价 48.02%，银华锐进和银华鑫利溢价维持在 20% 以上。另外，新上市的银华瑞祥当前仍折价 0.91%，该基金未来将会打开可配对转换机制，随着可配对转换机制打开日期的临近，其高风险份额折价有望逐步消失。

资料来源：搜狐财经网，http://business.sohu.com/20111130/n327338078.shtml.

阅读资料　基金公司利润同比降三成

目前年报披露正酣，部分基金公司 2011 年净利润及资产规模情况逐渐浮出水面，其中 7 家实现盈利，大成基金以 4.53 亿元净利暂时领先，3 家亏损，10 家基金公司合计盈利 12.88 亿元。与 2010 年相比，多数基金公司净利润同比不同程度地减少，原本上市公司想借"基"生蛋，但是这两年行情不佳，基金行业发展遭遇瓶颈，上市公司发现，"蛋"是越生越少，而"米"却是越喂越多。根据天相投顾数据统计，目前两市的 2 200 多家上市公司中，共约有 35 家涉足基金公司。而截至 3 月 22 日，2011 年资产规模和净利润信息浮出水面的 10 家基金公司，除去年下半年成立的财通基金外，可比的 9 家中仅金鹰基金实现净利润同比上涨，其他 8 家均有所下降，总体同比减少了 30%。

券商系"养基"利润大降

作为业内的"养基"行家，券商系很大一部分利润都是来自基金公司。不过市场 2011 年惨遭洗劫，基金公司的利润均出现不同程度的下降。

光大证券 2012 年 3 月 22 日发布的年报显示，2011 年实现净利润 15 亿元，同比减少 30%。其参股 25% 的大成基金 2011 年业绩也随之曝光：截至 2011 年年底，大成基金实现净利润 4.53 亿元，同比下降 11.62%，不过仍是目前已曝光 2011 年盈利情况的 10 家基金公司中净利润最丰厚的公司。经过简单的计算可知，大成基金为光大证券贡献了 1.13 亿元的利润，占总利润的 7.6%。

另外，光大证券持有 55% 股权的光大保德信基金去年净利润为 1.25 亿元，同比下滑幅度达到 36.05%。2011 年，它为光大证券输入 0.69 亿元的利润。

两家基金公司合计为光大证券贡献 1.82 亿元，相比 2010 年的 2.35 亿元的利润总额，下滑幅度高达 22.6%。不过出现了个有趣的现象，2010 年光大证券的净利润为 22 亿元，2011 年是 15 亿元，以此计算，虽然基金公司贡献给光大证券的净利润有所下降，但是利润率占比却出现上升。

据悉，截至 2011 年年底，光大保德信基金共管理 10 只基金，管理的基金规模总额为

230 亿元，公司净资产为 5.5 亿元。大成基金去年底管理的基金规模总额为 729 亿元，在 66 家基金公司中排名第八，净资产达到 14.84 亿元。

同样身为券商，海通证券"参"、"控"的两家基金公司富国基金和海富通基金的情况 要稍微好些。数据显示，两家基金公司去年的营业收入及净利润均出现下滑，但下滑幅度 低于平均水平。

海通证券年报显示，其持有 51% 股权的海富通基金，2011 年实现营业收入 6.80 亿元，同比下降 5.69%，净利润 1.67 亿元，同比下降 15.66%。海通证券持有 27.8% 股权的富国 基金，2011 年实现营业收入 8.08 亿元，同比下降 7.87%，净利润 2.76 亿元，同比下降 5.80%。

两家基金公司均属于中大型基金公司，Wind 数据显示，富国基金 2011 年的规模为 595 亿元，在所有基金公司中排在第 11 位；海富通基金的规模为 321 亿元，在基金公司中排第 26 位。2010 年两家基金公司合计利润为 11 亿元，给上市公司贡献的利润为 3.5 亿元，占 比为 9.5%；2011 年这个数字缩减为 1.93 亿元，利润缩水 45%，占比也缩至 6.2%。

相比上述两家券商，东北证券的命运更为多舛。虽然上述基金贡献利润出现明显的跳 水，但好歹还是给东家带来正收益。而作为打响券商年报头枪的东北证券，不但没有享受 到"养基"的福，还要替基金公司的亏损埋单。

东北证券 2011 年报显示，公司分别持有银华基金和东方基金公司股权。东北证券持有 银华基金公司的股权为 21%，而 2011 年银华基金总资产为 10.91 亿元，实现营业收入 9.72 亿元，同比减少了近 10%；净利润为 2.22 亿元，同比减少了约 30%。东北证券持有东方基 金 46% 的股权，2011 年底东方基金总资产 1.72 亿元，净资产 1.31 亿元，实现营业收入 1.26 亿元，净利润则由正转负，为 -0.12 亿元，为东北证券贡献了 -552 万元。

农银汇理利润贡献率上升

中国铝业 2012 年 3 月 17 日发布的 2011 年报显示，公司持有农银汇理基金公司 15% 的 股权。截至 2011 年底，农银汇理资产总额为 3.48 亿元，净资产 2.87 亿元，实现营业收入 2.25 亿元，净利润为 0.44 亿元，同比减少了 30%。

但对比 2010 年的年报，农银汇理的表现可谓大相径庭。2010 年，中国铝业在报告中 显示，农银汇理年末资产总额为 3.20 亿元，负债总额为 7882 万元，净资产为 2.46 亿元，营业收入为 2.68 亿元，净利润为 6292.5 万元。根据计算，2010 年农银汇理为中国铝业带 来的利润是 945 万元（当年中国铝业的净利润为 7.78 亿元），而到了 2011 年尾降至 660 万 元（当年中国铝业的净利润为 2.38 亿元），但农银汇理对上市公司的利润贡献率却从 1.2% 上升至 2.8%。很显然，是中国铝业本身的主业出现了问题。

目前仅金鹰一家盈利转正

浦发银行 2012 年 3 月 16 日公布 2011 年业绩，公司主要财务盈利数据一片涨声，但其 控股的浦银安盛基金公司却让其感到一丝不快。截至 2011 年年末，浦银安盛的资产总额仅为 0.51 亿元，净资产 0.36 亿元，亏损较 2010 年进一步扩大，净利润为-0.4 亿元。这已是浦银安盛连续 3 年亏损了。虽然这点亏损对于"财大气粗"的浦发银行来说，可以忽略不计，但是浦银安盛迟迟不见好转的迹象，也让浦发银行感到恼火。

虽然去年基金行业在股市不景气和规模双降的背景下，业绩普遍表现不佳，但也有少数公司实现"弯道超车"，利润上升甚至实现逆转。

美的电器和广州药业在 2011 年报中均披露了金鹰基金公司的净利润情况。金鹰基金公司 2011 年实现营业收入 1.27 亿元，净利润为 115 万元。尽管净利润较少，但这是金鹰基金自 2008 年以来首次实现正利润。在去年基金公司普遍陷入成本增加和规模缩水的两端挤压下，金鹰基金成为目前仅有的黑马。

升华拜克"养基"不成蚀把米

新成立的基金公司，因为生不逢时，普遍呈现亏损。上市公司升华拜克持有财通基金 30% 的股权，而升华拜克最新公布的年报显示，成立于 2011 年 6 月下旬的财通基金，截至 2011 年年底实现营业收入 292.38 万元，净利润亏损 6383.7 万元。这将给升华拜克造成 1915.11 万元的亏损，而升华拜克去年的净利润不过 9560 万元，可谓"养基"不成反蚀一把米。

而财通基金也说得上是典型的"损基"，其在成立之时家底并不殷实，注册资本金仅为 1 亿元。2011 年一年的巨亏，已将其原来的注册资本侵蚀大半。在不得已的情况下，财通基金的增资扩股计划在 2011 年 7 月被提上日程，2012 年年初各股东方再次注资 1 亿元。骑虎难下的升华拜克尽管起初并不情愿，但最终还是掏出 3000 万元参与增资。

然而，财通基金今年的经营依然堪忧，至少作为其股东的升华拜克是这样认为的。由于财通的拖累，升华拜克已做出了业绩预警公告，今年一季度业绩预降 70%～90%。对此，升华拜克的解释中提到一条：参股公司财通基金仍处于开办初期，目前收入较少，需要不断加强产品开发，拓展销售渠道，因而增加运营费用，预计将影响上市公司的投资收益。

此外，中国平安虽于 2012 年 3 月 16 日公布了 2011 年报，但并未对平安大华基金的资产及利润情况进行披露。业内人士分析，在 2011 年这样的大背景下，想必其收益也不容乐观。

资料来源：和讯基金网，http://funds.hexun.com/2012-03-24/139685577.html.

本章练习题

一、单项选择题

1. QDII 基金份额净值应当至少（   ）计算并披露一次，如基金投资衍生品，应当在（   ）计算并披露。

    A. 每月；每周   B. 每周；每个工作日

    C. 每月；每周   D. 每日；每日

2．QDII 基金份额净值应当在（　　　）披露。

A．估值日前 1 个工作日　　　　　　　B．估值日

C．估值日后 1 个工作日内　　　　　　D．估值日后 2 个工作日内

3．基金持有的首次发行未上市的股票、债券和权证，采用估值技术确定公允价值，在估值技术难以可靠计量公允价值的情况下，按（　　　）计量。

A．平均价　　　　　B．成本　　　　　C．收盘价　　　　　D．开盘价

4．我国开放式基金的估值频率是（　　　）。

A．每一个交易日　　B．每两个交易日　　C．每周　　　　　D．没有明确的规定

5．基金资产估值是指通过对基金所拥有的（　　　）按一定的原则和方法进行重新估算，进而确定基金资产公允价值的过程。

A．全部资产　　　　　　　　　　　　B．净资产

C．全部资产及所有负债　　　　　　　D．负债

6．封闭式基金（　　　）披露一次基金份额净值，但每个交易日也都进行估值。

A．每日　　　　　B．每周　　　　　C．每月　　　　　D．每季

7．在证券衍生工具基金中，（　　　）管理费率一般最高。

A．认股权证基金　　B．股票基金　　C．债券基金　　　D．货币市场基金

8．下列与基金有关的费用不能从基金财产中列支的是（　　　）。

A．基金转换费　　　　　　　　　　　B．基金管理人的管理费

C．基金托管人的托管费　　　　　　　D．销售服务费

9．当基金份额净值计价错误达到或超过基金资产净值的（　　　）时，基金管理公司应及时向监管机构报告；当计价错误达到（　　　）时，基金管理公司应当公告并报监管机构备案。

A．0.1%；0.25%　B．0.25%；0.5%　C．0.5%；1%　D．0.25%；0.75%

10．估值方法的（　　　）是指基金在进行资产估值时均应采取同样的估值方法，遵守同样的估值规则。

A．公开性　　　　B．一致性　　　　C．长期性　　　　D．准确性

11．对于基金交易费，以下说法不正确的是（　　　）。

A．基金交易费是指基金在进行证券买卖交易时所发生的相关交易费用

B．我国证券投资基金的交易费主要包括印花税、交易佣金、过户费、经手费、证管费

C．交易佣金由证券公司按成交金额的一定比例向基金收取

D．印花税、过户费、经手费、证管费等由托管人按有关规定收取

12．我国股票基金大部分按照（　　　）的比例计提基金管理费。

A．10%　　　　　B．5%　　　　　C．1.5%　　　　　D．0.25%

13. 如基金运作发生的费用（   ）基金净值十万分之一，则应采用预提或待摊的方法计入基金损益。

    A. 大于   B. 小于   C. 等于   D. 大于等于

14. 关于基金托管费计提标准，以下说法不正确的是（   ）。

    A. 通常基金规模越大，基金托管费率越高

    B. 基金托管费收取的比例与基金规模、基金类型有一定关系

    C. 目前我国封闭式基金按照 0.25% 的比例计提

    D. 开放式基金根据基金契约的规定比例计提，通常低于 2.5‰

15. 关于基金管理费计提标准，以下表述不正确的是（   ）。

    A. 基金管理费率通常与基金规模成反比，与风险成正比

    B. 从基金类型看，证券衍生工具基金管理费率最高

    C. 我国债券基金的管理费率一般低于 1%

    D. 我国货币市场基金的管理费率最高

16. 下列关于基金税收的说法正确的是（   ）。

    A. 基金买卖股票、债券的差价收入，暂不征收企业所得税

    B. 基金取得的股票股利收入、债券利息收入，需要征收 33% 的企业所得税

    C. 基金取得的股票股利收入、债券利息收入，需要征收 20% 的企业所得税

    D. 基金取得的股票股利收入、债券利息收入，需要征收 10% 的个人所得税

17. 从 2008 年 9 月起基金卖出股票按照（   ）的税率征收证券交易印花税。

    A. 3‰   B. 1.5‰   C. 1‰   D. 2‰

18. 基金进行利润分配会导致基金份额净值（   ）。

    A. 不变化   B. 上升   C. 下降   D. 影响不确定

19. 基金资产估值引起的资产价值变动作为公允价值变动损益计入当期（   ）。

    A. 收入   B. 收益   C. 损益   D. 成本

20. 对于每日按照（   ）进行报价的货币市场基金，可以在基金合同中将收益分配的方式约定为红利再投资，并应当每日进行收益分配。

    A. 面值   B. 市值

    C. 份额净值   D. 最近 7 日年化收益率

21. 开放式基金的基金份额持有人未选择将所获分配的现金利润按照基金合同有关基金份额申购的约定转为基金份额的，基金管理人应当（   ）。

    A. 支付现金   B. 劝其转为基金份额

    C. 协商支付   D. 不分配利润

22. 分红再投资转换为基金份额是指将应分配的（　　　）折算为等值的新的基金份额进行基金分配。

　　A. 期末未分配利润　　　　　　　　B. 期末可供分配利润

　　C. 应付利润　　　　　　　　　　　D. 净利润

23. 如果期末未分配利润的未实现部分为负数，则期末可供分配利润的金额为（　　　）。

　　A. 期末未分配利润已实现部分　　　B. 期末未分配利润未实现部分

　　C. 期末未分配利润　　　　　　　　D. 零

24. 公允价值变动损益是指基金持有的采用公允价值模式计量的交易性金融资产、交易性金融负债等公允价值变动形成的应计入当期损益的利得或损失，并于（　　　）对基金资产按公允价值估值时予以确认。

　　A. 月末　　　　　B. 年末　　　　　C. 估值日　　　　D. 当日

25. 证券投资基金从上市公司分配取得的股息红利所得，扣缴义务人在代扣代缴个人所得税时，按（　　　）计算应纳税所得额。

　　A. 30%　　　　　B. 40%　　　　　C. 45%　　　　　D. 50%

26. 个人投资者从基金分配中获得的股票的股利收入、企业债券的利息收入、储蓄存储利息收入，由上市公司发行债券的企业和银行在向基金支付上述收入时，代扣代缴（　　　）的个人所得税。

　　A. 10%　　　　　B. 20%　　　　　C. 30%　　　　　D. 40%

27. 对企业投资者从基金分配中获得的收入，暂不征收（　　　）。

　　A. 营业税　　　　B. 企业所得税　　　C. 个人所得税　　　D. 增值税

28. （　　　）是一个能够全面反映基金在一定时期内经营成果的指标。

　　A. 期末可供分配利润　　　　　　　B. 本期公允价值变动损益

　　C. 本期利润　　　　　　　　　　　D. 未分配利润

29. 当日申购的基金份额自下一个工作日起（　　　）基金的分配权益，当日赎回的基金份额自下一个工作日起（　　　）基金的分配权益。

　　A. 享有；不享有　　　　　　　　　B. 享有；享有

　　C. 不享有；享有　　　　　　　　　D. 不享有；不享有

30. 封闭式基金的利润分配，每年不得少于（　　　）次。

　　A. 1　　　　　　B. 2　　　　　　C. 3　　　　　　D. 4

二、不定项选择题

1. 基金资产估值需考虑的因素包括（　　　）。

　　A. 估值频率　　　　　　　　　　　B. 交易时间

　　C. 价格操纵及滥估问题　　　　　　D. 估值方法的一致性及公开性

2．因持有股票而享有的配股权，其估值办法是，从配股除权日起到配股确认日止，（　　　）。

    A．如果收盘价高于配股价，按收盘价高于配股价的差额估值

    B．如果收盘价低于配股价，按配股价高于收盘价的差额估值

    C．如果收盘价等于配股价，估值为零

    D．如果收盘价低于配股价，估值为零

3．基金会计核算的特点表述正确的是（　　　）。

    A．应该将证券投资基金的管理主体——基金管理公司的经营活动与证券投资基金的经营活动区别开

    B．从及时性原则出发，基金会计期间划分必然更加细化，即以周甚至是日为核算披露期间

    C．基金以投资管理为主要业务，除非基金合同另有约定，基金持有的金融资产和承担金融负债通常归类为以公允价值计量且其变动计入当期损益的金融资产和金融负债

    D．基金管理公司管理的不同基金之间的投资管理活动是紧密联系的

4．基金持有证券的上市公司行为核算的内容有（　　　）等。

    A．新股   B．红股   C．红利   D．配股

5．基金会计核算的内容主要包括（　　　）。

    A．证券和衍生工具交易及其清算的核算   B．持有证券的上市公司行为的核算

    C．各类资产的利息核算   D．基金费用的核算

6．基金可以暂停估值的情形有（　　　）。

    A．基金投资所涉及的证券交易所遇法定节假日或因其他原因暂停营业

    B．因不可抗力或其他情形致使基金管理人、基金托管人无法准确评估基金资产价值

    C．占基金相当比例的投资品种的估值出现重大转变，而基金管理人为保障投资人的利益已决定延迟估值

    D．出现基金管理人认为属于紧急事故的任何情况导致基金管理人不能出售或评估基金资产

7．估值错误的处理包括（　　　）。

    A．基金管理公司应制定估值及份额净值计价错误的识别及应急方案，当估值或份额净值计价错误实际发生时，基金管理公司应立即纠正

    B．当错误达到或超过基金资产净值的 0.25%时，基金管理公司应及时向监管机构报告

    C．当错误达到或超过基金资产净值的 0.5%时，基金管理公司应当公告、通报基金托管人

    D. 基金管理公司和托管银行因共同行为给基金财产或基金份额持有人造成损害的，应承担连带赔偿责任

8. 基金的会计核算对象包括（　　　）。

    A. 资产类   B. 负债类   C. 资产负债共同类　D. 资产损益共同类

9. 下列关于 QDII 基金资产估值的说法正确的是（　　　）。

    A. 基金份额净值应当至少每月计算并披露一次

    B. 基金份额净值应当在估值日后 2 个工作日内披露

    C. 基金份额净值应当以人民币计算并披露

    D. 基金资产的每一买入、卖出交易应当在最近份额净值计算中得到反映

10. 关于基金运作费，以下说法正确的是（　　　）。

    A. 包括审计费、律师费、上市年费、信息披露费、分红手续费、持有人大会费用、开户费、银行汇划手续费等

    B. 基金运作费如果影响基金份额净值小数点后第五位的，应采用预提或待摊的方法计入基金损益

    C. 基金运作费如果不影响基金份额净值小数点后第五位的，应于发生时直接计入基金损益

    D. 基金运作费如果影响基金份额净值小数点后第五位的，应于发生时直接计入基金损益

11. 对于基金管理费，以下说法正确的是（　　　）。

    A. 基金管理费率通常与基金规模成反比，与风险成正比

    B. 从基金类型看，证券衍生工具基金管理费率最高

    C. 不同类别及不同国家或地区的基金，管理费率不完全相同

    D. 我国基金大部分按照 2.5% 的比例计提基金管理费

12. 下列可以从基金财产中列支的费用有（　　　）。

    A. 基金管理费   B. 基金托管费

    C. 基金合同生效前的验资费   D. 基金合同生效后的信息披露费用

13. 证券投资基金的费用主要包括（　　　）。

    A. 托管费、管理费   B. 申购费、赎回费

    C. 基金转换费   D. 信息披露费

14. 以下叙述正确的有（　　　）。

    A. 基金规模越大，基金管理费率越高

    B. 基金托管费是指基金托管人为基金提供托管服务而向基金收取的费用

    C. 股票基金的托管费率要高于债券基金及货币市场基金的托管费率

D. 目前我国封闭式基金根据基金契约的规定比例计提托管费，通常高于 2.5‰

15. 以下叙述错误的是（　　）。

　　A. 基金管理费通常与基金规模成正比，与风险成反比

　　B. 不同类别及不同国家或地区的基金，管理费率大体一致

　　C. 从基金类型看，证券衍生工具基金管理费率最高

　　D. 基金风险程度越高，基金管理费率越高

16. （　　）基金复核与基金会计账目的核对同时进行。

　　A. 月末　　　　　B. 季末　　　　　C. 年中　　　　　D. 年末

17. 基金财务会计报表包括（　　）。

　　A. 资产负债表　　B. 现金流量表　　C. 利润表　　　　D. 净值变动表

18. 基金收入中的其他收入包括（　　）。

　　A. 赎回费扣除基本手续费后的余额

　　B. 手续费返还、ETF 替代损益

　　C. 基金管理人等机构为弥补基金财产损失而支付给基金的赔偿款项

　　D. 管理人报酬

19. 投资收益是指基金经营活动中因（　　）等实现的损益。

　　A. 买卖股票、债券、资产支持证券、基金等实现的差价收益

　　B. ETF 替代损益

　　C. 因股票、基金投资等获得的股利收益

　　D. 衍生工具投资产生的相关损益

20. 基金的主要收入来源有（　　）。

　　A. 资本利得　　B. 利息收入　　　C. 销售收入　　　D. 其他收入

21. 如果期末未分配利润的未实现部分为负数，则期末可供分配利润的金额为（　　）。

　　A. 期末未分配利润已实现部分

　　B. 期末未分配利润未实现部分

　　C. 期末未分配利润

　　D. 期末未分配利润已实现部分扣减未实现部分

22. 基金利润来源之一的资本利得具体包括（　　）。

　　A. 股票投资收益、债券投资收益　　　B. 资产支持证券投资收益

　　C. 基金投资收益　　　　　　　　　　D. 衍生工具收益

23. 基金利润来源之一的利息收入具体包括（　　）等。

　　A. 债券利息收入　　　　　　　　　　B. 资产支持证券利息收入

　　C. 存款利息收入　　　　　　　　　　D. 买入返售金融资产收入

24. 基金本期已实现收益是指（　　　）扣除相关费用后的余额。
    A．基金本期利息收入　　　　　　　B．投资收益
    C．公允价值变动收益　　　　　　　D．其他收入

25. 下列关于期末可供分配利润的说法正确的是（　　　）。
    A．指期末可供基金进行利润分配的金额
    B．如果期末未分配利润的未实现部分为正数，则期末可供分配利润的金额为期末未分配利润（已实现部分扣减未实现部分）
    C．如果期末未分配利润的未实现部分为负数，则期末可供分配利润的金额为期末未分配利润（已实现部分扣减未实现部分）
    D．如果期末未分配利润的未实现部分为负数，则期末可供分配利润的金额为期末未分配利润的已实现部分

26. 下列免征营业税的收入有（　　　）。
    A．非金融机构买卖基金份额的差价收入
    B．金融机构买卖基金的差价收入
    C．基金管理人运用基金买卖股票、债券的差价收入
    D．基金管理人、基金托管人从事基金管理活动取得的收入

27. 开放式基金的分红方式有（　　　）。
    A．增加投资份额　　　　　　　　　B．现金分红方式
    C．股利分红　　　　　　　　　　　D．分红再投资转换为基金份额

28. 下列关于本期利润的说法正确的是（　　　）。
    A．是基金在一定时期内全部损益的总和
    B．包括计入当期损益的公允价值变动损益
    C．该指标既包括了基金已经实现的损益，也包括了未实现的估值增值或减值
    D．是一个能够全面反映基金在一定时期内经营成果的指标

29. 关于个人投资者投资基金的税收，以下说法不正确的是（　　　）。
    A．目前个人投资者投资基金暂免征收印花税
    B．对个人投资者从封闭式基金分配中获得的企业债券差价收入应征收个人所得税，税款由封闭式基金在分配时依法代扣代缴
    C．在对个人买卖股票的差价收入未恢复征收个人所得税以前，对个人投资者申购和赎回基金份额取得的差价收入仍要征收个人所得税
    D．投资者从基金分配中获得的股票股利收入及企业债券利息收入，由上市公司和发行债券的企业在向基金派发股息、红利、利息时代扣代缴 25% 的个人所得税

30. 下列关于货币市场基金利润分配的规定，正确的有（　　　）。
    A．每日进行分配

B．货币市场基金每周五进行利润分配时，不包括周六和周日的利润

C．当日申购的基金份额自下一个工作日起享有基金的分配权益

D．当日赎回的基金份额自下一个工作日起不享有基金的分配权益

三、判断题

1．我国基金资产估值的责任人是基金托管人，基金管理人对基金托管人的估值结果负有复核责任。　　　　　　　　　　　　　　　　　　　　　　　　　　　　　（　　）

2．目前我国的基金管理费、基金托管费及基金销售服务费均是按前一日基金资产净值的一定比例逐日计提，按日支付。　　　　　　　　　　　　　　　　　　　　（　　）

3．目前，我国基金大部分按照 1.5%的比例计提基金管理费，债券基金的管理费费率一般低于 1%，货币市场基金的管理费费率为 0.33%。　　　　　　　　　　　　（　　）

4．目前我国的基金会计核算均已细化到日。　　　　　　　　　　　　　　　（　　）

5．基金会计核算的会计主体是证券投资基金托管人。　　　　　　　　　　　（　　）

6．由基金投资者直接支付的费用有申购费、赎回费和基金托管费。　　　　　（　　）

7．由基金资产承担的费用包括基金托管费、基金管理费、信息披露费等。　　（　　）

8．基金份额净值是计算投资者申购基金份额、赎回资金金额的基础，也是评价基金投资业绩的基础指标之一。　　　　　　　　　　　　　　　　　　　　　　　　　（　　）

9．基金采用的估值方法不需要在法定募集文件中公开披露。　　　　　　　　（　　）

10．基金管理人不可能操纵估值结果。　　　　　　　　　　　　　　　　　　（　　）

11．基金资产总值是指基金全部资产的价值总和，从基金资产总值中扣除基金所有负债，就是基金资产净值。基金资产净值除以基金当前的总份额，就是基金份额净值。（　　）

12．我国基金的会计年度为公历每年 1 月 1 日至 12 月 31 日。　　　　　　（　　）

13．基金管理人按照规定对基金托管人的会计核算进行复核并出具复核意见。（　　）

14．对于国内证券投资基金的会计核算，基金管理人与基金托管人按照有关规定，分别独立进行账簿设置、账套管理、账务处理。　　　　　　　　　　　　　　　（　　）

15．基金逐月对其资产按规定进行估值，并于当月将投资估值增（减）值确认为公允价值变动损益。　　　　　　　　　　　　　　　　　　　　　　　　　　　　　（　　）

16．开放式基金需对基金份额的申购与赎回情况、转入与转出情况及基金份额拆分进行会计核算。　　　　　　　　　　　　　　　　　　　　　　　　　　　　　　（　　）

17．基金费用的核算包括计提基金管理费、托管费、预提费用、摊销费用、交易费用等。这些费用一般也按月计提，并于当月确认为费用。　　　　　　　　　　　　（　　）

18．持有证券的上市公司行为是指与基金持有证券有关的、所有涉及该证券权益变动并进而影响基金权益变动的事项，包括新股、红股、红利、配股核算。　　　　　（　　）

19．投资管理活动的性质决定了证券投资基金持有的金融资产或金融负债是非交易

性的。　　　　　　　　　　　　　　　　　　　　　　　　　　　　　　（　　）

20．QDII 基金份额净值应当以人民币计算并披露。　　　　　　　　（　　）

21．非公开发行有明确锁定期的股票，如果估值日非公开发行有明确锁定期的股票的初始取得成本高于在证券交易所上市交易的同一股票的市价，应采用在证券交易所上市交易的同一股票的市价作为估值日该股票的价值。　　　　　　　　　　　　（　　）

22．对基金管理人运用基金买卖股票、债券的差价收入，免征营业税。　（　　）

23．开放式基金的基金份额持有人可以事先选择将所获分配的现金利润转为基金份额。
　　　　　　　　　　　　　　　　　　　　　　　　　　　　　　　　（　　）

24．若封闭式基金上一年度亏损，基金当年利润可以不弥补亏损而直接进行当年利润分配。　　　　　　　　　　　　　　　　　　　　　　　　　　　　　（　　）

25．基金进行利润分配会导致基金份额净值的上升。　　　　　　　　（　　）

26．对基金管理人、基金托管人从事基金管理活动取得的收入，依照税法的规定征收营业税。　　　　　　　　　　　　　　　　　　　　　　　　　　　　（　　）

27．期末可供分配利润将转入下期分配。　　　　　　　　　　　　　（　　）

28．本期已实现收益是将本期利润扣减本期公允价值变动损益后的余额。（　　）

29．投资者于法定节假日前最后一个开放日申购或转换转入的基金份额享有该日和整个节假日期间的收益。　　　　　　　　　　　　　　　　　　　　　（　　）

30．对基金管理人、基金托管人从事基金管理活动取得的收入，依照税法的规定征收企业所得税。　　　　　　　　　　　　　　　　　　　　　　　　　（　　）

四、思考题

1．证券投资基金进行资产估值时需要考虑哪些因素？

2．在基金运作环节中会产生哪些费用？哪些费用需要参与会计核算？

3．开放式基金的利润如何进行分配？货币市场基金的利润又如何进行分配？

4．个人投资者投资基金需要缴纳哪些税收？

5．我国的证券投资基金管理费用、托管费用和销售费用的计提标准是什么？

第 8 章

证券投资基金的信息披露

证券投资基金的信息披露制度是符合"三公"要求的强制信息披露制度。充分的信息披露可以做到及时的信息公开，有效防止利益输送和利益冲突，更有利于投资者权益的保护。真实、准确、完整、及时的信息披露是树立整个证券投资基金行业公信力的基石。基金管理人、基金托管人是基金信息披露的主要义务人。我国的基金信息披露制度体系分为国家法律、部门规章、规范性文件与行业自律规则 4 个层次，于 2003 年 10 月 28 日通过的《证券投资基金法》，从第六十条到六十四条，都是关于基金信息披露方面的法条。基金信息披露主要包括募集信息披露、运作信息披露和临时信息披露。

8.1　基金信息披露概述

8.1.1　基金信息披露的含义与作用

1．基金信息披露的含义

基金信息披露是指基金的有关当事人在基金募集、上市交易、投资运作等一系列环节中，依照法律法规规定向社会公众进行披露信息的行为。

美国一位名人说过："阳光是最好的消毒剂。"依靠强制性信息披露，培育和完善市场运行机制，增强市场参与各方对市场的理解和信心，是世界各国（地区）证券市场监管的普遍做法，基金市场作为证券市场的组成部分也不例外。

2．基金信息披露的作用

（1）有利于投资者的价值判断

在基金募集过程中，基金招募说明书等募集信息披露文件是向公众投资者阐明基金产品的风险收益特征及有关基金募集安排，对基金感兴趣的投资者能据此选择适合自己风险偏好和收益预期的基金产品。在基金运作过程中，通过充分披露基金投资组合、历史业绩和风险状况等信息，投资者可以评价基金经理的管理水平，了解基金投资是否符合基金合同的承诺，从而判定该基金产品是否值得继续持有或新进买入。

（2）有利于防止利益冲突与利益输送

证券市场监管的主要内容之一就是对信息披露的监管。强制性信息披露的基本推论是投资者在公开信息的基础上"买者自慎，风险自担"。它可以改变投资者的信息弱势地位，增加市场的透明度，防止暗箱操作、利益冲突与利益输送，增强对基金运作的公开监督，限制和阻止基金管理不当和欺诈行为的发生。

（3）有利于提高证券市场的效率

如果市场的信息不对称，投资者就无法对基金进行有效甄别，也无法有效监督基金管理人的道德风险，从而导致高效率的基金无法吸引足够的资金进行投资，市场也就不能形成合理的资金配置机制。通过强制性信息披露，能迫使隐藏的信息得以及时和充分的公开，从而在一定程度上消除逆向选择和道德风险等问题带来的低效无序状况，提高证券市场的有效性。

（4）可以有效防止信息滥用

如果法规不对基金信息披露进行规范，任由不充分、不及时、虚假的信息得以传播，那么市场上便会充斥着各种猜测和小道消息，投资者可能会受这种市场"噪声"的影响而做出错误的投资决策，甚至给基金运作带来致命性打击，这将不利于整个行业的长远发展。

8.1.2　基金信息披露的原则

该原则体现在对披露内容和披露形式两方面的要求上。在披露内容方面，要求遵循真实性原则、准确性原则、完整性原则、及时性原则和公平披露原则；在披露形式方面，要求遵循规范性原则、易解性原则和易得性原则。

1. 披露内容方面应遵循的基本原则

1）真实性原则，是基金信息披露最根本、最重要的原则。它要求披露的信息应当以客观事实为基础，不扭曲、不加粉饰。

2）准确性原则，要求使用准确的语言披露信息，不使用模棱两可的语言，不使人误解。

3）完整性原则，要求披露所有可能影响基金投资者决策的信息。在披露某一具体信息时，必须对该信息的所有重要方面进行充分披露，不仅披露对信息披露义务人有利的正面信息，而且也要揭示与投资风险相关的各种信息。该原则要求充分披露重大信息，但并不是要求事无巨细地披露所有信息。否则，不仅将增加披露义务人的成本，也将增加投资者收集信息的成本和筛选有用信息的难度。

4）及时性原则，要求公开披露最新的信息，要求信息披露义务人应在法规要求的时限内尽快履行披露义务。例如，为了让投资者了解基金募集的最新信息，基金管理人在基金成立后需要定期披露更新的招募说明书；当基金发生重大事件可能对投资者决策产生重大影响时，基金管理人应在重大事件发生之日起 2 日内披露临时报告。

5）公平披露原则，要求将信息向市场上所有的投资者平等公开地披露，而不是仅向个别机构或投资者披露，不是针对不同投资者对信息进行选择性披露。

2．披露形式方面应遵循的基本原则

1）规范性原则，是要求基金信息必须按照法定的内容和格式进行披露，保证披露信息的可比性。

2）易解性原则，是要求信息披露的表述应当简明扼要、通俗易懂，避免使用冗长费解的技术性用语。

3）易得性原则，是要求公开披露的信息容易被一般公众投资者所获取。例如，我国基金信息披露采用了多种方式，包括通过中国证监会指定报刊、基金管理人网站、中国证监会基金信息披露网站披露信息，将信息披露文件备置于特定场所供投资者查阅或复制，直接邮寄给基金份额持有人等。

8.1.3　基金信息披露的禁止行为

为了防止信息误导给投资者造成损失，保护公众投资者的合法权益，维护证券市场的正常秩序，法律法规对于借公开披露基金信息之名，编制、传播虚假基金信息，恶意进行信息误导，诋毁同行或竞争对手等行为做出了禁止性规定，具体包括以下情形。

1．虚假记载、误导性陈述或重大遗漏

虚假记载是指信息披露义务人将不存在的事实在基金信息披露文件中予以记载的行为。误导性陈述是指使投资者对基金投资行为发生错误判断并产生重大影响的陈述。重大遗漏是指披露中存在应披露而未披露的信息，以至于影响投资者做出正确决策。此 3 类行为将扰乱市场正常秩序，侵害投资者合法权益，属于严重的违法行为。

2．对证券投资业绩进行预测

对于证券投资基金，其投资领域横跨资本市场和货币市场，投资范围涉及股票、债券、货币市场工具等金融产品，基金的各类投资标的由于受发行主体经营情况、市场涨跌、宏观政策及基金管理人的操作等因素的影响，其风险收益变化存在一定程度的随机性，因此，对基金的证券投资业绩水平进行预测并不科学，应予以禁止。

3．违规承诺收益或承担损失

基金是存在一定投资风险的金融产品，投资者应根据自己的收益偏好和风险承受能力，审慎选择基金品种，即所谓"买者自慎"。一般情况下，管理人受托管理基金资产，托管人受托保管基金资产，但没有人可以替代投资者承担基金投资的盈亏。对于基金信息披露义务人而言，其没有承诺收益的能力，也不存在承担损失的可能。因此，如果基金信息披露中违规承诺收益或承担损失，则将被视为对投资者的诱骗及进行不当竞争。

4．诋毁其他基金管理人、基金托管人或基金销售机构

如果基金管理人、基金托管人或基金销售机构对其他同行进行诋毁、攻击，借以抬高自己，则将被视为违反市场公平原则，扰乱市场秩序，构成一种不当竞争行为。

8.1.4　基金信息披露的分类

基金信息披露大致可分为基金募集信息披露、基金运作信息披露和基金临时信息披露。

1．基金募集信息披露

基金募集信息披露可分为首次募集信息披露和存续期募集信息披露。

1）首次募集信息披露主要包括基金份额发售前至基金合同生效期间进行的信息披露。在基金份额发售前，基金管理人需要编制并披露招募说明书、基金合同、托管协议、基金份额发售公告等文件。当基金管理人将验资报告提交中国证监会办理基金备案手续后，基金管理人还应当编制并披露基金合同生效公告。

2）存续期募集信息披露主要是指开放式基金在基金合同生效后每 6 个月披露一次更新的招募说明书。由于开放式基金不是一次募集完成的，而是在其存续期间不断进行申购、赎回，这就需要针对潜在的基金投资者披露与后续募集期间相对应的基金募集、运作信息。

2．基金运作信息披露

基金运作信息披露主要是指在基金合同生效后至基金合同终止前，基金信息披露义务人依法定期披露基金存续期间的上市交易、投资运作及经营业绩等信息。

基金运作信息披露文件包括：基金份额上市交易公告书、基金资产净值和份额净值公告、基金年度报告、半年度报告、季度报告。

3．基金临时信息披露

基金临时信息披露主要是指在基金存续期间，当发生重大事件或市场上流传误导性信息，可能引致对基金份额持有人权益或基金份额价格产生重大影响时，基金信息披露义务人依法对外披露临时报告或澄清公告。

8.1.5　XBRL 在基金信息披露中的应用

1．XBRL 简介

从实际的商业观点来定义，XBRL（eXtensible Business Reporting Language，可扩展商业报告语言），是一个开放的、平台独立的国际标准，是进行实时、准确、有效与高性价比的金融与商业报告数据的电子存储、操作、复用与交换的标准。XBRL 是 XML（eXtensible

Markup Language，可扩展的标记语言）于财务报告信息交换的一种应用，是国际上将会计准则与计算机语言相结合，用于非结构化数据，尤其是财务信息交换的最新公认标准和技术。通过对数据统一进行特定的识别和分类，可直接为使用者或其他软件所读取及做进一步处理，实现一次录入、多次使用。

2．基金信息披露应用 XBRL 的意义

在基金信息披露中应用 XBRL，有利于促进信息披露的规范化、透明化和电子化，提高信息在编报、传送和使用的效率和质量。对于编制信息披露文件的基金管理公司及进行财务信息复核的托管银行，采用 XBRL 将有助于其梳理内部信息系统和相关业务流程，实现流程再造，促进业务效率和内部控制水平的全面提高；对于分析评价机构等基金信息服务中介，将有望以更低成本和更便捷的方式获得高质量的公开信息；对于投资者，将更容易获得有用的信息，便于其进行投资决策；对于监管部门，借助于 XBRL 技术，可以进一步提高研究的深度和广度，提升监管效率和科学决策水平。

3．信息披露中应用 XBRL 的概况

XBRL 自 1998 年诞生以来，已获得迅速发展，目前国际上各证券监管机构、交易所、会计师事务所、金融服务与信息供应商等已采用或准备采用该项标准和技术。例如，2008年 12 月美国证券交易委员会采纳了一项法规，要求美国 500 家大型上市公司从 2009 年中期开始利用 XBRL 技术报送财务报告，要求共同基金从 2011 年 1 月 1 日起利用 XBRL 技术报送基金招募说明书中的风险和收益信息。在我国，上市公司自 2003 年年底就开始尝试应用 XBRL 报送定期报告，基金自 2008 年也启动了信息披露的 XBRL 工作，至今已实现了净值公告、季度报告、年度报告和半年度报告、部分临时公告的 XBRL 报送与展示。自2012 年 5 月 1 日起，基金管理公司应在对外公开披露的基金净值公告中应用净值公告 XBRL模板，中国证监会将通过基金信息披露网站（http://fund.csrc.gov.cn）对外展示基金管理公司报送的电子化基金净值信息。

8.2 我国基金信息披露制度体系

1999 年，中国证监会发布实施了《证券投资基金信息披露指引》，并在此基础上构建了我国基金试点时期的信息披露制度法律框架。2003 年 10 月《证券投资基金法》颁布后，为了适应基金市场不断发展的需要，中国证监会对最初的基金信息披露制度进行了修订和补充，并于 2003 年起先后发布了与《证券投资基金法》配套的一系列基金信息披露规章和规范性文件，进而形成一套新的基金信息披露制度体系。我国基金信息披露制度体系可分为国家法律、部门规章、规范性文件与自律规则 4 个层次。

8.2.1　基金信息披露的国家法律

我国法律对基金信息披露的规范主要体现在 2004 年 6 月 1 日起施行的《证券投资基金法》中。《证券投资基金法》对公开披露基金信息的主要原则、披露文件类别、禁止性行为等都做了明确规定。

《证券投资基金法》规定，基金管理人、基金托管人和其他基金信息披露义务人应当依法披露基金信息，保证所披露信息的真实性、准确性和完整性。基金信息披露义务人应当确保应予披露的基金信息在基金监管机构规定的时间内披露，并保证投资者能够按照基金合同约定的时间和方式查阅或复制公开披露的信息资料。

8.2.2　基金信息披露的部门规章

我国基金信息披露的部门规章主要是 2004 年 7 月 1 日起施行的《证券投资基金信息披露管理办法》。该办法对基金信息披露义务人进行了细化，并对各类基金信息披露文件的披露时间、披露方式、披露事务管理等做了详细规定。

8.2.3　基金信息披露的规范性文件

我国基金信息披露的规范性文件分为 3 类：基金信息披露内容与格式准则、基金信息披露编报规则、基金信息披露 XBRL 模板和相关标引规范（Taxonomy）。

1）基金信息披露内容与格式准则主要规范各类披露文件的内容与格式，包括招募说明书、基金合同、托管协议、上市交易公告书、年度报告、半年度报告和季度报告的内容与格式等。

2）基金信息披露编报规则主要规范特定事项或特殊基金品种的披露，包括主要财务指标的计算及披露、基金净值表现的编制及披露、会计报表附注的编制及披露、投资组合报告的编制及披露和货币市场基金信息披露特别规定等。

3）基金信息披露 XBRL 模板是根据我国会计准则和基金披露法规，将各类披露文件进一步表格化，并为各类信息元素加注 XBRL 编号。目前已发布净值公告、季度报告、半年度报告和年度报告、基金合同生效公告及 11 类临时公告披露的 XBRL 模板。《基金信息披露XBRL 标引规范（Tax-onomy）》是在 XBRL 国际组织最新的技术规范框架下，根据我国会计准则和基金披露法规定义的词汇表，于 2008 年由中国证监会发布实施的规范性文件。

8.2.4　基金信息披露自律规则

在证券交易所上市交易的基金信息披露应遵守证券交易所的业务规则，如上海证券交易所和深圳证券交易所的证券投资基金上市规则。此外，ETF 相关信息披露义务人应遵守证券交易所有关 ETF 业务实施细则的规定，LOF 相关信息披露义务人还应遵守证券交易所有关 LOF 业务规则与业务指引的规定。

8.3　基金主要当事人的信息披露义务

在基金募集和运作过程中，负有信息披露义务的当事人主要有基金管理人、基金托管人、召集基金份额持有人大会的基金份额持有人。他们应当依法及时披露基金信息，并保证所披露信息的真实性、准确性和完整性。各基金当事人在信息披露中的具体职责如下。

8.3.1　基金管理人的信息披露义务

基金管理人主要负责办理与基金财产管理业务活动有关的信息披露事项，具体涉及基金募集、上市交易、投资运作、净值披露等各环节。

1）向中国证监会提交基金合同草案、托管协议草案、招募说明书草案等募集申请材料。在基金份额发售 3 日前，将基金招募说明书、基金合同摘要登载在指定报刊和管理人网站上；同时，将基金合同、托管协议登载在管理人网站上，将基金份额发售公告登载在指定报刊和管理人网站上。

2）在基金合同生效的次日，在指定报刊和管理人网站上登载基金合同生效公告。

3）开放式基金合同生效后每 6 个月结束之日起 45 日内，将更新的招募说明书登载在管理人网站上，将更新的招募说明书摘要登载在指定报刊上；在公告的 15 日前，应向中国证监会报送更新的招募说明书，并就更新的内容提供书面说明。

4）基金拟在证券交易所上市的，应向交易所提交上市交易公告书等上市申请材料。基金获准上市的，应在上市日前 3 个工作日，将基金份额上市交易公告书登载在指定报刊和管理人网站上。

5）至少每周公告一次封闭式基金的资产净值和份额净值。开放式基金在开始办理申购或赎回前，至少每周公告一次资产净值和份额净值；开放申购和赎回后，应于每个开放日的次日披露基金份额净值和份额累计净值。如遇半年末或年末，还应披露半年度和年度最后一个市场交易日的基金资产净值、份额净值和份额累计净值等信息。

6）在每年结束后 90 日内，在指定报刊上披露年度报告摘要，在管理人网站上披露年度报告全文。在上半年结束后 60 日内，在指定报刊上披露半年度报告摘要，在管理人网站上披露半年度报告全文。在每季度结束后 15 个工作日内，在指定报刊和管理人网站上披露基金季度报告。上述定期报告在披露的第 2 个工作日，应分别报中国证监会及其证监局备案。对于上市交易基金的定期报告，需要在披露前报送基金上市的证券交易所登记，由证券交易所进行事后审核。

7）当发生对基金份额持有人权益或基金价格产生重大影响的事件时，应在 2 日内编制并披露临时报告书，并分别报中国证监会及其证监局备案。对于上市交易基金的临时报告，一般需在披露前报送基金上市的证券交易所审核。

8）当媒体报道或市场流传的消息可能对基金价格产生误导性影响或引起较大波动时，管理人应在知悉后立即对该消息进行公开澄清，并将有关情况报告中国证监会及基金上市的证券交易所。

9）管理人召集基金份额持有人大会的，应至少提前 30 日公告大会的召开时间、会议形式、审议事项、议事程序和表决方式等事项。会议召开后，应将持有人大会决定的事项报中国证监会核准或备案，并予公告。

10）基金管理人职责终止时，应聘请会计师事务所对基金财产进行审计，并将审计结果予以公告，同时报中国证监会备案。

除依法披露基金财产管理业务活动相关的事项外，对管理人运用固有资金进行基金投资的事项，基金管理人也应履行相关披露义务包括：在基金季度报告中披露运用固有资金投资封闭式基金的情况；持有封闭式基金超过基金总份额 5%的，还应按规定进行临时公告；拟申购、赎回开放式基金的或已投资其他公司管理的开放式基金的，应按规定提前披露相关信息。

为了做好上述信息披露工作，基金管理人应当在公司内部建立健全信息披露管理制度，明确信息披露的目的、原则、方式、内容、程序等事项，并指定专人负责管理基金信息披露事务。

8.3.2　基金托管人的信息披露义务

基金托管人主要负责办理与基金托管业务活动有关的信息披露事项，具体涉及基金资产保管、代理清算交割、会计核算、净值复核、投资运作监督等环节。

1）在基金份额发售的 3 日前，将基金合同、托管协议登载在托管人网站上。

2）对基金管理人编制的基金资产净值、份额净值、申购和赎回价格、基金定期报告和定期更新的招募说明书等公开披露的相关基金信息进行复核、审查，并向基金管理人出具书面文件或盖章确认。

3）在基金年度报告中出具托管人报告，对报告期内托管人是否尽职尽责履行义务及管理人是否遵规守约等情况做出声明。

4）当基金发生涉及托管人及托管业务的重大事件时。例如，基金托管人专门基金托管部门的负责人变动、该部门的主要业务人员在 1 年内变动超过 30%、托管人召集基金份额持有人大会、托管人的法定名称或住所发生变更、发生涉及托管业务的诉讼、托管人受到监管部门的调查或托管人及其托管部门的负责人受到严重行政处罚等，托管人应当在事件发生之日起 2 日内编制并披露临时公告书，并报中国证监会备案。

5）托管人召集基金份额持有人大会的，应至少提前 30 日公告大会的召开时间、会议形式、审议事项、议事程序和表决方式等事项。会议召开后，应将持有人大会决定的事项报中国证监会核准或备案，并予公告。

6）基金托管人职责终止时，应聘请会计师事务所对基金财产进行审计，并将审计结果予以公告，同时报中国证监会备案。同基金管理人一样，基金托管人也应建立健全各项信息披露管理制度，指定专人负责管理信息披露事务。

8.3.3　基金份额持有人的信息披露义务

基金份额持有人主要负责与基金份额持有人大会相关的披露义务。根据《证券投资基金法》，当代表基金份额 10%以上的基金份额持有人就同一事项要求召开持有人大会，而管理人和托管人都不召集的时候，代表基金份额 10%以上的持有人有权自行召集。此时，该类持有人应至少提前 30 日公告持有人大会的召开时间、会议形式、审议事项、议事程序和表决方式等事项。会议召开后，如果基金管理人和托管人对持有人大会决定的事项不履行信息披露义务的，召集基金持有人大会的基金份额持有人应当履行相关的信息披露义务。

另外，有些公开披露的基金信息需要由中介机构出具意见书。例如，会计师事务所需要对基金年度报告中的财务报告、基金清算报告等进行审计并出具意见，律师事务所需要对基金招募说明书、基金清算报告等文件出具法律意见书。此时，该类中介机构应保证所出具文件内容的真实性、准确性和完整性。

8.4　基金募集信息披露

基金合同、基金招募说明书和基金托管协议是基金募集期间的三大信息披露文件。

8.4.1　基金合同

基金合同是约定基金管理人、基金托管人和基金份额持有人权利义务关系的重要法律文件。投资者缴纳基金份额认购款项时，即表明其对基金合同的承认和接受，此时基金合同成立。其编制可参考《证券投资基金信息披露内容与格式准则》第 6 号《基金合同的内容与格式》。

1．基金合同的主要披露事项

1）募集基金的目的和基金名称。

2）基金管理人、基金托管人的名称和住所。

3）基金运作方式。

4）封闭式基金的基金份额总额和基金合同期限，或者开放式基金的最低募集份额总额。

5）确定基金份额发售日期、价格和费用的原则。

6）基金份额持有人、基金管理人和基金托管人的权利义务。

7）基金份额持有人大会召集、议事及表决的程序和规则。

8）基金份额发售、交易、申购、赎回的程序、时间、地点、费用计算方式及给付赎回款项的时间和方式。

9）基金收益分配原则、执行方式。

10）作为基金管理人、基金托管人报酬的管理费、托管费的提取、支付方式与比例。

11）与基金财产管理、运用有关的其他费用的提取、支付方式。

12）基金财产的投资方向和投资限制。

13）基金资产净值的计算方法和公告方式。

14）基金募集未达到法定要求的处理方式。

15）基金合同解除和终止的事由、程序及基金财产清算方式。

16）争议解决方式。

2. 基金合同所包含的重要信息

（1）基金投资运作安排和基金份额发售安排方面的信息

例如，基金运作方式，运作费用，基金发售、交易、申购、赎回的相关安排，基金投资基本要素，基金估值和净值公告等事项。此类信息一般也会在基金招募说明书中出现。

（2）基金合同特别约定的事项

它包括基金各当事人的权利义务、基金持有人大会、基金合同终止等方面的信息。

1）基金当事人的权利义务，特别是基金份额持有人的权利。例如，基金份额持有人可申请赎回持有的基金份额，参与分配清算后的剩余基金财产，要求召开基金份额持有人大会并对大会审议事项行使表决权，对基金管理人、托管人或基金份额发售机构损害其合法权益的行为依法提起行政诉讼等。

2）基金持有人大会的召集、议事及表决的程序和规则。根据《证券投资基金法》，提前终止基金合同、转换基金运作方式、提高管理人或托管人的报酬标准、更换管理人或托管人等事项均需要通过基金份额持有人大会审议通过。持有人大会是基金份额持有人维权的一种方式，基金合同当事人应当在基金合同中明确约定持有人大会的召开、议事规则等事项。

3）基金合同终止的事由、程序及基金财产的清算方式。基金合同一旦终止，基金财产就进入清算程序，对于清算后的基金财产，投资者是享有分配权的。对此，基金投资者需要事先了解，以便对基金产品的存续期限有所预期，对封闭式基金现行的价格水平有所判断，对基金产品的风险有所认识。

8.4.2　基金招募说明书

基金招募说明书是基金管理人为发售基金份额而依法制作的，供投资者了解管理人基本情况、说明基金募集有关事宜、指导投资者认购基金份额的规范性文件。其编制原则是：基金管理人应将所有对投资者做出投资判断有重大影响的信息予以充分披露，以便投资者更好地做出投资决策。其编制可参考《证券投资基金信息披露内容与格式准则》第 5 号《招募说明书的内容与格式》。

1．招募说明书的主要披露事项

1）招募说明书摘要。

2）基金募集申请的核准文件名称和核准日期。

3）基金管理人、基金托管人的基本情况。

4）基金份额的发售日期、价格、费用和期限。

5）基金份额的发售方式、发售机构及登记机构名称。

6）基金份额申购、赎回的场所、时间、程序、数额与价格，拒绝或暂停接受申购、暂停赎回或延缓支付、巨额赎回的安排等。

7）基金的投资目标、投资方向、投资策略、业绩比较基准、投资限制。

8）基金资产的估值。

9）基金管理人、基金托管人报酬及其他基金运作费用的费率水平、收取方式。

10）基金认购费、申购费、赎回费、转换费的费率水平、计算公式、收取方式。

11）出具法律意见书的律师事务所和审计基金财产的会计师事务所的名称和住所。

12）风险警示内容。

13）基金合同和基金托管协议的内容摘要。

2．招募说明书包含的重要信息

作为投资者，应对招募说明书中的下列信息加以重点关注。

1）基金运作方式。不同运作方式的基金，其交易场所和方式不同，基金产品的流动性也不同。例如，封闭式基金主要通过交易所进行交易；开放式基金主要在基金的直销和代销网点申购和赎回；而个别开放式基金品种，如 ETF 既可在交易所上市交易，也可在一级市场上以组合证券进行申购和赎回。此外，不同运作方式的基金，其运作特点也会有差异。例如，开放式基金的运作要保留一定的现金以应付赎回，而封闭式基金组合运作的流动性要求会低一些，两类基金的风险收益特征必然会存在差异。

2）从基金资产中列支的费用的种类、计提标准和方式。不同基金类别的管理费和托管费水平存在差异。即使是同一类别的基金，计提管理费的方式也可能不同。例如，有的管理人是每日计提管理费；而有的管理人会在招募说明书中约定，如果基金资产净值低于某一标准将停止计提管理费；对于一些特殊的基金品种，如货币市场基金，其不仅计提管理费和托管费，还计提销售服务费。所有这些条款是管理人计提基金运作费用的依据，也是投资者合理预期投资收益水平的重要标准。

3）基金份额的发售、交易、申购、赎回的约定，特别是买卖基金费用的相关条款。例如，不同开放式基金的申购费率、赎回费率可能不同。即使是同一开放式基金品种，由于买卖金额不同、收费模式不同，也可能适用不同的费率水平。有的基金品种，如货币市场基金是不收取申购费和赎回费的。

4）基金投资目标、投资范围、投资策略、业绩比较基准、风险收益特征、投资限制等是招募说明书中最为重要的信息，因为这些信息体现了基金产品的风险收益水平，可以帮助投资者选择与自己风险承受能力和收益预期相符合的产品。与此同时，投资者通过将此信息同基金存续期间披露的运作信息进行比较，可以判断基金管理人遵守基金合同的情况，从而决定是否继续信赖该管理人。

5）基金资产净值的计算方法和公告方式。由于开放式基金是按照基金份额净值进行申购、赎回的，而封闭式基金的交易价格一般也是围绕基金份额净值上下波动的，因此，基金资产净值与基金投资成本息息相关。对于投资者来说，除了解基金估值的原则和方法外，还应清楚基金资产净值的公告方式，以便及时了解相关信息。

6）基金风险提示。在招募说明书封面的显著位置，管理人一般会做出"基金过往业绩不预示未来表现；不保证基金一定盈利，也不保证最低收益"等风险提示。在招募说明书正文，管理人还会就基金产品的各项风险因素进行分析，并列明与特定基金品种、特定投资方法或特定投资对象相关的特定风险。只有对投资基金的相关风险有清醒的认识，投资者才能做出科学的选择，才能放心地将资金交给管理人管理。即便是基金运作中出现亏损，投资者也能理解和接受。对于基金管理人来说，风险的充分揭示可以保证资金来源的稳定，从而为基金运作提供基本保障。

7）招募说明书摘要。该部分出现在每 6 个月更新的招募说明书中。其主要包括基金投资基本要素、投资组合报告、基金业绩和费用概览、招募说明书更新说明等内容，是招募说明书内容的精华。在基金存续期的募集过程中，投资者只需阅读该部分信息，即可了解到基金产品的基本特征、过往投资业绩、费用情况及近 6 个月来与基金募集相关的最新信息。

8.4.3 基金托管协议

托管协议是基金管理人和基金托管人签订的协议，主要目的在于明确双方在基金财产保管、投资运作、净值计算、收益分配、信息披露及相互监督等事宜中的权利义务及职责，确保基金财产的安全，保护基金份额持有人的合法权益。

基金托管协议包含两类重要信息。第一，基金管理人和基金托管人之间的相互监督和核查。例如，基金托管人应依据法律法规和基金合同的约定，对基金投资对象、投资范围、投融资比例、投资禁止行为、基金参与银行间市场的信用风险控制等进行监督；基金管理人应对基金托管人履行账户开设、净值复核、清算交收等托管职责情况等进行核查。第二，协议当事人权责约定中事关持有人权益的重要事项。例如，当事人在净值计算和复核中重要环节的权责，包括管理人与托管人依法自行商定估值方法的情形和程序、管理人或托管人发现估值未能维护持有人权益时的处理、估值错误时的处理及责任认定等。其编制可参考《证券投资基金信息披露内容与格式准则》第 7 号《托管协议的内容与格式》。

8.5 基金运作信息披露

基金运作信息披露文件主要包括基金净值公告、基金季度报告、基金半年度报告、基金年度报告及基金上市交易公告书等。

8.5.1 基金净值公告

基金净值公告主要包括基金资产净值、份额净值、份额累计净值和估值日期等信息。封闭式基金和开放式基金在披露净值公告的频率上有所不同。封闭式基金一般至少每周披露一次资产净值和份额净值。对多数开放式基金（不包括 QDII 基金）来说，在其开放申购、赎回前，一般至少每周披露一次资产净值和份额净值；开放申购、赎回后，则会披露每个开放日的份额净值和份额累计净值。

8.5.2 基金季度报告

基金管理人应当在每个季度结束之日起 15 个工作日内，编制完成基金季度报告，并将季度报告登载在指定报刊和网站上。基金合同生效不足 2 个月的，基金管理人可以不编制当期季度报告、半年度报告或年度报告。

基金季度报告主要包括重要提示、基金概况、主要财务指标和净值表现、管理人报告、投资组合报告、开放式基金份额变动、影响投资者决策的其他重要信息和备查文件目录等内容。在季度报告的投资组合报告中，需要披露基金资产组合、按行业分类的股票投资组合、前 10 名股票明细、按券种分类的债券投资组合、前 5 名债券明细及投资组合报告附注等内容。

基金季度报告的编制主要依据中国证券监督管理委员会于 2004 年、2005 年、2008 年颁布的规范性文件——《证券投资基金信息披露内容与格式准则》第 4 号《季度报告的内容》。

8.5.3　基金半年度报告

基金管理人应当在上半年结束之日起 60 日内，编制完成基金半年度报告，并将半年度报告正文登载在网站上，将半年度报告摘要登载在指定报刊上。

基金半年度报告主要包括：重要提示、基金产品概况、主要财务指标、基金净值表现、管理人报告、托管人报告、半年度财务会计报告（未经审计）、投资组合报告、基金份额持有人信息、开放式基金份额变动、重大事件揭示、影响投资者决策的其他重要信息和备查文件目录等内容。

与年度报告相比，半年度报告的披露主要有以下特点。

1）半年度报告不要求进行审计。

2）半年度报告只需披露当期的数据和指标；而年度报告应提供最近 3 个会计年度的主要会计数据和财务指标。

3）半年度报告披露净值增长率列表的时间段与年度报告有所不同。半年度报告既无须披露近 5 年每年的净值增长率，也无须披露近 3 年每年的基金收益分配情况。

4）半年度报告的管理人报告无须披露内部监察报告。

5）财务报表附注的披露。半年度财务报表附注重点披露比上年度财务会计报告更新的信息，并遵循重要性原则进行披露。例如，半年度报告无须披露所有的关联关系，只披露关联关系的变化情况；又如，半年度报告只对当期的报表项目进行说明，无须说明两个年度的报表项目。

6）重大事件揭示中，半年度报告只报告期内改聘会计师事务所的情况，无须披露支付给聘任会计师事务所的报酬及事务所已提供审计服务的年限等。

7）年度报告摘要的财务报表附注无须对重要的报表项目进行说明；而年度报告摘要的报表附注在说明报表项目部分时，则因审计意见的不同而有所差别。

基金半年度报告编制主要依据是《证券投资基金信息披露内容与格式准则》第 3 号《半年度报告的内容与格式》。

8.5.4　基金年度报告

基金年度报告是基金存续期信息披露中信息量最大的报告。应当在每年结束之日起 90 日内，编制完成基金年度报告，并将年度报告正文登载于网站上，将年度报告摘要登载在指定报刊上。基金年度报告的财务会计报告应当经过审计。基金份额持有人通过阅读基金年报，可以了解年度内基金管理人和托管人履行职责的情况、基金经营业绩、基金份额的变动等信息，以及年度末基金财务状况、投资组合和持有人户数和结构等信息。基金年度报告编制主要依据是《证券投资基金信息披露内容与格式准则》第 2 号《年度报告的内容与格式》。具体而言，基金年度报告的主要内容如下。

1．基金管理人和基金托管人在年度报告披露中的责任

基金管理人是基金年度报告的编制者和披露义务人，因此，基金管理人及其董事应保证年度报告的真实性、准确性和完整性，承诺其中不存在虚假记载、误导性陈述或重大遗漏，并就其保证承担个别及连带责任。为了进一步保障基金信息质量，法规规定基金年度报告应经 2 / 3 以上独立董事签字同意，并由董事长签发；如个别董事对年度报告内容的真实性、准确性、完整性无法保证或存在异议，应当单独陈述理由和发表意见；未参会董事应当单独列示其姓名。

基金托管人在年度报告披露中的责任主要是一些与托管职责相关的披露责任，包括负责复核年报、半年报中的财务会计资料等内容，并出具托管人报告等。

2．正文与摘要的披露

为满足不同类型投资者的信息需求，提高基金信息的使用效率，目前基金年报采用在管理人网站上披露正文和在指定报刊上披露摘要两种方式。基金管理人披露的正文信息应力求充分、详尽，摘要应力求简要揭示重要的基金信息。

相对于正文，摘要在基金简介、报表附注、投资组合报告等部分进行了较大程度的简化。这样，普通投资者通过阅读摘要即可获取重要信息，而专业投资者通过阅读正文可获得更为详细的信息。

3．关于年度报告中的重要提示

为明确信息披露义务人的责任，提醒投资者注意投资风险，目前法规规定应在年度报告的扉页就以下方面做出提示。

1）基金管理人和基金托管人的披露责任。

2）基金管理人管理和运用基金资产的原则。

3）投资风险提示。

4）年度报告中注册会计师出具非标准无保留意见的提示。

4．基金财务指标的披露

基金年度报告一般应披露以下财务指标：本期已实现收益、本期利润、加权平均基金份额本期利润、本期加权平均净值利润率、本期基金份额净值增长率、期末可供分配利润、期末可供分配基金份额利润、期末资产净值、期末基金份额净值和基金份额累计净值增长率等。

在上述指标中，本期基金份额净值增长指标是目前较为合理的评价基金业绩表现的指标。投资者通过将基金净值增长指标与同期基金业绩比较基准收益率进行比较，可以了解

基金实际运作与基金合同规定基准的差异程度，判断基金的实际投资风格。

5. 基金净值表现的披露

基金资产净值信息是基金资产运作成果的集中体现。由于基金的主要经营活动是证券投资，因此，其资产运作情况主要表现为证券资产的利息收入、投资收益和公允价值变动损益，具体又反映到基金资产净值的波动上。投资者通过考察较长历史阶段内基金净值增长率的波动，可以了解基金产品的长期收益情况和风险程度。基金咨询与评级机构通过对基金净值表现信息进行整理加工和评价，不仅可以向投资者提供有用的决策信息，而且将对基金管理人形成压力和动力，促使其诚信经营、科学管理。可见，基金净值表现信息对于保护投资者利益具有十分重要的意义。目前，法规要求在基金年度报告、半年度报告、季度报告中以图表形式披露基金的净值表现。中国证监会在 2012 年 3 月 30 日发布，于 2010 年 5 月 1 日实施《证券投资基金信息披露 XBRL 模板第 2 号》（下称《净值公告模板》），在原有基础上进一步明确了对分级基金净值公告的披露要求，并增加了引起基金净值波动的分红除息信息。具体要求如表 8.1 所示。

表 8.1　基金净值表披露要求

披露项目	年度报告	半年度报告	季度报告
列表显示过往特定期间基金净值增长率及同期业绩比较基准收益率	列表显示过往 3 个月、6 个月、1 年、3 年、5 年、自基金合同生效起至今基金份额净值增长及其与同期业绩比较基准收益率的比较	列表显示过往 1 个月、3 个月、6 个月、1 年、3 年、自基金合同生效起至今基金份额净值增长率及其与同期业绩比较基准收益率的比较	列表显示本季度基金份额净值增长率及其与同期业绩比较基准收益率的比较
图示基金合同生效以来份额净值变动与同期业绩比较基准的变动	拆线图显示基金自合同生效以来基金份额净值的变动情况，并与同期业绩比较基准的变动进行比较		
图示基金年净值增长率及同期业绩比较基准的收益率	柱状图显示基金过往 5 年（成立不满 5 年的，图示不满 5 年的，图示基金自合同生效以来）每年的净值增长率，并与同期业绩比较基准的收益率进行比较	无	无

6. 基金管理人报告的披露

基金管理人报告是基金管理人就报告期内管理职责履行情况等事项向投资者进行的汇报。其具体内容包括：基金管理人及基金经理情况简介，报告期内基金运作遵规守信情况说明，报告期内公平交易情况说明，报告期内基金的投资策略和业绩表现说明，基金管理人对宏观经济、证券市场及行业走势的展望，管理人内部监察稽核工作情况，报告期内基金估值程序等事项说明，报告期内基金利润分配情况说明及对会计师事务所出具非标准审计报告所涉事项的说明等。

7．基金财务会计报告的编制与披露

（1）基金财务报表的编制与披露

基金财务报表包括报告期末及其前一个年度末的比较式资产负债表、该两年度的比较式利润表、该两年度的比较式所有者权益（基金净值）变动表。

（2）财务报表附注的披露

报表附注的披露内容主要包括：基金基本情况，会计报表的编制基础，遵循会计准则及其他有关规定的声明，重要会计政策和会计估计，会计政策和会计估计变更及差错更正的说明，税项、重要报表项目的说明，或有事项、资产负债表日后事项的说明，关联方关系及其交易，利润分配情况，期末基金持有的流通受限证券，金融工具风险及管理等。基金财务报表附注主要是对报表内未提供的或披露不详尽的内容做进一步的解释说明。例如，对于按相关法规规定的估值原则不能客观反映资产公允价值、管理人与托管人共同商定估值方法的情况，报表附注中应披露对该资产估值所采用的具体方法。

8．基金投资组合报告的披露

基金年度报告中的投资组合报告应披露以下信息：期末基金资产组合、期末按行业分类的股票投资组合、期末按市值占基金资产净值比例大小排序的所有股票明细、报告期内股票投资组合的重大变动、期末按券种分类的债券投资组合、期末按市值占基金资产净值比例大小排序的前5名债券明细、投资组合报告附注等。

基金股票投资组合重大变动的披露内容包括：报告期内累计买入、累计卖出价值超出期初基金资产净值2%（报告期内基金合同生效的基金，采用期末基金资产净值的2%）的股票明细；对累计买入、累计卖出价值前20名的股票价值低于2%的，应披露至少前20名的股票明细；整个报告期内买入股票的成本总额及卖出股票的收入总额。披露该信息的意义主要在于反映报告期内基金的一些重大投资行为。

9．基金持有人信息的披露

基金年度报告披露的基金持有人信息如下。

1）上市基金前10名基金持有人的名称、持有份额及占总份额的比例。

2）持有人结构，包括机构投资者、个人投资者持有的基金份额及占总份额的比例。

3）持有人户数、户均持有基金份额。

当期末基金管理公司的基金从业人员持有开放式基金时，年度报告还将披露公司所有

基金从业人员投资基金的总量及占基金总份额的比例。

披露上市基金前 10 名持有人信息有助于防范上市基金的价格操纵和市场欺诈等行为的发生。由于持有人结构的集中或分散程度直接影响基金规模的稳定性，进而影响基金的投资运作，因此法规要求所有基金披露持有人结构和持有人户数等信息。

10．开放式基金份额变动的披露

基金规模的变化在一定程度上反映了市场对基金的认同度，而且不同规模基金的运作和抗风险能力也不同，这是影响投资者进行投资决策的重要因素。为此，法规要求在年度报告中披露开放式基金合同生效日的基金份额总额、报告期内基金份额的变动情况（包括期初基金份额总额、期末基金份额总额、期间基金总申购份额、期间基金总赎回份额、期间基金拆分变动份额）。报告期内基金合同生效的基金，应披露自基金合同生效以来基金份额的变动情况。

8.5.5　基金上市交易公告书

凡是根据有关法律法规发售基金份额并申请在证券交易所上市交易的基金，基金管理人均应编制并披露基金上市交易公告书。目前，披露上市交易公告书的基金品种主要有封闭式基金、上市开放式基金（LOF）和交易型开放式指数基金（ETF）。

基金上市交易公告书的主要披露事项包括：重要声明与提示、基金概览、基金的募集与上市交易、持有人户数，持有人结构及前 10 名基金持有人、基金主要当事人简介、基金合同摘要、基金财务状况、基金投资组合、重大事件揭示、基金管理人承诺、基金托管人承诺及备查文件目录等内容。

基金上市交易公告书的编制依据主要是《证券投资基金信息披露内容与格式准则》第 1 号《上市交易公告书的内容与格式》。

8.6　基金临时信息披露

8.6.1　关于基金信息披露的重大性标准

信息披露的标准在于使证券市场和投资者得到投资判断所需要的信息，但又要力图避免证券市场充斥过多的噪音，避免投资者陷于众多细小琐碎而又无关紧要的信息中。为此，信息披露中引入了"重大性"概念。

各国（地区）信息披露所采用的"重大性"概念有以下两种标准：一种是影响投资者决策标准；另一种是影响证券市场价格标准。按照前一种标准，如果可以合理地预期某种信息将会对理性投资者的投资决策产生重大影响，则该信息为重大信息，应及时予以披露。

按照后一种标准，如果相关信息足以导致或可能导致证券价值或市场价格发生重大变化，则该信息为重大信息，应予披露。

8.6.2 基金临时报告

我国基金信息披露法规采用较为灵活的标准来对基金信息的重大性进行界定，即影响投资者决策标准或影响证券市场价格标准。如果预期某种信息可能对基金份额持有人权益或基金份额的价格产生重大影响，则该信息为重大信息，相关事件为重大事件。信息披露义务人应当在重大事件发生之日起 2 日内编制并披露临时报告书。

基金的重大事件包括：基金份额持有人大会的召开，提前终止基金合同，延长基金合同期限，转换基金运作方式，更换基金管理人或基金托管人，基金管理人的董事长、总经理及其他高级管理人员、基金经理和基金托管人的基金托管部门负责人发生变动，涉及基金管理人、基金财产、基金托管业务的诉讼，基金份额净值计价错误金额达基金份额净值的 0.5%，开放式基金发生巨额赎回并延期支付，基金改按估值技术等方法对长期停牌股票进行估值，等等。

8.6.3 基金澄清公告

由于上市交易基金的市场价格等可能受到谣言、猜测和投机等因素的影响，为防止投资者误将这些因素视为重大信息，基金信息披露义务人还有义务发布公告对这些谣言或猜测进行澄清。在基金合同期限内，任何公共媒体中出现的或在市场上流传的消息可能对基金份额价格或基金投资者的申购、赎回行为产生误导性影响的，相关信息披露义务人知悉后应当立即对该消息进行公开澄清。

8.7 特殊基金品种的信息披露

特殊的基金品种，如货币市场基金、QDII 基金、ETF 等，它们在投资范围、会计核算或交易机制等方面有别于其他类型基金。我国基金信息披露法规规定，这些特殊的基金品种除遵循信息披露的一般规定外，还应针对产品特性补充披露其他信息。本节主要介绍反映货币市场基金、QDII 基金和 ETF 特殊性的信息披露内容。

8.7.1 货币市场基金的信息披露

货币市场基金的信息披露主要依据《证券投资基金信息披露编报规则》第 5 号《货币市场基金信息披露特别规定》等法规。

货币市场基金特有的披露信息包括收益公告、影子价格与摊余成本法确定的资产净值产生较大偏离等信息。

1. 收益公告

货币市场基金每日分配收益，份额净值保持 1 元不变，因此，货币市场基金不像其他类型基金那样定期披露份额净值，而是需要披露收益公告，包括每万份基金净收益和最近 7 日年化收益率。按照披露时间的不同，货币市场基金收益公告可分为 3 类，即封闭期的收益公告、开放日的收益公告和节假日的收益公告。

1）封闭期的收益公告是指货币市场基金的基金合同生效后，基金管理人于开始办理基金份额申购或赎回当日，在中国证监会指定的报刊和基金管理人网站上披露截至前一日的基金资产净值、基金合同生效至前一日期间的每万份基金净收益、前一日的最近 7 日年化收益率。

2）开放日的收益公告是指货币市场基金于每个开放日的次日在中国证监会指定报刊和管理人网站上披露开放日每万份基金净收益和最近 7 日年化收益率。

3）节假日的收益公告是指货币市场基金放开申购、赎回后，在遇到法定节假日时，于节假日结束后第二个自然日披露节假日期间的每万份基金净收益、节假日最后一日的最近 7 日年化收益率及节假日后首个开放日的每万份基金净收益和最近 7 日年化收益率。

2. 偏离度信息的披露

为了客观地体现货币市场基金的实际收益情况，避免采用摊余成本法计算的基金资产净值与按市场利率和交易市价计算的基金资产净值发生重大偏离，从而对基金份额持有人的利益产生不利影响，基金管理人会采用影子定价于每一估值日对基金资产进行重新估值。当影子定价所确定的基金资产净值超过摊余成本法计算的基金资产净值（即产生正偏离）时，表明基金组合中存在浮盈；反之，当存在负偏离时，则基金组合中存在浮亏。此时，若基金投资组合的平均剩余期限和融资比例仍较高，则该基金隐含的风险较大。目前，基金信息披露法规要求，当偏离达到一定程度时，货币市场基金应刊登偏离度信息。主要包括以下 3 类。

1）在临时报告中披露偏离度信息。当影子定价与摊余成本法确定的基金资产净值偏离度的绝对值达到或者超过 0.5% 时，基金管理人将在事件发生之日起 2 日内就此事项进行临时报告。

2）在半年度报告和年度报告中披露偏离度信息。在半年度报告和年度报告的重大事件揭示中，基金管理人需披露报告期内偏离度的绝对值达到或超过 0.5% 的信息。

3）在投资组合报告中披露偏离度信息。在投资组合报告中，货币市场基金将披露报告期内偏离度绝对值在 0.25% ~ 0.5% 次数、偏离度的最高值和最低值、偏离度绝对值的简单平均值等信息。

8.7.2 QDII 基金的信息披露

由于 QDII 基金将其全部或部分资金投资境外证券,管理人会聘请境外投资顾问为其境外证券投资提供咨询或组合管理服务,托管人会委托境外资产托管人负责境外资产托管业务。除现有法规规定的披露要求之外,针对 QDII 基金投资运作上的特性,还有其他一些特殊的披露要求。

1. 信息披露所使用的语言和币种选择

QDII 基金在披露相关信息时,可同时采用中、英文,并以中文为准,可单独或同时以人民币、美元等主要外汇币种计算并披露净值信息。涉及币种之间转换的,应披露汇率数据来源,并保持一致性。

2. 基金合同、招募说明书中的特殊披露要求

1)境外投资顾问和境外托管人信息。基金管理公司在管理 QDII 基金时,如委托境外投资顾问、境外托管人,应在招募说明书中披露境外投资顾问和境外托管人的相关信息,包括境外投资顾问和境外托管人的名称、注册地址、办公地址、法定代表人、成立时间,境外投资顾问最近一个会计年度资产管理规模,主要负责人教育背景、从业经历、取得的从业资格和专业职称介绍,境外托管人最近一个会计年度实收资本、托管资产规模、信用等级等。

2)投资交易信息。如果 QDII 基金投资金融衍生产品,应在基金合同、招募说明书中详细说明拟投资的衍生品种及其基本特性、拟采取的组合避险、有效管理策略及采取的方式、频率。如果 QDII 基金投资境外基金,应披露基金与境外基金之间的费率安排。

3)投资境外市场可能产生的风险信息,包括境外市场风险、政府管制风险、政治风险、流动性风险、信用风险等的定义、特征及可能发生的后果。

3. 净值信息的披露要求

QDII 基金应至少每周计算并披露一次净值信息。例如,投资衍生品,应在每个工作日计算并披露净值,QDII 基金的净值在估值日后 2 个工作日内披露。

4. 定期报告中的特殊披露要求

1)境外投资顾问和境外资产托管人信息。在基金定期报告的产品概况部分中披露境外投资顾问和境外资产托管人的基本情况,在定期报告的管理人报告部分中披露境外投资顾问为基金提供投资建议的主要成员的情况。

2)境外证券投资信息。在基金投资组合报告中,QDII 基金将根据股票所在证券交易所的不同,列表说明期末在各个国家(地区)证券市场的股票投资分布情况。除股票投资和债券投资明细外,还会披露基金投资明细及金融衍生产品组合情况。

3)外币交易及外币折算相关的信息。例如,在报表附注中披露外币交易及外币折算采用的会计政策,计入当期损益的汇兑损益等。

5. 临时公告中的特殊披露要求

当 QDII 基金变更境外托管人、变更投资顾问、投资顾问主要负责人变动、出现境外涉及诉讼等重大事件时，应在事件发生后及时披露临时公告，并在更新的招募书中予以说明。

8.7.3　ETF 的信息披露

ETF 除了与一般的开放式基金一样披露基金净值、基金投资组合公告、中期报告、年度报告等信息外，针对 ETF 特有的证券申购、赎回机制，以及一级市场与二级市场并存的交易制度安排，交易所还规定了 ETF 特殊的信息披露事项。

1）在基金合同和招募说明书中，要明确基金份额的各种认购、申购、赎回方式，以及投资者认购、申购、赎回基金份额涉及的对价种类等。

2）基金上市交易之后，需要按交易所的要求，在每日开市前披露当日的申购、赎回清单，并在交易时间内即时揭示基金份额参考净值（Indicative Optimized Portfolio Value，IOPV）。

① 在每日开市前，基金管理人需向证券交易所、证券登记结算机构提供 ETF 的申购、赎回清单，并通过证券交易所指定的信息发布渠道及其自身的网站予以公告。对于当日发布的申购、赎回清单，当日不得修改。申购、赎回清单主要包括最小申购、赎回单位对应的各组合证券名称、证券代码及数量等内容。

② 交易日的基金份额净值除了按规定于次日在指定报刊和管理人网站披露外，也将通过证券交易所的行情发布系统于次一交易日揭示。

③ 在交易时间内，证券交易所根据基金管理人提供的基金份额参考净值计算方式、申购和赎回清单中的组合证券等信息，实时计算并公布基金份额参考净值。可见，基金份额参考净值是指在交易时间内，申购、赎回清单中组合证券（含预估现金部分）的实时市值，主要供投资者交易、申购、赎回基金份额时参考。

基金管理人关于 ETF 基金份额参考净值的计算方式，一般需经证券交易所认可后公告；修改 ETF 基金份额参考净值计算方式，也需经证券交易所认可后公告。

④ 对 ETF 的定期报告，按法规对上市交易指数基金的一般要求进行披露，无特别的披露事项。

阅读资料 融通四季添利债券型基金开通跨系统转托管的公告

融通四季添利债券型证券投资基金基金合同已于 2012 年 3 月 1 日正式生效。本基金基金合同生效后两年内封闭运作，封闭期结束后转为上市开放式基金。

在本基金募集期内，投资者通过场内、场外两种方式进行了认购。通过场内认购的基金份额登记在中国证券登记结算有限责任公司深圳分公司证券登记结算系统基金份额持有人深圳证券账户下，本基金在深圳证券交易所上市交易后，基金份额持有人可以通过深圳证券交易所交易基金份额，但在本基金封闭期间不得赎回。通过场外认购的基金份额登记在中国证券登记结算有限责任公司开放式基金注册登记系统基金份额持有人开放式基金账户下，在本基金封闭期间不得赎回，但可以通过跨系统转托管转至证券登记结算系统，在本基金上市交易后通过深圳证券交易所进行交易。本基金开始上市交易的具体时间请留意融通基金管理有限公司的相关公告。

根据《融通四季添利债券型证券投资基金基金合同》的约定，经本公司向深圳证券交易所、中国证券登记结算有限责任公司申请，本基金自 2012 年 3 月 21 日起开通跨系统转托管业务，通过场内、场外认购本基金的基金份额持有人自 2012 年 3 月 21 日起可通过办理跨系统转托管业务实现基金份额在两个登记系统之间的转登记。在本基金封闭期结束转为上市开放式基金并开放申购后，跨系统转托管业务将自动适用于在场内、场外申购的基金份额。本基金跨系统转托管的具体业务按照中国证券登记结算有限责任公司的相关业务规则办理。

投资者可通过本公司客户服务电话 400-883-8088、0755-26948088 或登录本公司网站（http:www.rtfund.com）咨询有关详情。

风险提示：本基金管理人承诺以诚实信用、勤勉尽责的原则管理和运用基金资产，但不保证基金一定盈利，也不保证最低收益。投资者投资于本基金时应认真阅读本基金的基金合同、招募说明书。敬请投资者留意投资风险。

融通基金管理有限公司
二〇一二年三月十九日

问题：
1. 该公告是否符合基金信息披露的相关原则？
2. 该公告的跨系统转托管内容是什么？
3. 该公告提示了什么？

本章练习题

一、单项选择题

1. 我国最早于（　　）颁布《证券投资基金法》。
   A. 2003 年 10 月　　B. 1999 年 10 月　　C. 2002 年 10 月　　D. 2006 年 12 月
2. 我国最早于（　　）实施《证券投资基金法》。
   A. 2003 年 6 月 1 日　　　　　　　　B. 2004 年 6 月 1 日
   C. 2005 年 6 月 1 日　　　　　　　　D. 2006 年 6 月 1 日
3. 我国基金信息披露的部门规章主要是（　　）年 7 月 1 日起施行的《证券投资基金信息披露管理办法》。
   A. 2003　　　　　B. 2004　　　　　C. 2005　　　　　D. 2006

4．开放式基金合同生效后每（　　）个月结束之日起 45 日内，将更新的招募说明书登载在管理人网站上，将更新的招募说明书摘要登载在指定报刊上。

  A．3   B．6   C．9   D．12

5．基金获准在交易所上市的，应在上市日前（　　）个工作日，将基金份额上市交易公告书登载在指定报刊和管理人网站上。

  A．1   B．2   C．3   D．4

6．在每年结束后（　　）日内，在指定报刊上披露年度报告摘要，在管理人网站上披露年度报告全文。

  A．30   B．45   C．60   D．90

7．在上半年结束后（　　）日内，在指定报刊上披露半年度报告摘要，在管理人网站上披露半年度报告全文。

  A．30   B．45   C．60   D．90

8．在每季度结束后（　　）个工作日内，在指定报刊和管理人网站上披露基金季度报告。

  A．10   B．15   C．20   D．30

9．当发生对基金份额持有人权益或者基金价格产生重大影响的事件时，应在（　　）日内编制并披露临时报告书，并分别报中国证监会及其证监局备案。

  A．1   B．2   C．5   D．10

10．管理人召集基金份额持有人大会的，应至少提前（　　）日公告大会的召开时间、会议形式、审议事项、议事程序和表决方式等事项。

  A．10   B．20   C．30   D．45

11．持有封闭式基金超过基金总份额（　　）的，还应按规定进行临时公告。

  A．2%   B．5%   C．7%   D．10%

12．管理人和托管人都不召集的时候，代表基金份额（　　）以上的持有人有权自行召集基金持有人大会。

  A．2%   B．5%   C．7%   D．10%

13．管理人和托管人都不召集的时候，代表基金份额 10%以上的持有人有权自行召集持有人大会。此时，该类持有人应至少提前（　　）日公告持有人大会的召开时间、会议形式、审议事项、议事程序和表决方式等事项。

  A．10   B．20   C．30   D．45

14．基金托管协议的编制可参考《证券投资基金信息披露内容与格式准则》第（　　）号《托管协议的内容与格式》。

  A．5   B．7   C．8   D．9

15．基金季度报告编制的主要依据是《证券投资基金信息披露内容与格式准则》第（　　　）号《季度报告的内容》。

　　　A．4　　　　　　B．5　　　　　　C．7　　　　　　D．3

16．基金半年度报告编制的主要依据是《证券投资基金信息披露内容与格式准则》第（　　　）号《半年度报告的内容与格式》的。

　　　A．4　　　　　　B．5　　　　　　C．7　　　　　　D．3

17．基金年度报告编制的主要依据是《证券投资基金信息披露内容与格式准》则第（　　　）号《年度报告的内容与格式》。

　　　A．1　　　　　　B．2　　　　　　C．3　　　　　　D．4

18．为了进一步保障基金信息质量，法规规定基金年度报告应经2/3以上独立董事签字同意，并由（　　　）签发。

　　　A．总经理　　　　B．董事长　　　　C．董事会　　　　D．财务负责人

19．基金年度报告应披露的基金持有人：上市基金前（　　　）名持有人的名称、持有份额及占总份额的比例。

　　　A．5　　　　　　B．7　　　　　　C．10　　　　　D．20

20．基金合同中载明，但在招募说明书中没有披露的信息是（　　　）。

　　　A．基金估值　　　　　　　　　　B．运作费用

　　　C．基金运作方式　　　　　　　　D．基金份额持有人的权利

21．下列报告中，必须每季度定期公布的是（　　　）。

　　　A．基金投资组合公告　　　　　　B．基金公开说明书

　　　C．内部监察报告　　　　　　　　D．基金半年度报告

22．属于体现基金信息披露形式性原则的是（　　　）。

　　　A．及时性　　　　B．公平披露　　　C．规范性　　　　D．准确性

23．封闭式基金至少每周公告（　　　）次资产净值和份额净值。

　　　A．1　　　　　　B．3　　　　　　C．4　　　　　　D．5

24．基金管理人在基金成立后需要定期披露更新的招募说明书，当基金发生重大事件可能对投资者决策产生重大影响时，基金管理人应在重大事件发生之日起2日内披露临时报告，体现了基金信息披露的（　　　）原则。

　　　A．真实性　　　　B．准确性　　　　C．完整性　　　　D．及时性

25．网上交易的优势不包括（　　　）。

　　　A．可以提供更好的理财服务

　　　B．可以突破基金代销网店覆盖地域不足的限制

C. 使客户不出户就可以得到基金开户、申购和赎回的便利

D. 大大改善了基金投资环境

26. 真实性原则要求披露的信息应当是以（　　）为基础。

A. 主观事实

B. 客观事实

C. 基金盈利最大化

D. 公司董事会的决议

27. 以下属于基金运作披露信息的是（　　）。

A. 招募说明书

B. 基金合同

C. 上市交易公告书

D. 基金份额发售公告

28. 下列关于基金半年度报告财务报表附注披露的内容，说法错误的是（　　）。

A. 半年度财务报表附注重点披露比年度财务会计报告更新的信息，并遵循重要性原则进行披露

B. 半年度报告不需要披露所有的关联关系，只披露关联关系的变化情况，关联交易的披露期限也不同于年度报告

C. 半年度报告只对当期的报表项目进行说明，不需要说明两个年度的报表项目

D. 半年度报告要对人事变动的状况做出说明

29. 以下不在基金财务报表附注中载明内容的是（　　）。

A. 重要会计政策和会计估计

B. 资产负债表日后非调整事项的说明

C. 投资组合重大变动

D. 关联方关系及其交易

30. 在临时报告中披露偏离度信息。当影子定价与摊余成本法确定的基金资产净值偏离度的绝对值达到或超过（　　）时，基金管理人将在事件发生之日起 2 日内就此事项进行临时报告。

A. 0.25%　　　　B. 0.5%　　　　C. 0.75%　　　　D. 1%

二、不定项选择题

1. 基金信息披露的作用主要有（　　）。

A. 有利于投资者的价值判断

B. 有利于防止利益冲突与利益输送

C. 有利于提高证券市场的效率

D. 可以有效防止信息滥用

2. 基金披露内容方面应遵循（　　）原则及公平披露原则。

A. 真实性　　　B. 准确性　　　C. 完整性　　　D. 及时性

3. 在基金披露形式方面应遵循（　　）原则。

A. 规范性　　　B. 易读性　　　C. 易解性　　　D. 易得性

4. 基金信息披露的禁止行为主要有（　　）。

A. 编制虚假信息

B. 传播虚假信息

C. 夸大基金业绩

D. 警告市场投资风险

5. 下面属于基金信息披露禁止行为的是（　　　　）。

   A. 虚假记载　　　　B. 误导性陈述　　　　C. 诋毁同行　　　　D. 信息有重大遗漏

6. 下列选项中，（　　　）属于基金的正规信息披露方式。

   A. 中国证券报　　　　　　　　　　B. 基金管理人网站

   C. 基金托管人网站　　　　　　　　D. 中国证监会基金信息披露网站

7. 基金信息披露大致可分为（　　　）等信息披露。

   A. 募集信息　　B. 运作信息　　　C. 日常信息　　　D. 临时信息

8. 基金募集信息披露可分为（　　　）披露。

   A. 存续期募集信息　　　　　　　　B. 净值信息

   C. 管理人变更信息　　　　　　　　D. 首次募集信息

9. 在基金份额发售前，基金管理人需要编制并披露（　　　）等文件。

   A. 招募说明书　　　　　　　　　　B. 基金合同

   C. 托管协议　　　　　　　　　　　D. 基金份额发售公告

10. 在基金合同生效后至基金合同终止前，基金信息披露义务人依法定期披露的基金运作信息披露是基金存续期间的（　　　）等信息。

   A. 首次募集信息　　B. 上市交易　　　C. 投资运作　　　D. 经营业绩

11. 下面属于基金运作信息披露文件的有（　　　）。

   A. 年度报告　　B. 半年度报告　　　C. 季度报告　　　D. 份额净值公告

12. 在基金信息披露中应用 XBRL，有利于促进信息披露的（　　　），提高信息在编报、传送和使用的效率和质量。

   A. 简单化　　　　B. 电子化　　　　C. 透明化　　　　D. 规范化

13. 基金运作信息披露文件包括（　　　）。

   A. 基金份额上市交易公告书　　　　B. 基金资产净值公告

   C. 基金份额净值公告　　　　　　　D. 基金年度报告

14. 我国基金信息披露制度体系可分为（　　　）等层次。

   A. 自律规则　　B. 部门规章　　　C. 规范性文件　　　D. 国家法律

15. 我国基金信息披露的规范性文件分为（　　　）。

   A. 基金信息披露 XBRL 模板　　　　B. 相关标引规范（Taxonomy）

   C. 基金信息披露编报规则　　　　　D. 基金信息披露内容与格式准则

16. 下列属于基金信息披露编报规则的有（　　　）。

   A. 主要财务指标的计算及披露　　　B. 基金净值表现的编制及披露

   C. 会计报表附注的编制及披露　　　D. 投资组合报告的编制及披露

17. 基金管理人主要负责办理与基金财产管理业务活动有关的信息披露事项，具体涉及（　　）等环节。

    A．基金募集　　　　B．投资运作　　　　C．净值披露　　　　D．上市交易

18．基金管理人应当在公司内部建立健全信息披露管理制度，明确信息披露的（　　）程序等事项，并指定专人负责管理基金信息披露事务。

    A．目的　　　　　　B．原则　　　　　　C．方式　　　　　　D．内容

19．下列属于基金管理人编制的文件有（　　）。

    A．基金资产净值　　　　　　　　　　B．份额净值

    C．申购和赎回价格　　　　　　　　　D．基金资产保管

20．基金托管人主要负责办理与基金托管业务活动有关的信息披露事项，具体涉及基金（　　）及投资运作监督等环节。

    A．资产保管　　　　B．代理清算交割　　　C．会计核算　　　　D．份额净值

21．代表基金份额10%以上的持有人自行召集持有人大会时，该持有人应至少提前30日公告持有人大会的（　　）和表决方式等事项。

    A．召开时间　　　　B．会议形式　　　　C．审议事项　　　　D．议事程序

22．有些公开披露的基金信息需要由中介机构出具意见书，这些中介机构主要有（　　）。

    A．资产评估事务所　　　　　　　　　B．会计师事务所

    C．律师事务所　　　　　　　　　　　D．证券公司

23．（　　）是基金募集期间的重要信息披露文件。

    A．基金合同　　　　B．投资组合报告　　C．基金招募说明书　D．基金托管协议

24．在基金招募说明书中，基金投资运作安排和基金份额发售安排方面的信息。例如，基金运作方式，运作费用，基金（　　）的相关安排，基金投资基本要素，基金估值和净值公告等事项。此类信息一般也会出现。

    A．发售　　　　　　B．交易　　　　　　C．托管　　　　　　D．申购、赎回

25．基金净值公告主要包括（　　）等信息。

    A．基金资产净值　　B．份额净值　　　　C．份额累计净值　　D．估值日期

26．下列选项中，（　　）属于基金半年度报告中的内容。

    A．基金产品概况　　B．主要财务指标　　C．投资组合报告　　D．审计报告

27．下列选项中，（　　）属于基金年度报告中应披露的财务指标的内容。

    A．本期利润　　　　　　　　　　　　B．期末资产净值

    C．期末基金份额净值　　　　　　　　D．基金份额累计净值增长率

28．下列选项中，（　　）属于基金财务报表附注的披露内容。

    A．基金基本情况　　　　　　　　　　B．期末基金持有的流通受限证券

    C．关联方关系　　　　　　　　　　　D．关联交易

29. 下列选项中，（　　）属于应披露的基金持有人信息。

    A．持有人户数   B．户均持有基金份额

    C．持有人的变化情况   D．持有人结构

30. 下列选项中，（　　）属于基金的重大事件。

    A．提前终止基金合同   B．更换基金托管人

    C．基金管理人的总经理发生变更   D．更换基金管理人

三、判断题

1. 基金信息披露是指基金的有关当事人在基金募集、上市交易等一系列环节中，依照法律法规规定向社会公众进行披露信息的行为。（　　）

2. 基金招募说明书就是一种募集信息披露文件。（　　）

3. 强制性信息披露的基本推论是投资者在公开信息的基础上"买者自慎，风险自担"。（　　）

4. 真实性原则是基金信息披露最根本、最重要的原则，它要求披露的信息应当以客观事实为基础，不扭曲和不加粉饰。（　　）

5. 完整性原则要求披露所有已发生的可能影响基金投资者决策的信息。（　　）

6. 虚假记载是指信息披露义务人将不存在的事实在基金信息披露文件中予以记载的行为。（　　）

7. 误导性陈述是指使投资者对基金投资行为发生错误判断并产生重大影响的陈述。（　　）

8. 重大遗漏是指披露中存在应披露而未披露的信息，以至于影响投资者做出正确决策。（　　）

9. XBRL 是一个封闭的、平台独立的国际标准，是进行实时、准确、有效与高性价比的金融与商业报告数据的电子存储、操作、复用与交换的标准。（　　）

10. 中国证监会通过基金信息披露网站（http:fund.csrc.gov.cn）对外展示基金管理公司报送的信息。（　　）

11. 至少每日公告一次封闭式基金的资产净值和份额净值。（　　）

12. 开放式基金在开始办理申购或赎回前，至少每周公告一次资产净值和份额净值。（　　）

13. 开放申购和赎回后，开放式基金应于每个开放日的次日披露基金份额净值和份额累计净值。（　　）

14. 至少每周公告一次封闭式基金的资产净值和份额净值。（　　）

15. 募集基金的目的不是基金合同的主要披露事项。（　　）

16. 基金名称不是基金合同的主要披露事项。（　　）

17．基金管理人也是基金合同的主要披露事项。　　　　　　　　（　　）

18．基金托管人的名称是基金合同的主要披露事项。　　　　　　（　　）

19．基金托管人的住所不是基金合同的主要披露事项。　　　　　（　　）

20．基金管理人不是基金合同的主要披露事项。　　　　　　　　（　　）

21．基金运作方式可以是基金合同的主要披露事项。　　　　　　（　　）

22．ETF 既可在交易所上市交易，也可在一级市场上以组合证券进行申购和赎回。

　　　　　　　　　　　　　　　　　　　　　　　　　　　　（　　）

23．基金过往业绩不预示未来表现；不保证基金一定盈利，也不保证最低收益。

　　　　　　　　　　　　　　　　　　　　　　　　　　　　（　　）

24．半年度报告可以要求进行审计。　　　　　　　　　　　　　（　　）

25．管理人及其董事应保证年度报告的真实、准确和完整，承诺其中不存在虚假记载、误导性陈述或重大遗漏，并就其保证承担个别及连带责任。　　　　　（　　）

26．基金年度报告应由董事长签发。　　　　　　　　　　　　　（　　）

27．在基金合同期限内，任何在公共媒体中出现的或在市场上流传的消息可能对基金份额价格或基金投资者的申购、赎回行为产生误导性影响的，相关信息披露义务人知悉后应当对该消息进行公开澄清。　　　　　　　　　　　　　　　　　　（　　）

28．ETF 基金份额参考净值是指在交易时间内，申购、赎回清单中组合证券（含预估现金部分）的实时市值。　　　　　　　　　　　　　　　　　　　　　　（　　）

29．基金管理人关于 ETF 基金份额参考净值的计算方式，一般不需经证券交易所认可后公告。　　　　　　　　　　　　　　　　　　　　　　　　　　　（　　）

30．修改 ETF 基金份额参考净值计算方式，需经证券交易所认可后公告。　（　　）

四、思考题

1．简述基金信息披露的必要性。

2．简述基金信息披露的原则。

3．简述 XBRL 在基金信息披露中的应用前景。

4．简述基金主要当事人的信息披露义务。

5．简述基金信息披露的主要内容。

第 9 章

证券投资基金投资分析

证券投资基金的最大优点就是数量众多、品种丰富并且能够满足不同投资者的投资要求，不同类型的基金能够适应不同投资理念的投资人群。本章针对股票基金、债券基金、混合基金及货币市场基金进行了重点分析。

9.1 股票基金分析

股票基金的理念是以追求长期资本增值为目的，与其他基金所不同的是，股票基金的风险也相对较高，同时预期收益也相应较佳，它不但为投资者提供了长期的投资收益，而且也成为市场上理财必备的一个投资品种。

9.1.1 股票基金风险分析

股票基金的投资风险主要有：系统性风险、非系统性风险、管理运作风险。

1. 系统性风险

系统性风险，是指有整体政治、经济、社会等环境因素对证券价格所造成的影响。系统性风险包括政策风险、经济周期性波动风险、利率风险、购买力风险、汇率风险等。这种风险不能通过分散投资加以消除，因此也称为不可分散风险或不可回避风险。

2. 非系统性风险

非系统性风险是只个别证券特有的风险，包括企业的信用风险、经营风险、财务风险等。非系统性风险可以通过分散投资加以规避，因此又被称为可分散风险或可回避风险。

3. 管理运作风险

管理运作风险是指由于基金经理对基金的主动性操作行为而导致的风险，如基金经理不适当地对某一行业或某一个股集中投资而导致的风险。

股票基金通过分散投资可以大大降低个股投资的非系统性风险，但却不能回避系统性投资风险，但管理运作风险则因基金不同而有所差异。

不同类型的股票基金所面临的风险也会有所不同。例如，单一行业投资基金会存在行业投资风险，而以整个市场为投资对象的基金则不会存在行业风险；单一国家型股票基金将会面临较高的单一国家投资风险，而全球股票基金则会较好地规避此类风险。

9.1.2 股票基金业绩分析

对股票基金的分析集中于 4 个方面：经营业绩、风险大小、组合特点、操作策略。

1. 反映基金经营业绩的指标

它主要包括基金分红、已实现收益、净值增长率，其中净值增长率是最主要的分析指标，最能全面反映基金的经营成果。

基金分红是基金对基金投资收益的派现，其大小受到基金分红政策、已实现收益、留存收益的影响，不能全面反映基金的实际表现。此外，已实现收益也不能很好全面反映基金的经营成果，因为，如果基金只卖出有盈利的股票，保留被套的股票，已实现的收益就很高，但是基金的浮动亏损可能更大，基金最终可能是亏损的。

净值增长率对基金分红、已实现收益和未实现收益都加以考虑，因此能最有效地反映基金经营成果。净值增长率越高，说明基金的投资效果越好。最简单的净值增长率公式为：

$$净值增长率 = \frac{期末份额净值 - 期初份额净值 + 每份期间分红}{期初份额净值} \times 100\%$$

2. 反映基金风险大小的指标

反映基金风险大小的指标有：标准差、贝塔值、持股集中度、行业投资集中度、持股数量等指标。

可以用净值增长率标准差衡量基金风险的大小，一般而言，标准差越大，说明净值增长率波动程度越大，基金风险也就越大。

股票基金以股票市场为活动母体，其净值变动受到证券市场系统风险的影响，通常用 β 的大小衡量一只基金面临的市场风险，β 将一只股票基金的净值增长率与某个市场指数联系起来，用以反映基金净值变动对市场指数变动的敏感程度。其计算公式为：

$$\beta = \frac{基金净值增长率}{股票指数增长率}$$

如果某基金 β 值大于 1，说明该基金是一只活跃的或激进型基金；如果基金 β 值小于 1，说明该基金是一只稳定型或防御型基金。

持股集中度越高，说明基金在前十大重仓股的投资越多，基金的风险就越大。持股数量过多，基金投资风险尽管分散但是也不利于基金业绩的提升。其计算公式为：

$$持股集中度 = \frac{前十大重仓股投资市值}{基金股票投资总市值} \times 100\%$$

3. 反映股票基金组合特点的指标

依据股票基金所持有的全部股票的平均市值、平均市盈率、平均市净率等指标可以对股票基金的投资风格进行分析。通过对基金投资的股票的平均市值的分析，可以判断基金偏好大盘股、中盘股还是小盘股的投资。通过分析基金所持股票的平均市盈率、平均市净率的大小可以判断基金倾向于投资价值型股票还是成长型股票。如果基金的平均市盈率、市净率小于市场指数的市盈率和市净率，可以认为该股票基金属于价值型基金；反之，该股票基金可以被归为成长型基金。

4. 反映基金操作策略的指标

基金股票周转率通过对基金买卖股票频率的衡量，可以反映基金的操作策略。低周转率的基金倾向对股票的长期持有；反之则倾向于对股票的频繁买入卖出，因频繁的买卖操作所负担的交易佣金和印花税也较高，会加重投资者的负担，对基金业绩也会造成一定程度的影响。

9.1.3 股票基金组合分析

组合管理的目标是实现收益最大化，具体就是使投资者在分享一定收益水平的同时将风险降至最低，或者是在投资者心理可承受的风险水平内，获得最大化的收益。股票基金投资组合管理分为积极型与消极型投资策略。积极型投资策略是在通过基本分析和技术分析构造投资组合，通过买卖时机的确定及投资组合结构的调整，获取预期超过市场组合收益的回报。消极型投资策略则通过跟踪市场误差为目的，尽可能减少投资组合与市场组合的差异，以期获得市场组合平均收益为目的。

1. 股票投资组合的目的

股票投资组合管理的基本目标就是实现收益最大化，构建股票投资组合的原因就是实现证券投资收益最大化及证券投资风险最小化。

（1）实现收益最大化

股票投资组合管理的目标之一就是在投资者可接受的风险水平内，通过多样化的股票投资使投资者获得最大收益。从市场经验来看，单只股票受行业政策和基本面的影响较大，相应的收益波动往往也很大。在公司业绩快速增长时期可能给投资者带来可观的收益，但是如果因投资者未观察到的信息而导致股票价格大幅下跌，则可能给投资者造成很大的损失。因此，在给定的风险水平下，通过多样化的股票选择，可以在一定程度上减轻股票价格的过度波动，从而在一个较长的时期内获得最大收益。

（2）分散风险

股票与其他任何金融产品一样，都是有风险的。所谓风险就是指预期投资收益的不确定性。如果把鸡蛋放在一个篮子里，万一这个篮子不小心掉在地上，那么所有的鸡蛋都可能被摔碎；而如果把鸡蛋分散在不同的篮子里，那么一个篮子掉了不会影响其他篮子里的鸡蛋。资产组合理论表明，证券组合的风险随着组合所包含的证券数量的增加而降低，资产间关联性低的多元化证券组合可以有效地降低个别风险。

一般情况下用股票投资收益率的方差或股票的 β 值来衡量单只股票或股票组合的风险。通常股票投资组合的方差是由组合中各股票的方差和股票间的协方差两个部分组成，组合的期望收益率是各股票的期望收益率的加权平均。除去各股票完全正相关的特殊情况，组合资产的标准差一般小于各股票标准差的加权平均。当组合中的股票数目变化增加时，单只股票的投资可能比例减少，方差项对组合资产风险的影响将随之下降；当股票数目接近无穷大时，方差项将趋近零，组合资产的风险将由各股票之间的协方差所决定。换句话说，通过组合的投资能够减少、减弱、消除各股票自身特征所产生的风险（非系统性风险），从而只承担影响所有股票收益率的因素所产生的风险（系统性风险）。

2. 股票投资组合管理基本策略

股票的市场价格直接反映了影响股票价格的信息程度，一般而言，股票价格中已经反映了影响价格的全部信息，我们就称该股票市场是强式有效市场；如果股票价格中仅包含了影响价格的部分信息，我们通常根据信息反映的程度将股票市场分为半强式有效市场和弱式有效市场。基金管理人按照自身对股票市场有效性的判断采取不同的股票投资策略，即消极型管理和积极型管理。

（1）消极型管理是有效市场的最佳选择

如果股票的价格反映了影响它的所有信息，那么股票市场上的股票不存在价值低估或价值高估的情况，则这个市场就是一个有效市场，投资者也不可能通过寻找错误定价的股票获取超出市场平均的收益水平。在这种情况下，基金管理人不应当尝试获得超出市场的投资回报，而是应该在努力获得与大盘同样的收益水平情况下减少频繁交易带来的成本损失。

（2）积极型管理的目标是努力使收益得以提升，超越市场

如果股票市场不是有效市场，股票的价格不能完全反映影响价格的信息，那么市场中存在着错误定价的股票。在无效市场条件下，基金管理人可以通过对股票的分析和自身良好的判断力及信息方面的优势，甄别出定价被低估的股票，通过买入价值低估的股票、卖出价值高估的股票获取超出市场平均水平的收益率，或者在获得同等收益的情况下承担较低的风险水平。因此，在这种情况下，基金管理人应当采取积极型管理策略，通过挑选价值被低估的股票而领先于大盘。

3. 股票投资风格管理

股票投资风格管理是基金经理人以股票的行为模式为基准确定基金投资类型的一种组合管理模式。

（1）股票投资风格分类

股票投资风格分类体系，就是按照不同标准将股票划分为不同的集合，具有相同特征的股票集合共同构成一个系统的分类体系。因此，股票投资风格的划分关键是对股票特征的把握和分类标准的选取。不同风格股票的划分具有不同的方法，即使在同样风格股票的划分过程中也可能存在不同的方法。建立这样的风格分类体系并不是一项简单的工作。事实上，对股票进行风格划分的过程也正是基金管理人投资策略的形成过程。

1）依据公司规模又可分为小型资本股票（小盘股）、大型资本股票（大盘股）、混合型资本股票 3 种类型。

2）依据股票价格行为可分为稳定类、增长类、周期类、能源类等。

3）依据公司成长性可分为增长类股票和非增长类（收益类）股票。

（2）股票投资风格指数

股票投资风格指数就是对股票投资风格进行业绩评价的指数。风格指数可以使基金经理更清楚地了解某类股票在一定时期内的走向，相应地，这些指数为精确地评估投资经理管理由增长类股票和收益类股票组成的投资组合的业绩提供了一个标准。

（3）股票投资风格管理

股票投资风格管理模式一般包括两大类：消极型股票投资风格管理和积极型股票投资风格管理。

1）消极型股票投资风格管理，是指选定一种投资风格后，不论市场发生何种变化均不改变这一选定的投资风格。对于集中投资于某一种风格股票的基金经理人而言，选择消极的股票风格管理是非常有意义的。因为投资风格相对固定，既节省了投资的交易成本、研究成本、人力成本，也避免了不同风格股票收益之间相互抵消的问题。

2）积极型股票投资风格管理，是通过对不同类型股票的收益状况做出的预测和判断，主动改变投资组合中稳定类、增长类、周期类、能源类股票权重的股票风格管理方式。例如，预测某一类股票前景良好，那么就增加它在投资组合中的权重，且一般高于它在标准普尔 500 种股票指数中的权重；如果某类股票前景不妙，那么就降低它在投资组合中的权重，这种战略可以称为类别轮换战略。相对于前面提到的消极战略来说，这是一种积极的股票风格管理方法。

4．积极型股票投资策略

积极型股票投资策略是基金经理人在投资策略长期的发展过程中总结出的各种不同的理论基础和具体的操作方法。

（1）以技术分析为基础的投资策略

以技术分析为基础的投资策略是在否定弱式有效市场的前提下，以历史交易数据（过去的价格和交易量数据）为基础，预测单只股票或市场总体未来变化趋势的一种投资策略。

1）道氏理论。美国人查尔斯·道与爱德华·琼斯创立了著名的道-琼斯平均指数，主要是为了反映市场总体趋势。

市场价格指数可以解释和反映市场的大部分行为。这是道氏理论的核心思想，其理论含义就是任何因素对证券市场的影响最终都必然体现在股票价格的变动上。所以，只要对基于市场交易数据建立的市场价格指数进行分析就可以观察市场的大部分行为。例如，道-琼斯工业指数、标准普尔500指数、金融时报指数、日经指数等。

市场波动具有3种趋势。道氏认为价格的波动尽管表现形式不同，但是，最终可以将它们分为3种趋势，即主要趋势、次要趋势和短暂趋势。3种趋势的划分为其后出现的波浪理论打下了基础。

交易量在确定趋势中的作用。在对股票价格未来走势进行预测时，通过对交易量放大或缩小的观察，可以得出较准确的结论。

收盘价是最重要的价格。对于股票价格表现而言，一般一天有几个比较重要的价格：开盘价、收盘价、全天最高价、全天最低价。道氏理论认为在所有价格中，收盘价最重要。

尽管道氏理论对大的趋势判断有较明显的作用，但对短期波动的预测则显得无能为力。另外，道氏理论的结论滞后于价格的缺陷也限制了该理论的广泛应用。

2）超买超卖指标。在道氏理论之后，投资经理人发现，可以通过控制股价背离参考基准的幅度做出买入或卖出决定，从而实现控制投资损益的目的。

简单过滤器规则。以某一时点的股价作为参考基准，预先设定一个股价上涨或下跌的百分比作为买入和卖出股票的标准，这一事先设定的股票价格变化的百分比就称为过滤器。在短期内股票价格波动较大的情况下，依据简单过滤器规则可能经常会发出买入或卖出的信号，而频繁操作的结果可能产生较高的交易成本，在影响投资收益的情况下，也不利于投资组合的稳定。止损定律与简单过滤器规则具有相同的理论基础，即股价下跌某一个预先设定的百分比就卖出所持股票，从而达到将损失控制在一定范围之内的目的。

移动平均法，是以一段时期内的股票价格移动平均值为参考基础，考察股票价格与该平均价之间的差额，并在股票价格超过平均价的某一百分比时买入该股票，在股票价格低于平均价的一定百分比时卖出该股票。可以参考乖离率（BIAS）的计算公式来测定股价的背离程度。乖离率是描述股价与股价移动平均线距离远近程度的一个指标。其计算公式为：

$$N日乖离率 = \frac{当日收盘价 - N日移动平均价}{N日移动平均价} \times 100\%$$

- BIAS（5）>3.5%、BIAS（10）>5%、BIAS（20）>8%、BIAS（60）>10%，是卖出时机；
- BIAS（5）<-3%、BIAS（10）<-4.5%、BIAS（20）<-7%和BIAS（60）<-10%，是买入时机。

以上是依据乖离率决定买卖时机的参考数值。

3）价量关系指标。市场行为最基本的表现就是成交价和成交量。技术分析就是利用过去和现在的成交量、成交价分析为工具，解释、预测未来的市场走势。一般买卖双方对价格的认同程度通过成交量的大小得到确认：认同程度大，成交量大；认同程度小，成交量小。双方的这种市场行为反映在价、量上就往往呈现出这样的一种趋势：价升量增、价跌量减。

（2）以基本分析为基础的投资策略

目前国际应用较多的基本分析方法主要有以下几类。

1）低市盈率（P/E 比率）。市盈率是股票价格与每股净利润的比值，市净率则是股票价格与每股净资产的比值。所谓"双低"，就是低市盈率、低市净率。本明杰·格雷姆在 1949 年为"防御性投资者"提出这一经典投资模型，格雷姆将 P/E 比率作为对所获价值支付的价格的一种衡量标准。他认为高的市盈率是令人怀疑的，故而选择"双低"股票作为自己的目标投资对象，也是目前机构投资者普遍运用的投资策略。

2）股利贴现模型。股利贴现模型以现值分析为基础，考察资产价格与公平价格即预期现金流量现值之间是否存在差异，从而判断该股票是否被错误定价，并买入被低估的股票，卖出被高估的股票。将未来各期支付的股利（通常还包括未来某时股票的预期售价）通过选取一定的贴现率折合为现值的方法，考察即期资产价格与预期未来现金流量折现后的现值之间的差异，即净现值（NPV），据此判断股票是否被错误定价。如果净现值大于 0，即股票价值被低估，应买入；如果净现值小于 0，即股票价格被高估，应卖出。另外，也可以从内含报酬率的角度判断买进或卖出。内含报酬率就是在净现值等于 0 时的折现率，反映的是股票投资的内在收益情况。如果内含报酬率高于资本的必要收益率，则买入；反之，则卖出。

（3）市场异常策略

除了积极型和消极型股票投资策略之外，人们在长期的实践中发现，具有某些特征的一类股票往往其收益表现会高于其他股票或市场总体水平。

1）小公司效应。它是指小公司（以市场资本总额衡量）的投资组合的表现要优于股票市场（既包括大公司也包括小公司）的表现。一些研究成果支持了这一效应。

2）低市盈率效应。它是指由低市盈率股票组成的投资组合的表现要优于由高市盈率股票组成的投资组合的表现。这与基本分析中的低市盈率指标基本吻合，而这一观点也得到了一些研究的支持。通过对低市盈率股票的观察可以发现：一方面，这类股票的市场价格更接近于价值，或者出现价值被低估的情况；另一方面，这类股票往往是市场投资者关注较少的股票，或者不是短期内的热点。而对于资本市场而言，价格向价值回归是一种长期趋势，而热点转换也是市场运动的规律，因此价值被低估的、暂时性、非热点的公司，往往就是潜在的下一个热点，而其股价上涨的空间和概率都比较大。

3）被忽略的公司的效应。它是指那些被基金经理们忽略的公司将会取得优于那些备受大家关注公司的表现。原因是那些被忽略的公司与其他公司相比，融资成本更高，否则不足以吸引资金的流入，但是这种效应可能只存在于一个短暂的期间，故需要有效识别和灵活果断地行动。

4）日历效应。人们在长期的投资实践中总结出，日历效应的基础就是在于历史数据的统计检验结果。例如，在过年前的一段时间里，在假期消费心理和大资金回笼的影响下，股价走势往往比较弱。因此，一些有经验的投资经理会选择股价走势通常较好的时期，某月或一个星期的某一天作为买入时点，而在股价走势较弱的月份选择卖出。当然在具体操作中，很多基金经理可能选择在行情到来之前的预先反应，从而更好地把握投资机会。

5）遵循内部人的交易活动。如果证券市场是一个完全有效的市场，那么任何人无论通过何种途径都无法获得超过市场的回报。但实际上完全有效的市场是不可能或很难达到的目标，因此我们通常所说的内部人往往可以利用其特殊地位提前于投资者获得公司尚未公布的信息，或者掌握比普通投资者更多的信息，并以此获得超额回报。例如，一项信息只有在由少数人掌握的情况下才可能为其带来超额收益，一旦信息被所有人获得，则超额收益就会消失。而内部人正是掌握该信息的少数人，因此有些投资者采取跟随内部人的方式实施其投资策略，在有些时候也可以分享一部分超额收益。

5．消极型股票投资策略

消极型股票投资策略以有效市场假说为理论基础，可以分为简单型和组合型两类策略。其中，组合型策略是通过构造复制性股票投资组合来拟合基准指数的表现，并通过跟踪误差来衡量拟合程度。

（1）简单型消极投资策略

简单型消极投资策略也称简单型长期持有战略，一般是在确定了恰当的股票投资组合之后，在3~5年的持有期内不再发生积极的股票买入或卖出行为，而进出场时机也不是投资者关注的重点。简单型消极投资策略具有交易成本和管理费用最小化的优势，但同时也放弃了从市场环境变化中获利的可能。它适用于资本市场环境和投资者偏好变化不大，或者改变投资组合的成本大于收益的情况。

（2）组合型消极投资策略

组合型消极投资策略也称指数型消极投资策略，该理论的核心思想是相信市场是有效的，任何积极的股票投资策略都不能够取得超过市场的投资收益，故复制一个与市场结构相同的指数组合，可以排出非系统性干扰或得与市场相近或相同的投资回报。因而并不试图用基本分析的方式来区分价值高估或低估的股票，也不试图预测股票市场的未来变化，而是力图模拟市场构造投资组合，以取得与市场组合相一致的风险收益结果。在实际操作中，一般用股票价格指数来代表市场投资组合。所以，基金管理人在实际进行资产管理时，会构造股票投资组合来复制某个选定的股票价格指数的波动，这就是通常所说的指数化策略。

9.1.4 股票基金运作成本分析

费用率是评价基金运作效率和运作成本的一个重要统计指标。其计算公式为：

$$费用率 = \frac{基金运作费用}{基金平均净资产} \times 100\%$$

费用率越低，说明基金的运作成本越低，运作效率越高。基金运作费用主要包括基金管理费、托管费、基于基金资产计提的营销服务费等项目，但不包括前端或后端申购费、赎回费，也不包括投资利息费用、交易佣金等费用。相对于其他类型的基金，股票基金的费用率较高；相对于大型基金，小型基金的费用率通常较高；相对于国内股票基金，国外股票基金的费用率较高。

9.2 债券基金分析

债券是资本市场与货币市场的重要组成部分，债券作为固定收益产品，相对于股票而言具有低风险性，同样，收益率也可以预知，因而债券也就成为投资组合中配置的一个重要组成部分。

9.2.1 债券基金风险分析

债券基金主要的投资风险包括信用风险、利率风险、再投资风险、流动性风险、经营风险、通货膨胀风险、汇率风险及赎回风险等。

1. 信用风险

信用风险是指债券发行人是否能够按时支付利息、到期归还本金的风险。如果债券发行人不能按时支付利息或偿还本金，该债券就面临很高的信用风险。投资者为弥补低等级信用债券可能面临的较高信用风险，往往会要求较高的收益补偿。一些债券评级机构会对债券的信用进行评级。如果某债券的信用等级下降，将会导致该债券的价格下跌，持有这种债券的基金的资产净值也会随之下降。

2. 利率风险

债券的价格与市场利率变动密切相关，且呈反方向变动。利率风险是由于利率水平变化而引起的债券报酬的变化，它是债券投资者所面临的主要风险。由于市场利率是用以计算债券现值折现率的一个组成部分，所有证券价格趋于和利率水平变化呈反向运动，当市场利率上升时，大部分债券的价格会下降；当市场利率降低时，债券的价格通常会上升。通常，债券的到期日越长，债券价格受市场利率的影响就越大。与此相类似，债券基金的价值会受到市场利率变动的影响。债券基金的平均到期日越长，债券基金的利率风险越高。在利率水平变化时，长期债券价格的变化幅度大于短期债券价格的变化幅度。

3．再投资风险

在债券投资分析过程中，我们通常都假设在此期间实现的利息收入将按照初始投资利率重新再投资，并没有考虑到再投资收益率实际上要依赖于利率的未来走势。在利率走低时，再投资收益率就会降低，再投资的风险加大；当利率上升时，债券价格会下降，但是利息的再投资收益会上升。一般而言，期限较长的债券和息票率较高的债券的再投资风险相对较大。

4．流动性风险

流动性风险主要用于衡量投资者持有债券的变现难易程度。在实践中，可以根据某种债券的买卖差价来判断其流动性风险的大小。一般来说，买卖差价越大，流动性风险就越高。在一个交易非常活跃的市场中，债券交易的买卖差价通常很小，一般只有几个基点。当然，对于那些打算将债券长期持有至到期日的投资者来说，流动性风险就不予考虑。

5．经营风险

经营风险与公司经营活动引起的收入现金流的不确定性有关。它可以通过公司期间运营收入的分布状况来度量，即运营收入变化越大，经营风险就越大；运营收入越稳定，经营风险就越小。经营风险被分为外部经营风险和内部经营风险。内部经营风险通过公司的运营效率得到体现；外部经营风险则与那些超出公司控制的环境因素（如公司所处的政治环境和经济环境）相联系。

政府债券不存在经营风险；高质量的公司债券的持有者承受有限的经营风险，而低质量债券的持有者则承受比较多的经营风险。在极端的情况下，低质量债券（垃圾债券）要求的收益率接近于权益所有者所要求的回报率，因此又称为高收益债券。

6．通货膨胀风险

债券投资的名义收益率包括实际回报率和持有期内的通货膨胀率。由于通货膨胀率处于变化过程中，因此，投资者并不总能预料到通货膨胀率的变化程度。未预期的通货膨胀使债券投资的收益率产生波动，在通货膨胀加速的情况下，将使债券投资者的实际收益率降低。因此，债券和其他固定收益证券，如优先股，易受到加速通货膨胀的影响，即购买力风险的影响。但债券在通货紧缩时期或通货膨胀减速期是较具价值的投资。事实上，在资产配置方案中，固定收益证券的基本优点是在通货紧缩的条件下可以套期保值。

7．汇率风险

当投资者持有债券的利息及本金以外币偿还，或者以外币计算但换算成本币偿还的时候，投资者就面临汇率风险。若外币相对于本币升值，债券投资带来的现金流可以兑换到更多的本币，从而有利于债券投资者提高其收益率；而当外币相对于本币贬值时，债券投资带来的现金流可以兑换的本币就会减少，这样将会降低债券投资者的收益率。

8．赎回风险

对于有附加赎回选择权的债券来说，投资者面临赎回风险。这种风险来源于 3 个方面：首先，可赎回债券的利息收入具有很大的不确定性；其次，债券发行人往往在利率走低时行使赎回权，从而加大了债券投资者的再投资风险；最后，由于存在发行者可能行使赎回权的价位，因此限制了可赎回债券的上涨空间，使得债券投资者的资本增值潜力受到限制。

9.2.2　债券基金久期分析

久期是指一只债券贴现现金流的加权平均到期时间。它综合考虑了到期时间、债券现金流及市场利率对债券价格的影响，可以用以反映利率的微小变动对债券价格的影响，因此是一个较好的债券利率风险衡量指标。债券基金的久期等于基金组合中各个债券的投资比例与对应债券久期的加权平均。债券基金的久期越长，净值的波动幅度就越大，所承担的利率风险就越高。久期更多地被用来衡量利率的变化对债券价格造成的影响。

分析股票基金的许多指标可以很好地用于对债券基金的分析，如净值增长率、标准差、费用率、周转率等都是较为通用的分析指标。但由于债券基金的风险来源与股票基金有所不同，债券基金的表现与风险主要受久期与债券信用等级的影响，因此对债券基金的分析也主要集中于对债券基金久期与基金所持债券信用等级的分析。在其他条件相同的情况下，信用等级较高的债券，收益率较低；信用等级较低的债券，收益率较高。

久期是测量债券价格相对于收益率变动的敏感性指标。其中最重要的一种久期是 1938 年弗雷德里克·麦考莱首先提出的麦考莱久期，其次是修正的麦考莱久期。

假设市场中存在某种无内含选择权的债券，半年付息一次。其价格的计算公式为：

$$P = \frac{C}{1+y} + \frac{C}{(1+y)^2} + \cdots + \frac{C}{(1+y)^n} + \frac{M}{(1+y)^n}$$

式中　P——债券价格；

　　　C——半年债券利息；

　　　y——应计收益率；

　　　n——期数（年数×2）；

　　　M——到期值。

要确定当收益率微小变动时债券价格的变动值，由上一公式可得：

$$\frac{dP}{dy} = \frac{(-1)C}{(1+y)^2} + \frac{(-2)C}{(1+y)^3} + \cdots + \frac{(-n)C}{(1+y)^{n+1}} + \frac{(-n)M}{(1+y)^{n+1}}$$

$$= -\frac{1}{1+y}\left[\frac{C}{1+y} + \frac{2C}{(1+y)^2} + \cdots + \frac{nC}{(1+y)^n} + \frac{nM}{(1+y)^n}\right]$$

这表明应计收益率的微小变动引起的债券价格的近似变动值。两边除以 P，则得出价格变动的百分比近似值，即：

$$\frac{dP}{dy} \cdot \frac{1}{P} = -\frac{1}{1+y}\left[\frac{C}{1+y} + \frac{2C}{(1+y)^2} + \cdots + \frac{nC}{(1+y)^n} + \frac{nM}{(1+y)^n}\right] \cdot \frac{1}{P}$$

括号内的部分是截至到期日时的债券现金流量的加权平均期限值。以中括号内的部分除以价格，即被称为麦考莱久期，即：

$$麦考莱久期 = \frac{\dfrac{C}{1+y} + \dfrac{2C}{(1+y)^2} + \cdots + \dfrac{nC}{(1+y)^n} + \dfrac{nM}{(1+y)^n}}{P}$$

$$= \frac{\displaystyle\sum_{t=1}^{n}\frac{tC}{(1+y)^t} + \frac{nM}{(1+y)^n}}{P}$$

麦考莱久期和（$1+y$）的比率通常称为修正的麦考莱久期，即：

$$修正的麦考莱久期 = \frac{麦考莱久期}{1+y}$$

附息债券的麦考莱久期和修正的麦考莱久期小于其到期期限。对于零息债券而言，麦考莱久期与到期期限相同。

在所有其他因素不变的情况下，到期期限越长，债券价格的波动性越大。对于普通债券而言，当其他因素不变时，票面利率越低，麦考莱久期及修正的麦考莱久期就越大（这一特点不适用于长期贴现债券）。同时，假设其他因素不变，久期越大，债券的价格波动性就越大。

通过以上公式可知，麦考莱久期是每笔现金流量的期限按其现值占总现金流量的比重计算出的加权平均数，它能够体现利率弹性的大小。因此，具有相同麦考莱久期的债券，其利率风险是相同的。这样，麦考莱久期可进一步用于对债券价格利率风险的管理。债券投资者可以选择到期期限与目标投资期不同的债券进行投资，只要麦考莱久期与目标投资期相同，就可以消除利率变动的风险，这被称为利息免疫。

9.2.3　债券基金组合分析

基金经理人需要在债券价值与风险分析的基础上，结合对有效市场的认知和投资者的投资目标，选择符合自身需求的投资策略，不同的债券投资管理策略具有不同的理论基础和特征，并且适用的投资人群也有所不同。

1. 债券价值评估

它主要从债券的 3 个最基本的特征入手：收益率的计算、风险的测量与流通性价值的衡量。另外还要考虑一些其他价值因素，如税收价值、抵押价值、市场的稀缺性价值等。综合以上因素，才能够对每一个债券的价值做出比较准确的评价。

（1）债券收益率的计算

1）对单一债券收益率的计算可以采用多种方法，其中债券到期收益率是被普遍采用的计算方法。

债券到期收益率被定义为使债券的支付现值与债券价格相等的贴现率，即内部收益率。债券的到期收益率被视为债券自购买日起至到期日为止的平均收益率。对于一年付息一次的债券而言，其计算公式为：

$$P = \frac{C}{1+y} + \frac{C}{(1+y)^2} + \cdots + \frac{C}{(1+y)^n} + \frac{F}{(1+y)^n}$$

式中　P——债券价格；

　　　C——债券利息；

　　　y——到期收益率；

　　　n——到期年数；

　　　F——债券面值。

已知债券价格、债券利息、到期年数，可以通过试算法计算债券的到期收益率。

到期收益率的含义是将未来的现金流按照一个固定的利率折现，使之等于当前的价格，这个固定的利率就是到期收益率。这种方法虽然可以准确地衡量现金流量的内部收益率，但是不能准确地衡量债券的实际回报率。付息式债券的投资回报主要由 3 个部分组成：本金、利息与利息的再投资收益。在到期收益率的计算中，利息的再投资收益率被假设为固定不变的当前到期收益率。但实际上，收益率曲线在绝大多数情况下都是倾斜的，而且市场时刻都在变化之中，票息的再投资利率是变动的。另外，到期收益率的计算没有考虑税收的因素，当债券收益需要计算税款时，要在票息中扣除税款再进行折现。

具体来说，对于持有一定期限的债券来说，可以根据假定的再投资利率计算该债券总的息票支付及再投资收益，同时根据计划投资期限到期时的预期必要收益率计算该时点上的债券价格，两者之和即为该债券总的未来价值，并代入以下公式求得现实复利收益率：

$$现实复利收益率 = \left(\frac{总的未来债券价值}{债券的购买价格}\right)^{1/n} - 1 =$$

$$\left(\frac{总息票支付 + 再投资收益 + 债券价格}{债券的购买价格}\right)^{1/投资期限} - 1$$

现实复利收益率也称期限收益率，它允许资产管理人根据计划的投资期限和预期的有关再投资利率和未来市场收益率预测债券的表现。其中，利息再投资收益率是获取票息时的现实收益率，而不是一个固定的数值。现实收益率来源于投资者自己对未来市场收益率的预期和再投资的计划。虽然对未来市场收益率的判断存在较大的不确定性，但通过对利率的预期与目前收益率曲线的分析，并结合税收政策与自身的再投资计划，可以得出比内含收益率更接近投资者实际情况的复利收益率。在现实复利收益率的计算中，每位投资者对未来利率的预测与投资计划等各不相同，所以很难得出市场普遍认可的结论。而到期收益率计算简便，易于进行比较，在交易与报价中可操作性较强，在市场收益率曲线波动平缓且票息较低时，潜在的误差较小。

2）债券投资组合收益率的衡量。一般用两种常规性方法来计算投资组合的收益率，即加权平均投资组合收益率与投资组合内部收益率。

① 加权平均投资组合收益率。它是对投资组合中所有债券的收益率按所占比重作为权重进行加权平均后得到的收益率，是计算投资组合收益率最通用的方法，但其缺陷也很明显。例如，对于一个计划投资期限为2年的投资者来说，如果投资组合的99%都集中在6个月期的债券上，使用加权平均的方式计算的投资组合收益率将很难对投资决策形成有效支持。

② 投资组合内部收益率。它是通过计算投资组合在不同时期的所有现金流，计算使现金流的现值等于投资组合市场价值的利率，即投资组合内部收益率。与加权平均投资组合收益率相比，投资组合内部收益率具有一定优势，但投资组合内部收益率的计算需要满足以下两个假定，这一假定也是使用到期收益率需要满足的假定，即现金流能够按计算出的内部收益率进行再投资；投资者持有该债券投资组合直至组合中期限最长的债券到期。

（2）风险的测量

1）信用风险。它主要来自发行人和担保人。市场普遍认为，国债的信用风险可以视为零，而企业债券的信用风险可按专业机构的信用评级确定。市场一般以同期国债利率为基准，上浮 N 个百分点作为对信用风险的补偿，信用等级越低的债券所需要的收益补偿也就越高，对同一信用级别期限结构相近的债券，其信用风险的补偿也基本相同。

2）市场风险。息票利率、期限和到期收益率水平都将影响债券的市场风险水平，但持续期间、修正期限、曲度等工具可以有效衡量债券的利率风险。

① 持续期间也称免疫期间，是在现金流量剩余期限用现值加权的平均数，表示在这一时点上，无论市场收益率如何变化，投资者确保可以获得期初计算的收益率，因而又叫"免疫"。对于零息债券而言，它的现金流集中在兑付日，因此它的免疫期限即它的存续期限；付息债券的现金流分布在今后若干年内，投资者的收益由3个部分组成，即息票收益、差价收益、息票再投资收益。当收益率变动时，后两者总是呈反向运动，但两者存在一个均

衡点，这个点就是投资实际回收期间，从当前到这个点的时间距离称为债券的免疫期限。投资者则可以通过设计使投资期限与免疫期限相符合，有效规避利率风险，得到预期的收益率。如果市场收益率下降，则在免疫期限以前，实际投资收益率将高于预期的到期收益率；在免疫期限以后，投资收益率将低于预期的到期收益率。反之亦然。投资者可以根据这一特性来操作，获取更高的收益。

② 修正期限也称持久期，是反映债券价格与收益率变动的线性关系，也是测量债券的利率敏感性的重要工具。影响修正期限的因素主要有三个，息票的大小、存续期限、到期收益。在其他条件不变的情况下，息票越高则修正期限越低；存续期限越长则修正期限越高；到期收益率越高则修正期限越低。根据修正期限的特性，投资者在预期利率下降时，应提高债券组合的修正期限，反之亦然。

③ 曲度也称凸性，大多数债券价格与收益率的关系都可以用一条向下弯曲的曲线来表达，这条曲线弯曲的程度就是曲度。当收益率变动时，用修正期限来计算的债券价格变动与实际的价格变动总是存在误差。当收益率降低时，会低估价格上升的幅度；当收益率上升时，会高估价格下降的幅度。曲度的作用在于可以弥补债券价格计算的误差，更准确地衡量债券价格对收益率变化的敏感程度。曲度对于投资者是有利的，在其他情况相同时，投资者应当选择曲度较大的债券进行投资。尤其当预期利率波动较大时，较大的曲度有利于投资者提高债券投资收益。曲度的计算公式为：

$$CV = \frac{1 \times 2 \times \mathrm{PVCF}_1 + 2 \times 3 \times \mathrm{PVCF}_2 + 3 \times 4 \times \mathrm{PVCF}_3 + \cdots + n(n+1)\mathrm{PVCF}_n}{\mathrm{PVTCF} \cdot (1 + Y/f)^2 \cdot f^2}$$

式中 CV——曲度；

PVCF——当期每笔现金流量的现值；

PVTCF——当期所有现金流量的现值总和；

Y——到期收益率；

f——债券每年的利息支付频率。

零息债券在期限范围内的收益率曲度计算公式可以简化为：

$$CV = \frac{N(N+1)}{(1+Y)^2}$$

式中 CV——曲度；

Y——到期收益率；

N——零息债券的偿还期限。

以上的曲度衡量方法只适用于没有内含选择权的债券。对于普通意义上的债券（也包括内含选择权的债券），可以用下面的公式来计算有效曲度：

$$有效曲度 = \frac{P_1 + P_2 - 2P_0}{P_0(\Delta r)^2}$$

式中　P_1——当收益率上升 X 个基本点时的价格；

　　　P_2——当收益率下降 X 个基本点时的价格；

　　　P_0——起始价格；

　　　Δr——假定的收益率变化。

（3）流通性价值的衡量

在二级市场上，债券的变现能力是许多投资者十分关心的问题，尤其是对于风险较高的长期债券，流动性或变现能力是投资者规避利率风险的必要条件。所以，流动性较高的债券在收益率上往往有一定折让，折让的幅度反映了债券流通性的价值。不同类型的投资者对现金流量的要求差别也不同，要衡量某一个债券的流动性价值，还要结合债券市场的具体情况，将期限结构、信用等级等相似债券的收益率水平进行比较，得出近似值，然后在长期债券市场的波动中不断加以修正。

2．债券投资策略

债券投资策略可以分为指数化投资策略、规避和现金流配比策略、积极调整的投资策略 3 类，投资者需要根据市场实际情况和自身需求加以确定。

债券投资与其他投资相比的最大区别在于，能够为投资者提供一个稳定的现金流，投资者通过对信用风险的控制，可以预期获得确定性较强且有预计的现金流。市场效率理论认为，在一个有效率的市场上，市场价格充分反映了有关某种证券的全部信息，根据对市场价格反映信息程度有 3 种不同的认识，可以将市场效率分为 3 种形式，即强、半强、弱。

（1）指数化投资策略

指数化投资策略的目标是使债券投资组合达到与某个特定指数相同的收益，它以市场充分有效的假设为基础，属于消极型债券投资策略之一。消极的债券组合管理者通常将市场价格视为均衡交易价格，只关注债券组合的风险控制。这种策略虽然可以达到预期的绩效，但往往放弃了获得更高收益的机会或不能满足投资者对现金流的需求。债券指数化投资的动机如下：第一，经验表明积极型的债券投资组合的业绩并不好；第二，与积极型债券组合管理相比，指数化组合管理所收取的管理费用更低；第三，选择指数化债券投资策略，有助于基金发起人增强对基金经理的控制力，因为指数化债券组合的业绩不能明显偏离其基准指数的表现。

1）指数的选择。发达国家的债券市场有各种不同的债券指数，投资者可以根据自身的投资范围等条件选择相应的指数作为参照物。

2）指数化的方法。

① 分层抽样法：将指数的特征排列组合后分为若干个部分（一些最常用的特征包括偿还期限、票息、修正期限、发行主体的类别、信用级别、现金流的特点等），在构成该

指数的所有债券中选出能代表每一部分的债券，以不同特征债券在指数中的比例为权重建立组合。

② 优化法：用数学规划的方法，在满足分层抽样法要达到的目标的同时，还满足一些其他的条件，并使其中一个目标实现最优化，如在限定修正期限与曲度的同时使到期收益最大化。

③ 方差最小化法：债券组合收益与指数收益之间的偏差称为追随误差，为指数中每种债券估计一个价格函数，然后利用大量的历史数据估计追随误差的方差，并求得追随误差方差最小化的债券组合。

以上 3 种方法中，分层抽样法适合证券数目较小的情况。当最为基准的债券数目较大时，优化法与方差最小化法比较适用，但后者要求采用大量的历史数据。

3）指数化的衡量标准。跟踪误差是衡量资产管理人管理绩效的指标。由于跟踪误差有可能来自建立指数化组合的交易成本、指数化组合的组成与指数组成的差别、建立指数机构所用的价格与指数债券的实际交易价格的偏差 3 个方面，不同的组合构造方法将对跟踪误差产生不同的影响。

一般来说，指数构造中所包含的债券数量越少，由交易费用所产生的跟踪误差就越小，但由于投资组合与指数之间的不匹配所造成的跟踪误差就越大；反之，如果指数构造中所包含的债券数量越多，由交易费用所产生的跟踪误差就越大，但由于投资组合与指数之间的配比程度的提高而可以降低跟踪误差。

4）指数化的局限性。指数化策略可以保证投资组合业绩与某种债券指数相同。该指数的业绩却并不一定代表投资者的目标业绩，与该指数相配比也并不意味着资产管理人能够满足投资者的收益率需求目标。

5）加强的指数化。它是通过一些积极的但低风险的投资策略提高指数化组合的总收益。指数规定的收益目标变为最小收益目标，而不再是最终收益目标。例如，用两种或更多的债券组合成一种新的债券，使之具有相同的修正期限，但拥有更高的曲度。

（2）规避和现金流配比策略

规避和现金流配比策略的目标是使债券组合的现金流量与需求相匹配，当需求为单一时期的现金流量时，采取规避策略；当需求为多重时期的现金流量时，可采取多重时期的规避策略或现金流配比策略。

1）满足单一负债要求的投资组合策略。为使债券组合最大限度地避免市场利率变化的影响，组合应首先满足以下两个条件：债券投资组合的久期等于负债的久期；投资组合的现金流量现值与未来负债的现值相等。

在以上两个条件与其他方面的需求确定的情况下，求得规避风险最小化的债券组合。规避风险是指在市场收益率非平行变动时，组合所蕴涵的再投资风险。规避风险由市场利率的波动和组合本身的风险特征构成，在无法预期利率波动的形式时，应尽量降低组合本身的风险特征。

零息债券的规避风险为零，是债券组合的理想产品。在实践中，零息债券的组合收益往往要低于附息债券的组合收益，因此它要求有一个较低的目标收益率。

或有规避是一种常用的投资方法，投资者首先要确定准确的规避收益，然后确定一个能满足目标收益的可规避的安全收益水平。当实际收益高于目标收益时，投资者可采取积极的投资策略，争取获得更高的收益；而当实际收益接近安全收益水平时，投资者应立刻采取规避策略，以保证获得目标收益。这个过程中，要有一个有效的检测程序，确保安全收益不受到损害。

2）满足多重时期现金流的债券组合策略。多重时期现金流的债券组合策略要求投资组合可以偿付不止一种预定的未来债务，而不管利率如何变化。与满足单一时期现金流时所采取的规避策略基本相似，多重时期的规避策略要求达到以下条件：债券组合的久期与负债的久期相等；组合内各种债券久期的分布必须比负债的久期分布更广；债券组合的现金流现值必须与负债的现值相等。

在上述 3 个条件满足的情况下，用数学规划的方法求得规避风险最小化的债券组合。

现金流匹配策略是按偿还期限从长到短的顺序，挑选一系列的债券，使现金流与各个时期现金流的需求相等。这种策略没有任何免疫期限的现值，也不承担任何市场利率风险，但成本往往较高。

与多重免疫策略相比，现金流匹配没有持续期的要求，但要求在利率没有变动时仍然需要对投资组合进行调整。同时，两种策略的实施成本也有高低差异。现金流匹配策略为了达到现金流与债务的配比而必须投入高于必要资金量的资金，这一部分超额资金将以保守的再投资利率进行再投资；而多重时期免疫策略中，所有的再投资收益率都假设固定在较高的目标收益率上。因此，资产管理人需要在现金流匹配策略中无法和债务流匹配的风险与多重时期免疫策略中可能较低的成本两者之间进行权衡。

（3）积极调整的投资策略

在预期利率水平上升时，购买修正期限较低的债券，避免承受更大的损失；反之亦然。在预期波动幅度较大时，应关注曲度较大的债券，提升组合的整体价值。市场收益率水平主要从以下几个方面分析：①收益率曲线；②利率走势；③市场供需；④投机因素。

以上介绍了较为常用的 3 种投资策略，投资者需要根据市场的实际情况与自身需求来确定。

经过对市场有效性进行研究，如果投资者认为市场效率较强时，可采取指数化的投资策略和规避与现金流配比策略。当投资者对未来的现金流没有特殊需求时，可根据自身可投资产品的范围及其他要求确定作为参照的指数（投资期限、变现性、信用风险的控制等），或者根据自身的情况建立一个独立的指数，然后按照指数化投资的方法建立债券组合。同时，建立组合的监控系统，监控追随误差与信用风险的变化，在适当的情况下还可采取加强指数化的策略，进一步提高组合收益。

当投资者对未来的现金流量有着特殊需求时，可采用规避和现金流配比策略，同时要考察市场的流通性。良好的流通性是实施规避策略的必要保证，对于变现能力较差的债券，一定要在收益上给予补偿，当市场收益率曲线出现非平行的变化时，投资者需要对组合进行适当调整，以适应未来现金流的要求。在实施现金流配比策略时，投资者往往要付出较高的成本，并要求市场有丰富的债券品种，且期限结构比较完整，同时还要注意对信用风险的监控。

当投资者认为市场效率较低，而自身对未来现金流没有特殊需求时，可采取积极的投资策略。实施积极投资策略的关键在于投资者对市场利率水平的预期，投资者可根据未来预期与自身的风险承受能力建立债券投资组合，灵活调整债券组合，争取更大的收益。比如，可根据市场间的差价进行套利或在风险不变的情况下通过债券替换提高收益或提高曲度等指标，或者其他指标不变的情况下，进行更大程度的分散以期降低流通性风险。对于大资金采取积极的投资策略而言，流通性风险的控制显得尤为重要。

9.3　混合基金分析

混合基金的风险一般低于股票基金，且预期收益又高于债券基金，比较适宜较为保守的投资者。因为混合基金会同时投资于股票、债券等，故会依据基金投资目标的不同和股票、债券进行不同的配比，所以混合基金分为偏股型基金、偏债型基金、股债平衡性基金、灵活配置型基金等。

1．偏股型基金分析

所谓偏股型基金，是指基金资产中股票的配置比例较高，债券的配置比例相对较低。一般情况下，50%～70%的基金资产配置于股票，20%～40%的基金资产配置于债券。

2．偏债型基金分析

偏债型基金，以债券配置为主，股票的配置比例则相对较低。

3．股债平衡型基金分析

股债平衡型基金股票与债券的配置比例较为均衡，比例为40%～60%。

4．灵活配置型基金分析

灵活配置型基金在股票、债券上的配置比例则会根据市场状况进行调整，有时股票的比例较高，有时债券的比例较高。

混合基金的投资风险主要取决于股票与债券配置的比例大小。一般而言，偏股型基金、灵活配置型基金的风险较高，但预期收益率也较高；偏债型基金的风险较低，预期收益率也较低；股债平衡型基金的风险与收益则较为适中。

由于混合基金的特性，投资者如不仔细筛选甄别则不利于进行有效的资产配置。

9.4　货币市场基金分析

货币市场基金是指投资于货币市场上短期（一年以内，平均期限 120 天）有价证券的一种投资基金。该基金资产主要投资于短期货币工具，如国库券、商业票据、银行定期存单、政府短期债券、企业债券等短期有价证券，也称为现金投资工具。货币基金只有一种分红方式——红利转投资。货币市场基金每份单位始终保持在 1 元，超过 1 元的收益会按时自动转化为基金份额，拥有多少基金份额即拥有多少资产。与其他类型基金相比，货币市场基金有着自己的特点，它的流动性较好，安全性能较高。货币市场基金是对资产流动性和安全性要求较高的投资者进行短期投资的首选投资工具。但是由于货币市场基金的长期收益率不高，故此工具不适宜进行长期投资。

9.4.1　货币市场基金风险分析

货币市场基金同样会面临利率风险、购买力风险、信用风险、流动性风险。但由于我国货币市场基金不得投资于剩余期限高于 397 天的债券，投资组合的平均剩余期限不得超过 180 天，实际上货币市场基金的风险是较低的。与银行存款不同，货币市场基金并不保证收益水平。因此，尽管货币市场基金的风险较低，但并不意味着货币市场基金没有投资风险。用以反映货币市场基金风险的指标有投资组合平均剩余期限、融资比例、浮动利率债券投资情况等。

1. 投资组合平均剩余期限

低风险和高流动性是货币市场基金的主要特征，投资组合平均剩余期限是反映基金组合风险的重要指标。投资组合平均剩余期限越短，货币市场基金收益的利率敏感性越低，但收益率也可能较低。目前，我国法规要求货币市场基金投资组合平均剩余期限在每个交易日均不得超过 180 天。有的基金可能会在基金合同中做出更严格的限定，如投资组合平均剩余期限不得超过 90 天。因此，在比较不同货币市场基金收益率的时候，应考虑其投资组合平均剩余期限的控制要求。对于单只货币市场基金，应特别注意其投资组合平均剩余期限的水平和变化情况，以及各期间资产剩余期限的分布情况。

2. 融资比例

一般情况下，货币市场基金财务杠杆的运用程度越高，其潜在的收益可能越高，风险相应也越大。另外，按照规定，除非发生巨额赎回，货币市场基金债券正回购的资金余额不得超过 20%。因此，在比较不同货币市场基金收益率的时候，应同时考虑其同期财务杠杆的运用程度。

3．浮动利率债券投资情况

货币市场基金可以投资于剩余期限小于 397 天但剩余存续期超过 397 天的浮动利率债券。虽然其剩余期限小于 397 天，但实际上该债券品种的期限往往很长（如 10 年），因此，该券种在收益率、流动性、信用风险、利率风险等方面会与同样剩余期限的其他券种存在差异。在判断基金组合剩余期限分布时，应充分考虑基金投资该类债券的情况。

9.4.2　货币市场基金收益分析

货币市场基金的份额净值固定在 1 元人民币，基金收益通常用日每万份基金净收益和最近 7 日年化收益率表示。日每万份基金净收益是把货币市场基金每天运作的净收益平均摊到每一份额上，然后以 1 万份为标准进行衡量和比较的一个数据。最近 7 日年化收益率是以最近 7 个自然日日平均收益率折算的年收益率。这两个反映收益的指标都是短期指标。

1．日每万份基金净收益的计算

根据中国证监会发布的《货币市场基金信息披露特别规定》，货币市场基金日每万份基金净收益的计算公式为：

$$日每万份基金净收益 = \frac{当日基金净收益}{当日基金份额总额} \times 10\,000$$

2．最近 7 日年化收益率的计算

根据中国证监会发布的《货币市场基金信息披露特别规定》，货币市场基金在计算和披露最近 7 日年化收益率时，会由于收益分配频率的不同而有所不同。

$$按日结转份额的7日年化收益率 = \left\{ \left[\prod_{i=1}^{7} \left(1 + \frac{R_i}{10\,000} \right) \right]^{\frac{365}{7}} - 1 \right\} \times 100\%$$

$$按月结转份额的7日年化收益率 = \frac{\sum_{i=1}^{7} R_i}{7} \times \frac{365}{10\,000} \times 100\%$$

式中，R_i 为最近第 i 个自然日（包括计算当日）的每万份基金净收益。

在运用日每万份基金净收益指标和最近 7 日年化收益率指标对货币市场基金收益进行分析时，应特别注意指标之间的可比性问题。实际上，不同的份额结转方式使货币市场基

金在收益指标上失去了可比性。从日每万份基金净收益指标看，按日结转份额的基金在及时增加基金份额的同时将会摊薄每万份基金的日净收益；同时，份额的及时结转也增加了管理费计提的基础，使日每万份基金净收益有可能进一步降低。从最近 7 日年化收益率指标看，按日结转份额的最近 7 日年化收益率相当于按复利计息，因此在总收益不变的情况下，其数值要高于按月结转份额所计算的最近 7 日年化收益率。

✎ 例 9-1

作为城市白领三口之家，贺先生的家庭理财成长性与风险并存，优点在于总收入较高、负担不重；缺点在于太太工作不稳定，几乎全部的收入来源都集中在贺先生身上，并且，女儿读大学的 4 年中，家庭支出增大，需要一个比较稳定的理财环境。为此，建议采用稳健为主的投资策略，多元审慎理财，提高组合投资收益率。

在此前提下，建议以 1:2:2 的比例将流动资产配置在保守、进取与稳健 3 类理财产品上。经过对投资收益率的详细计算，无论经济环境发生什么变化，贺先生家都将在 4～5 年内实现百万元家庭财富梦想。

🌐 阅读资料　给贺先生的理财建议

贺先生是某大型企业的中层领导，今年 45 岁，年薪 15 万元，单位的基本保险齐全。太太 44 岁，是该企业临时工，年薪 2 万元上下，自己购买了医保。女儿今年 18 岁，刚考上大学，预备去外地读书。家住海珠区一套 90 平方米的住宅，价值 100 万元。另有银行存款 17 万元，国债 5 万元。另外，夫妻两人还为女儿预备了约 7 万元的教育储备金。他们想咨询业内人士，自己的家庭如何实现 100 万元积累的流动资产梦想？

1. 控制年消费额在收入的 25% 以下

以广州目前的生活标准，在女儿去读大学后，贺先生一家两口的年消费额可以控制在 4 万元上下。在其年 17 万元的总收入中，支出占据的百分比就为 23.5%，扩大了流动资产的积累空间。

而该家庭的保险投入明显不足。作为一家的顶梁柱，贺先生需要为自己配置意外伤亡险与重大疾病险，每年大概增加 3000 元的保费；而太太也要为自己补充购买养老或社会保险，每年大概再增加 2000 元的保费支出。这样一来，每年收入的盈余积累可达 12.5（17-4-0.5）万元。

2. 流动资产 2:4:4 投资 3 类产品

对于贺先生家 22 万元的现有流动资产，建议除保留 2 万元的家庭应急金之外，将流动资产以 2:4:4 的比例投资在国债（或黄金）、混合型基金及股票型基金（或蓝筹个股）领域，分别代表了保守、稳健与进取型 3 类投资产品。贺先生夫妻二人都工作繁忙且理财知识不足，建议优先考虑买基金等代理理财产品，不必买股票、信托等需要一定金融知识的产品。贺先生家已购买的 5 万元的国债，可保持现额。

国债与黄金一般可取得一年 3%～4% 的年投资收益率。根据发达国家近 30 年的统计数据分析，如果金融形势回暖，则混合型基金的年投资收益率一般可达到 8%，而股票型基金（或蓝筹个股）的年投资收益率一般可达 12%。乐观情况下，贺先生可获得 8.8%（4%×20%+8%×40%+12%×40%）的年组合投资收益率。

如果金融形势不佳，股票型基金的年投资收益率很可能是 0%，但混合型基金依然可以获得 4% 上下的投资收益率，国债黄金的投资收益率不变。在悲观情况下，贺先生可以获得2.4%（4%×20%+4%×40%+0×40%）的年组合投资收益率。

3. 收入盈余 1:1 买混合与股票型基金

每年 12.5 万元的资产盈余数量可观，建议以 1:1 的比例追加到混合基金与股票型基金中去，而不必再补充保守型理财产品；毕竟，贺先生夫妇正值壮年，家庭积累颇丰，不需要采取过于保守的理财方式。

按现有流动资产的理财规则，在乐观预期下，贺先生年收入盈余将获得 10%（50%×8%+50%×12%）的年组合投资收益率，悲观情况下将获得 2%（50%×4%+50%×0）的年组合投资收益率。

4. 女儿教育基金可买债券型基金增值

7 万元教育储备金足够承担国内大学 4 年的教育费用。除了立即要让女儿带走的部分，建议将剩余的部分购买债券型基金，债券型基金也属于保守理财产品，但收益率比银行存款高出很多，而且方便支取。

按照以上建议，乐观情况下，贺先生家将在 2013 年年底，流动资产积累过百万元，达到 106.8 万元。而即使在悲观情况下，家庭也会在 2014 年实现资产积累过百万元的梦想。两种情况下，资产积累所以相差不多，主要因为贺先生的年收入盈余较多，且理财建议提高了投资收益率，能够在较短的时间里完成理财目标。

资料来源：华讯财经网，http://money.591hx.com.

本章练习题

一、单项选择题

1. 如果市场不是有效市场，基金管理人应（　　）。

    A. 买入"价值低估"的股票和"价值高估"的股票

    B. 卖出"价值低估"的股票和"价值高估"的股票

    C. 买入"价值低估"的股票，卖出"价值高估"的股票

    D. 卖出"价值低估"的股票，买入"价值高估"的股票

2. 对于集中投资于某一种风格股票的基金经理人而言（　　　）。

    A. 消极的股票风格管理有意义　　　　B. 消极的和积极的股票管理均有意义

    C. 积极的股票风格管理有意义　　　　D. 消极的和积极的股票管理均无意义

3. 积极的股票风格管理，若股票前景不妙，则应该（　　　）；若前景良好，则（　　　）。

    A. 增加权重，增加权重　　　　　　　B. 增加权重，降低权重

    C. 降低权重，降低权重　　　　　　　D. 降低权重，增加权重

4. 指数型消极投资策略认为在有效市场中（　　　）。

    A. 少数积极型股票投资战略可能取得高于其风险承担水平的超额收益

    B. 多数积极型股票投资战略都不可能取得高于其风险承担水平的超额收益

    C. 任何积极型股票投资战略都不可能取得高于其风险承担水平的超额收益

    D. 只要投资战略合适就能取得高于其风险承担水平的超额收益

5. 目前国际应用较多的基本分析方法不包括（　　　）。

    A. 权益资本比率　　B. 市盈率　　　　C. 股利贴现模型　　D. 内含报酬率

6. N 日的乖离率=（　　　）。

    A.（当日开盘价−N 日移动总价）÷N 日移动平均价×100%

    B.（当日开盘价−N 日移动平均价）÷N 日移动平均价×100%

    C.（当日收盘价−N 日移动平均价）÷N 日移动平均价×100%

    D.（当日收盘价−N 日移动平均价）÷N 日移动价×100%

7. 有效市场的最佳选择是（　　　）。

    A. 积极型管理　　B. 消极型管理　　　C. 混合型管理　　D. 以上都不合适

8. 在一个有效的股票市场上（　　　）。

    A. 存在价值高估　　　　　　　　　　B. 存在价值低估

    C. 既有高估，也有低估　　　　　　　D. 既没价值高估，也没价值低估

9. 按公司规模划分的股票投资风格通常不包括（　　　）。

    A. 小型资本股票　　B. 中型资本股票　　C. 大型资本股票　　D. 混合型资本股票

10. 道氏理论认为市场波动具有（　　　）种趋势。

    A. 1　　　　　　　B. 2　　　　　　　C. 3　　　　　　　D. 4

11. 根据移动平均法，如果某只股票价格超过平均价的某一百分比时，则应该（　　　）。

    A. 买入　　　　　　B. 卖出　　　　　　C. 清仓　　　　　　D. 满仓

12. 在利率水平变化时，长期债券价格的变化幅度与短期债券的变化幅度的关系是
（　　　）。

    A. 两者相等　　　B. 前者大于后者　　C. 前者小于后者　　D. 没有可比性

13. 债券投资者所面临的主要风险是（　　）。

    A. 经营风险　　　B. 赎回风险　　　C. 利率风险　　　D. 再投资风险

14. 已知债券价格、债券利息、到期年数，可以通过（　　）计算债券的到期收益率。

    A. 终值法　　　　B. 复利法　　　　C. 单利法　　　　D. 试算法

15. （　　）旨在通过基本分析和技术分析构造投资组合，并通过买卖时机的选择和投资组合结构的调整，获得超过市场组合收益的回报。

    A. 消极型投资策略　　　　　　　　B. 积极型投资策略

    C. 个人投资策略　　　　　　　　　D. 集体投资策略

16. 积极型股票投资战略的目标是（　　）。

    A. 实现平均收益　　　　　　　　　B. 实现经济利润

    C. 挑选价值低估股票超越大盘　　　D. 以上都不正确

17. 以技术分析为基础的投资策略是建立在否定（　　）的基础之上的。

    A. 有效市场　　　B. 半强式市场　　C. 强式有效市场　　D. 弱式有效市场

18. 道氏理论认为（　　）。

    A. 开盘价是最重要的价格　　　　　B. 收盘价是最重要的价格

    C. 买入价是最重要的价格　　　　　D. 卖出价是最重要的价格

19. 消极的债券组合管理者通常把市场价格看成（　　）。

    A. 非均衡交易价格　　　　　　　　B. 均衡交易价格

    C. 低估交易价格　　　　　　　　　D. 高估交易价格

20. 假设其他因素不变，久期越（　　），债券的价格波动性就越（　　）。

    A. 大；小　　　　B. 大；大　　　　C. 小；不变　　　　D. 小；大

21. 大多数债券价格与收益率的关系都可以用一条（　　）弯曲的曲线来表示，而且（　　）的曲度有利于投资者提高债券投资收益。

    A. 向下；较高　　B. 向下；较低　　C. 向上；较高　　D. 向上；较低

22. 计算投资组合收益率最通用，但也是缺陷最明显的方法是（　　）。

    A. 现实复利收益率　　　　　　　　B. 内部收益率

    C. 算术平均组合投资率　　　　　　D. 加权平均投资组合收益率

23. 指数化策略（　　）投资组合业绩与某种债券指数相同。该指数的业绩（　　）投资者的目标业绩，与该指数相配比（　　）资产管理人能够满足投资人的收益率需求目标。

    A. 可以保证；不一定代表；并不意味着

    B. 可以保证；代表；意味着

    C. 不能保证；可以代表；不意味着

    D. 不能保证；代表；意味着

24. 规避风险是指在市场收益率（　　　）时，组合所蕴涵的（　　　）。
　　A. 平行变动；经营风险　　　　　　　B. 非平行变动；再投资风险
　　C. 非平行变动；经营风险　　　　　　D. 平行变动；再投资风险

25. 零息债券的规避风险为（　　　）。
　　A. 正　　　　　B. 零　　　　　C. 负　　　　　D. 任意

26. 或有规避中，当实际收益高于目标收益时，投资者可采取（　　　）的投资策略，争取获得（　　　）的收益。
　　A. 积极；平稳　　B. 消极；平稳　　C. 积极；更高　　D. 消极；更高

27. 到期收益率的含义是将未来的现金流按照一个固定的利率折现，使之等于（　　　）。
　　A. 当前的面值　　B. 当前的价格　　C. 本息和　　　　D. 债券终值

28.（　　　）在交易与报价中可操作性较强，在市场收益率曲线波动平缓且票息较低时，潜在的误差较小。
　　A. 到期收益率　　B. 复利收益率　　C. 实际回报率　　D. 再投资利率

29. 流动性风险主要用于衡量投资者持有债券的（　　　）难易程度。
　　A. 售出　　　　　B. 变现　　　　　C. 上市　　　　　D. 付息

30. 货币市场基金可以投资于剩余期限小于（　　　）但剩余存续期超过（　　　）的浮动利率债券。
　　A. 180 天；180 天　　　　　　　　　B. 365 天；365 天
　　C. 367 天；367 天　　　　　　　　　D. 397 天；397 天

二、不定项选择题

1. 货币市场基金面临的风险有（　　　）。
　　A. 利率风险　　B. 购买力风险　　C. 信用风险　　D. 流动性风险

2. 以下反映货币市场基金风险的指标主要有（　　　）。
　　A. 投资组合平均剩余期限　　　　　　B. 收益的标准差
　　C. 融资比例　　　　　　　　　　　　D. 浮动利率债券投资情况

3. 依据资产配置的不同，混合基金可分为（　　　）。
　　A. 偏股型基金　　　　　　　　　　　B. 灵活配置型基金
　　C. 股债平衡型基金　　　　　　　　　D. 偏债型基金

4. 依据股票基金所持有的全部股票的（　　　）等指标可以对股票基金的投资风格进行分析。
　　A. 平均市值　　B. 平均市盈率　　C. 平均市净率　　D. 净值收益率

5. 久期综合考虑了（　　　），可以用以反映利率的微小变动对债券价格的影响，因此是一个较好的债券利率风险衡量指标。

A. 债券的票面利率　　　　　　　　　B. 市场利率对债券价格的影响

C. 债券现金流　　　　　　　　　　　D. 到期时间

6. （　　）是组合管理的基本目标。

A. 避免风险　　　　　　　　　　　　B. 分散风险

C. 最大化股东利益　　　　　　　　　D. 最大化投资收益

7. 股票投资风格分类的标准有（　　）。

A. 公司规模　　　　　　　　　　　　B. 股票的获利能力

C. 公司成长性　　　　　　　　　　　D. 股票价格行为

8. 按股票价格行为所表现出来的行业特征，可将股票分为（　　）。

A. 能源类　　　B. 增长类　　　　C. 周期类　　　D. 稳定类

9. 积极的股票风格管理（　　）。

A. 主动改变投资组合中增长类、周期类、稳定类和能源类股票权重

B. 只改变投资组合中增长类股票在组合中的比重

C. 若股票前景不妙，降低权重

D. 若股票前景良好，增加权重

10. 积极型股票投资战略主要包括（　　）。

A. 以技术分析为基础的投资策略　　　B. 以基本分析为基础的投资策略

C. 以价格分析为基础的投资策略　　　D. 市场异常投资策略

11. 以下属于在否定弱式有效市场前提下的以技术分析为基础的投资策略有（　　）。

A. 道氏理论　　　　　　　　　　　　B. 移动平均法

C. 价格与交易量的关系　　　　　　　D. 低市盈率法

12. 按照公司成长性划分，可以将股票分为（　　）。

A. 增长类股票　　　　　　　　　　　B. 非增长类（收益类）股票

C. 收益类股票　　　　　　　　　　　D. 非收益类股票

13. 常见的市场异常策略包括（　　）。

A. 小公司效应　　　　　　　　　　　B. 低市盈率效应

C. 被忽略的公司效应　　　　　　　　D. 遵循公司内部人交易

14. 关于消极型股票投资策略的说法正确的有（　　）。

A. 消极型股票投资策略以有效市场假说为理论基础，可以分为简单型和指数型两类策略

B. 简单型消极投资策略一般是在确定了恰当的股票投资组合之后，在 3~5 年的持有期内不再发生积极的股票买入或卖出行为，而进出场时机也不是投资者

关注的重点

C．指数型消极投资策略的核心思想是相信市场是有效的，任何积极的股票投资策略都不能取得超过市场的投资收益

D．基金管理人在实际进行资产管理时，会构造股票投资组合来复制某个选定的股票价格指数的波动

15．目前世界资本市场应用最广泛的（　　）等都是源于道氏理论的思想。

A．道–琼斯工业指数　　　　　　　B．标准普尔 500 指数

C．金融时报指数　　　　　　　　　D．日经指数

16．道氏认为价格的波动尽管表现形式不同，但是最终可以将它们分为（　　）。

A．长期趋势　　　B．主要趋势　　　C．次要趋势　　　D．短暂趋势

17．选择（　　）的"双低"股票作为自己的目标投资对象是目前机构投资者普遍运用的投资策略。

A．低市盈率　　　B．低市净率　　　C．低红利收益率　　D．低盈余保留率

18．投资组合内部益率的计算需要满足的假定有（　　）。

A．基础利率不能随时间不断波动

B．现金流能够按计算出的内部收益率进行再投资

C．投资人持有该债券投资组合直至组合中期限最短的债券到期

D．投资人持有该债券投资组合直至组合中期限最长的债券到期

19．债券投资风险的种类有（　　）。

A．利率风险　　　B．再投资风险　　　C．流动性风险　　　D．经营风险

20．以下描述正确的是（　　）。

A．期限较长的债券和息票率较高的再投资风险相对较大

B．在利率水平变化时，长期债券价格的变化幅度小于短期债券的变化幅度

C．在利率水平变化时，长期债券价格的变化幅度大于短期债券的变化幅度

D．运营收入变化越大，经营风险就越大

21．下列关于久期描述正确的是（　　）。

A．附息债券的麦考莱久期和修正的麦考莱久期小于其到期期限

B．对于零息券而言，麦考莱久期与到期期限相同

C．对于普通债券而言，当其他因素不变时，票面利率越低，麦考莱久期及修正的麦考莱久期就越大

D．假设其他因素不变，久期越大，债券的价格波动性就越大

22．流通性较强的债券（　　）。

A．比流通性一般的债券在收益率上折让的幅度小

  B．在收益率上往往有一定折让

  C．折让的幅度反映了债券流通性的价值

  D．折让的大小和凸性有关

23．债券指数化投资的动机包括（ ）。

  A．经验证据表明积极型的债券投资组合的业绩并不好

  B．与积极型的债券组合管理相比，指数化组合管理所收取的管理费用更低

  C．有助于基金发起人增强对基金经理的控制力

  D．债券指数化投资组合表现一定优于积极型的债券投资组合

24．债券指数化投资的方法包括（ ）。

  A．分层抽样法 B．优化法   C．方差最小化法 D．成本最小化法

25．以下关于债券风险说法正确的是（ ）。

  A．所有证券价格趋势与市场利率水平变化正向运动

  B．在利率走低时，再投资收益率就会降低，再投资的风险加大

  C．内部经营风险通过公司的运营效率得到体现

  D．在通货膨胀加速的情况下，债券风险使债券投资者的实际收益率降低

26．付息式债券的投资回报主要由（ ）组成。

  A．本金   B．利息

  C．利息的再投资收益   D．可转换价格

27．债券的到期收益率不能准确地衡量债券的实际回报率是因为（ ）。

  A．利息的再投资收益率被假设为固定不变的当前到期收益率不现实

  B．票息的再投资利率是变动的

  C．计算公式过于复杂

  D．没有考虑税收的因素

28．现实复利收益率也称为期限收益率，它允许资产管理人根据（ ）预测债券的
表现。

  A．对宏观经济形势的把握   B．计划的投资期限

  C．预期的有关再投资利率   D．未来市场收益率

29．债券投资的名义收益率包括（ ）。

  A．债券票面利率   B．实际回报率

  C．持有期内的通货膨胀率   D．现值折现率

30．为最大限度地避免市场利率变化的影响，债券组合应首先满足的条件有（ ）。

  A．债券投资组合的久期等于负债的久期

  B．债券投资组合的到期日等于负债的到期日

  C．投资组合的现金流量现值与未来负债的现值相等

  D．投资组合的现金流量终值与未来负债的终值相等

三、判断题

  1．2004 年 7 月 1 日开始施行的《证券投资基金运作管理办法》中，首次将我国基金分为股票基金、债券基金、混合基金、货币市场基金等基本类型。（　　）

  2．与单个债券的久期一样，债券基金的久期越长，净值的波动幅度就越大，所承担的利率风险就越高。（　　）

  3．债券基金的价值会受到市场利率变动的影响，债券基金的平均到期日越短，债券基金的利率风险越高。（　　）

  4．股票基金通过分散投资可以大大降低个股投资的系统性风险，但却不能回避非系统性投资风险。（　　）

  5．货币市场基金的风险较低，意味着货币市场没有投资风险。（　　）

  6．混合基金的风险低于股票基金，预期收益则要高于债券基金。（　　）

  7．资产组合理论表明，证券组合的风险随着组合所包含的证券数量的增加而降低，资产间关联性低的多元化证券组合可以有效降低个别风险。（　　）

  8．在给定的风险水平下，通过多样化的股票选择，可以在一定程度上减轻股票价格的过度波动，从而在一个较长的时期内获得最大收益。（　　）

  9．股票投资风格的划分关键是对股票特征的把握和分类标准的选取。（　　）

  10．道氏理论认为开盘价是最重要的价格。（　　）

  11．积极的股票风格管理中若股票前景不妙，降低权重；若前景良好，增加权重。

  （　　）

  12．积极型股票投资管理的目标是获得利润最大化。（　　）

  13．移动平均法可以参考协方差的计算公式来测定股价的背离程度。（　　）

  14．从市场经验来看，证券组合受行业政策和基本面的影响较大，相应的收益波动往往也很大。（　　）

  15．通过组合投资，能够减少直至消除的是系统性风险，而只承担影响所有股票收益率的非系统性风险。（　　）

  16．即使在有效市场，股票也存在"价值高估"或"价值低估"。（　　）

  17．只有市场无效，才存在错误定价的股票。（　　）

  18．积极型股票投资管理是有效市场的最佳选择。（　　）

  19．技术分析通常以市场历史交易数据的统计结果为基础。（　　）

  20．指数型消极投资策略的核心思想是相信市场是有效的，任何积极的股票投资策略

都不能取得超过市场的投资收益。 （　　）

21．所谓股票投资风格分类体系，就是按照不同标准将股票划分为不同的集合，具有相同特征的股票集合共同构成一个系统的分类体系。 （　　）

22．相对于消极战略来说，类别轮换战略是一种积极的股票风格管理方法。 （　　）

23．乖离率是描述股价与股价移动平均线距离远近程度的一个指标。 （　　）

24．一般来讲，与积极债券组合管理相比，指数化组合管理所收取的管理费用较低。
　　　　　　　　　　　　　　　　　　　　　　　　　　　　　　　　　（　　）

25．流通性较强的债券在收益率上往往有一定折让，折让的幅度反映了债券流通性的价值。 （　　）

26．当实际收益高于目标收益时，投资者可采取规避策略，争取获得更高的收益。
　　　　　　　　　　　　　　　　　　　　　　　　　　　　　　　　　（　　）

27．与多重免疫策略相比，现金流匹配没有持续期的要求，但要求在利率没有变动时仍然需要对投资组合进行调整。 （　　）

28．只要麦考莱久期与目标投资期相同，就可以消除利率变动的风险。 （　　）

29．指数化投资策略属于积极型债券投资策略之一。 （　　）

30．久期是测量债券价格相对于收益率变动的敏感性的指标。 （　　）

四、思考题

1．积极型股票投资策略有哪些？

2．除了积极型和消极型股票投资策略之外，市场异常策略包括哪些？

3．债券价值评价指标有哪些？

4．依据对市场效率理论的不同认识，债券投资策略可分为哪3类？

5．从什么意义上来说，债券投资比股票投资更安全？从什么意义上来说，股票投资比债券投资更安全？

第 10 章

证券投资基金监管

基金是面向社会大众销售的投资产品，不断完善对基金活动的监管，是保护广大投资者利益的重要保证。建立健全基金监管体系，既是我国基金业规范运作的客观要求，也是我国基金业快速、健康发展的重要保证。中国证监会在对我国基金的监管上负有最主要的责任。基金监管从内容上主要涉及对基金服务机构的监管、对基金运作的监管及对基金高级管理人员的监管 3 个方面。

10.1 基金监管概述

10.1.1 基金监管的含义

基金监管是指监管部门运用法律的、经济的及必要的行政手段，对基金市场参与者行为进行的监督与管理。

基金监管对于维护证券市场的良好秩序、提高证券市场的效率、保护基金份额持有人利益均具有重大意义，是证券市场监管体系中不可缺少的组成部分。由于基金这一投资工具的大众性，世界各国（地区）普遍建立了一套行之有效的监管体系，对基金采取相对严格的监管措施。监管体系由监管目标、监管原则、监管机构、监管对象、监管内容、监管手段等组成。

10.1.2 基金监管的目标

基金监管的目标是一切基金监管活动的出发点。国际证监会组织（IOSCO）于 1998 年制定的《证券监管的目标与原则》规定，证券监管的目标主要有 3 个：一是保护投资者利益；二是保证市场的公平、效率和透明；三是降低系统风险。这 3 个目标同样适用于基金监管。同时，考虑到我国资本市场正处于转型时期的新兴市场及我国基金业自身所具有的特点，我国基金监管还担负着推动基金业发展的使命。具体而言，我国基金监管的目标包括以下内容。

1. 保护投资者利益

基金监管的首要目标是保护投资者利益。投资者是市场的支撑者，保护和维护投资者的利益是我国基金监管的首要目标。只有在基金市场管理中采取相应的监管措施，使投资者得到公平的对待，维护其合法权益，才能有力地促使人们增加投资。具体而言，这一目标就是指要使基金投资者免受误导、操纵、欺诈、内幕交易、不公平交易和资产被滥用等行为的损害。

2. 保证市场的公平、效率和透明

监管部门应通过适当的制度安排，保障交易公平，使投资者能够平等地进入市场、使用市场资源和获得市场信息；同时，能发现、防止和惩罚操纵市场和其他导致市场交易不公平的行为。为保证市场的有效性，监管部门应当保证市场信息公布及时、传播广泛并有效反映于市场价格中。监管部门应当推进市场的有效性，保证市场高透明度。

3. 降低系统风险

该目标是指监管部门应当通过设定对基金管理机构的要求等措施降低投资者的风险。一旦基金管理机构及其他相关机构出现财务危机，监管部门应当尽量减轻危机对整个市场造成的冲击。为此，监管部门应当要求基金管理机构满足一定的运营条件及其他谨慎要求。当基金管理机构倒闭时，客户可以免遭损失或整个系统免受牵连。但是，承受风险是投资的必然要求，也是市场活跃的基础，监管部门不能、也没有必要试图消除风险，而应当鼓励人们进行理性的风险管理和安排，要求投资者将承担的风险限制在能力范围之内，并且监控过度的风险行为。

4. 推动基金业的规范发展

我国基金业的发展时间不长，基金行业整体发展水平与世界上其他发达市场相比还有一定差距。因此，在加强对基金行业监管的同时，要进一步发展我国的基金业，在发展中求规范；要更多地鼓励产品创新和业务创新，并为一切推动基金业发展的行为创造良好的环境；要更多地吸引外资，引进国外的先进经验，提升我国基金业的水平，推动我国基金市场开展公平、健康、有序的竞争，形成一个有效的基金市场。

10.1.3 基金监管原则

1. 依法监管原则

基金监管属于行政执法活动。监管机构作为执法机关，其成立由法律规定，其职权也

是由法律所赋予的。因此，基金监管部门应树立依法监管观念，在基金监管活动中，严格遵守法律法规等的规定，既要依法履行监管职权，又要依法承担监管责任；既要尊重监管对象的权利，保护市场各方参与者的合法权益，又要不徇情、不枉法。

2．"三公"原则

基金是证券市场的重要参与者之一，证券市场公开、公平、公正的原则同样适用于基金市场。公开原则要求基金市场具有充分的透明度，要实现市场信息的公开化。公平原则是指市场中不存在歧视，参与市场的主体具有完全平等的权利。公正原则要求监管部门在公开、公平原则的基础上，对被监管对象给予公正待遇。

3．监管与自律并重原则

在加强政府、证券主管机构对基金市场监管的同时，也要加强从业者的自我约束、自我教育和自我管理。国家对于基金市场的监管是市场的保证，而基金从业者的自律是市场的基础。国家监督与自我监督、自我管理相结合的原则是世界各国（地区）共同奉行的原则，基金行业要建立并遵守自律守则。

4．监管的连续性和有效性原则

我国基金业正处于发展壮大的初期，基金监管应遵循连续性的原则，避免出现大起大落的情形以影响基金业的正常发展。在基金监管中还应坚持有效监管的原则，处理好监管成本与监管效益之间的关系，做到市场能自身调节的，不监管；必须监管的，应当在保证监管效益的前提下实现监管成本最小。

5．审慎监管原则

审慎监管主要是针对基金管理公司清偿能力的监管，旨在督促基金管理公司约束其风险承担行为，避免产生因贪图高收益而过分冒险，最终导致牺牲投资者利益和系统性风险的恶果。监管部门在市场准入监管及持续性监管过程中，都会运用审慎监管原则。例如，在准入监管方面，应就基金管理公司在防范和控制经营风险、确保业务的稳健运行和基金财产安全方面提出具体的监管要求和标准，包括风险管理、内部控制、资产质量等方面的要求和标准。

10.1.4　基金监管法规体系

基金监管作为一种政府行政行为，必须依法开展。基金监管的法规体系是基金监管体系的重要组成部分。我国基金业经过十余年时间的规范发展，已经初步形成一套以《证券投资基金法》为核心、各类部门规章和规范性文件为配套、自律规则为补充的完善的基金监管法律制度体系，如图 10.1 所示。

法律	《证券投资基金法》《证券法》《信托法》等
部门规章	《证券投资基金法》的8个配套规章：《证券投资基金管理公司管理办法》《证券投资基金运作管理办法》《证券投资基金信息披露管理办法》《证券投资基金销售管理办法》《证券投资基金行业高级管理人员任职管理办法》《证券投资基金托管资格管理办法》《合格境内机构投资者境外证券投资管理办法》《基金管理公司特定客户资产管理业务试点办法》 其他部门规章：《商业银行设立基金管理公司管理办法》《货币市场基金管理暂行规定》《企业会计准则》等
规范性文件	1. 基金信息披露规范性文件。例如，《证券投资基金信息披露内容与格式准则》《证券投资基金信息披露编报规则》《证券投资基金信息披露XBRL标引规范(Taxonomy)》、证券投资基金信息披露XBRL模板等 2. 基金管理公司规范性文件。例如，《基金管理公司内部控制指导意见》《基金管理公司治理准则》等 3. 基金投资规范性文件。例如，《关于货币市场基金投资等有关问题的通知》《关于基金投资非公开发行股票等流通受限证券有关问题的通知》等 4. 基金行业高级管理人员及其他从业人员规范性文件。例如，《基金管理公司督察长管理规定》《基金管理公司投资管理人员管理指导意见》《关于基金从业人员投资证券投资基金有关事宜的通知》等 5. 基金销售规范性文件。例如，《证券投资基金销售适用性指导意见》《开放式基金销售费用管理规定》等 6. 基金估值、税收规范性文件。例如，《关于基金执行〈企业会计准则〉估值业务及份额计价有关事项的通知》《关于开放式基金有关税收问题的通知》等
自律规则	1. 证券交易所规则。交易所基金上市规则、上市开放式基金业务指引和业务规则、交易型开放式指数基金业务实施细则等 2. 证券业协会规则。《基金会计核算业务指引》《基金经理注册登记规则》《基金评价业务自律管理规则》等

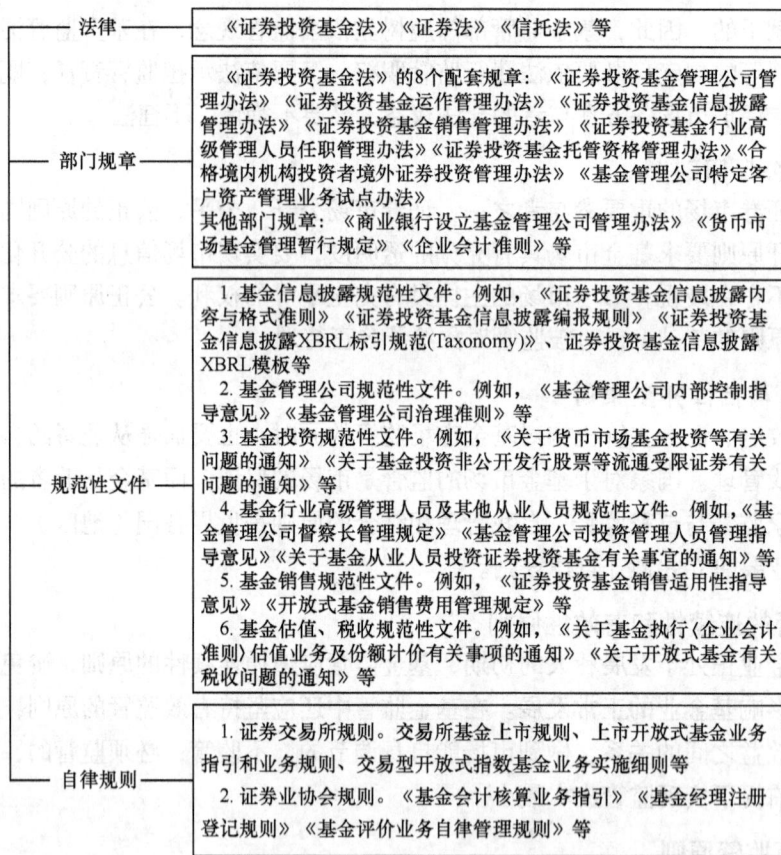

图 10.1　基金监管法律制度体系

10.2　基金市场中介监管

中国证监会是我国基金市场的监管主体，依法对基金市场参与者的行为进行监督管理，在涉及个别监管事项上，如基金托管资格核准、商业银行设立基金公司的审核及监管等，则由中国证监会联合其他有关金融监管部门实施联合监管。中国证券业协会作为我国证券业的自律性组织，对基金业实施行业自律管理。证券交易所负责组织和监督基金的上市交易，并对上市交易基金的信息披露进行监督。

10.2.1　中国证监会对基金市场的监管

中国证监会内部设有基金监管部，具体承担基金监管职责。同时，为充分发挥证券市场统一监管体系的优势，中国证监会还通过授权各地方证监局承担一定的一线监管职责。

1．基金监管部的职能及对基金市场的监管

中国证监会基金监管部的主要职能有：负责涉及基金行业的重大政策研究，草拟或制定基金行业的监管规则；对有关基金的行政许可项目进行审核；全面负责对基金管理公司、基金托管人及基金代销机构的监管；对基金行业高级管理人员的任职资格进行审核；指导、组织和协调地方证监局、证券交易所等部门对基金的日常监管，指导、监督基金同业协会的活动；对日常监管中发现的重大问题进行处置。基金监管部主要通过市场准入监管与日常持续监管两种方式实现基金监管。

市场准入监管主要是指对基金从业机构及高级管理人员的资格审核。通过严格的市场准入，从源头上控制整个行业运作风险、提高行业服务水平。

日常持续监管一般是对基金从业机构日常经营活动、相关人员从业行为、基金运作各环节的监管。日常持续监管方式主要有现场检查和非现场检查两种。非现场检查主要是通过报备制度，由基金从业机构、证券交易所等机构向基金监管部定期或不定期报送各种书面报告；基金监管部通过审阅并分析这些报告，建设相关的监管信息分析预警系统，及时发现并处理有关违规事件，保证法规的有效执行。而现场检查主要是基金监管部组织对基金从业机构进行现场检查，着重于从业机构内部控制、公司治理、财务状况等方面，以便更真实、深入地把握基金运作状况。现场检查主要侧重于对从业机构内部控制和财务状况进行检查，督促从业机构提高遵规守信意识和风险控制水平。

2．中国证监会各地方监管局对基金的监管

中国证监会各地方证监局主要负责对经营所在地在本辖区内的基金管理公司进行日常监管，并负责对辖区内异地基金管理公司的分支机构及基金代销机构进行日常监管，具体承担以下监管工作：负责辖区内基金管理公司开业申请和分支机构设立申请的现场检查工作；负责核查辖区内拟任基金管理公司股东情况并出具意见；负责审查辖区内基金管理公司设立办事处、变更和撤销分支机构和办事处及董事、基金经理任免等事项；负责辖区内基金管理公司管理基金存续期间的信息披露监管工作；协助中国证监会基金监管部开展以下工作，对辖区内基金管理公司管理基金的投资行为进行监管，对辖区内基金募集活动、基金份额交易活动进行监管，对基金管理公司的内部控制和公司治理进行监管，对辖区内基金管理公司高级管理人员的执业行为进行监管，对有关基金的违规违法行为的核查等。

10.2.2　协会的行业自律管理

目前，我国基金行业的自律管理由中国证券业协会承担。我国基金行业最初是以相对松散的基金业联席会议的形式开展自律工作的。随着基金管理公司的增加和基金市场的发展，2001 年 8 月，中国证券业协会基金公会成立。基金公会成立后在加强行业自律、协调辅导、服务会员等方面做了很多工作。2004 年 12 月，中国证券业协会证券投资基金业委

员会成立。该委员会作为基金专业人士组成的议事机构，承接了原基金公会的职能和任务，在中国证券业协会的领导下开展工作。该委员会于 2007 年更名为证券投资基金业专业委员会。同年，中国证券业协会设立了基金公司会员部，负责基金管理公司和基金托管银行特别会员的自律管理。

1. 自律管理的方式与内容

基金行业自律管理的方式主要是制定行业自律规则和业务标准，加强会员管理，大力开展基金业宣传活动，树立行业形象，正确引导社会公众对基金市场的认识；建立行业从业人员教育培训体系，全面提高基金从业人员素质；加大研究力度，对关系基金业发展的重点、难点、热点问题进行深入研究，促进基金业的健康发展。

2. 基金公司会员部的职责

基金公司会员部负责基金管理公司和基金托管银行特别会员的联络与业务交流工作；教育组织基金管理公司会员遵守证券法律、行政法规；组织拟订基金业自律规则和业务标准，并监督实施；协助基金业委员会工作；组织推动基金管理公司会员诚信建设，管理诚信信息；维护基金管理公司会员合法利益，反映会员呼声；负责基金业务数据统计分析；组织业界专家成立基金估值工作小组，指导行业估值业务；受理基金管理公司会员的投诉，并调解其纠纷；组织基金管理公司会员开展投资者教育工作等。

10.2.3 证券交易所的自律管理

证券交易所作为自律管理的法人，依法对基金上市及相关信息披露等活动进行管理，对基金在交易所的投资交易实行监控。

1. 对基金上市交易的管理

我国沪、深证券交易所均制定了《证券投资基金上市规则》和其他类型基金的业务指引，对在证券交易所挂牌上市的封闭式基金、交易型开放式指数基金、上市开放式基金的上市条件、上市申请、上市公告书、信息披露的原则和要求、上市费用等做出了详细规定。证券交易所通过制定这些规则，对基金当事人实行自律管理。

2. 对基金投资行为进行监控

证券交易所对基金投资行为的监控包括两个方面：一是对投资者买卖基金交易行为的合法、合规性进行监控；二是对证券投资基金在证券市场的投资行为进行监控。

为实现对基金投资行为的监控，证券交易所建立了基金交易监控体系，重点监控涉嫌违法违规的交易行为，并监控基金买卖高风险股票的行为。证券交易所在日常监控中发现基金异常交易行为时，将视情况采取电话提示、书面警告、约见谈话、公开谴责等措施，并在采取相关措施的同时报告中国证监会。

10.2.4　基金管理公司日常运作的持续监管

中国证监会对基金管理公司开展日常监管的主要对象是基金管理公司的治理情况、内部控制情况。

1. 公司治理监管

现行法规在股东及股权比例、完善公司内部制衡机制等方面进行了详细规范

1）在基金管理公司股东及股权比例方面监管法规要求设立基金管理公司必须由具备条件的金融机构作为主要股东；一家机构或受同一实际控制人控制的机构参股基金管理公司的数量不得超过 2 家，其中控股的数量不得超过 1 家；基金管理公司股东不得持有其他股东的股份及权益，与其他股东不得同属同一实际控制人；限制各类股东的持股比例，内资基金管理公司主要股东的持股比例上限为 49%等。

2）在建立组织机构健全、职责划分清晰、制衡监督有效、激励约束合理的治理结构方面，监管法规要求基金管理公司股东会、董事会、监事会或执行监事、经理层的职责权限明确，既相互制约又相互协调。具体体现在以下几点。

① 明确股东会的职权范围和议事规则，建立公司和股东之间的业务与信息隔离制度。股东不得越过股东会、董事会直接干预公司的经营管理或基金财产的投资运作，不得在证券承销、证券投资等业务活动中要求基金管理公司为其提供便利，不得要求公司直接或间接为其提供融资或担保，不得直接或间接要求公司董事、经理层及公司员工提供基金投资、研究等方面的非公开信息和资料，不得利用技术支持等方式将所获得的非公开信息为任何人谋利，不得越过股东会、董事会直接任免公司的高级管理人员，不得违反章程干预公司员工选聘等事宜，公司除董事、监事之外的所有员工不得在股东单位兼职。

② 明确董事会的职权范围和议事规则。董事会应按照法律法规和公司章程规定制定公司基本制度，决策有关重大事项，监督、奖惩经营管理人员；董事会应当公平对待所有股东，不得越权干预经营管理人员的具体经营活动；董事会每年应至少召开 2 次定期会议。

③ 董事应具有履行职责所必需的素质、能力和时间，应关注公司经营状况，对监督公司合规运作负有勤勉尽责义务；董事长应注重公司的发展目标、长远规划，不得越权干预公司经营管理活动，对股东虚假出资、抽逃或变相抽逃出资、以任何形式占有或转移公司资产等行为及为股东提供融资或担保等不当要求应予以制止。

④ 公司应建立健全独立董事制度。独立董事人数不得少于 3 人，且不得少于董事会人数的 1/3，董事会在审议公司及基金投资运作中的重大事项，如重大关联交易、公司和基金审计事务、聘请或更换会计师事务所、基金半年报和年报时，应经 2/3 以上独立董事同意。

⑤ 明确规定监事会或执行监事的职权、人员组成、议事方式、表决程序等事项。公司监事会或执行监事应切实履行监督职责，加强对公司财务、董事会履行职责进行监督。

⑥ 明确经理层的职权。经理层人员应独立、合规、勤勉、审慎地行使职权；应保持公司内部机构和人员责任体系、报告路径的清晰和完整；应按公司章程、制度和业务流程的规定开展工作，不得越权干预基金投资、研究、交易等具体业务活动；应公平对待所有股东，公平对待公司管理的不同基金财产和客户资产。

⑦ 建立健全督察长制度。督察长应由董事会聘任，对董事会负责，对公司经营运作的合法合规性进行监察稽核。督察长发现公司存在重大风险或有违法违规行为时，应当向董事会、中国证监会和公司所在地证监局报告。

⑧ 建立有效制度防范不正当关联交易。公司应定期和不定期对关联交易事项、关联人士、禁止从事的关联交易等进行检查。公司董事会就关联交易事项进行表决时，有利害关系的董事应回避。

2. 内部控制监管

中国证监会对基金管理公司内部控制情况的监督检查是日常监管的重点。监督检查的内容包括：公司的内部控制机制是否科学合理；内部控制是否体现了健全性、有效性、独立性、相互制约性和成本效益的原则；控制环境、风险评估、控制活动、信息沟通和内部监控等基本要素是否达到要求；投资管理、信息披露、信息技术系统、财务会计、监察稽核等业务环节是否按照法规标准和内部控制制度有效执行。为全面、及时了解基金管理公司及其基金业务的内部控制情况，目前，法规要求基金管理公司每年聘请有证券业务资格的会计师事务所对公司及基金主要业务环节的内部控制进行核查，出具年度评价报告报中国证监会。

3. 经营运作

中国证监会在对基金管理公司的日常监管中，还密切关注公司本身的日常经营运作及风险状况。例如，中国证监会将关注基金管理公司是否以审慎原则经营运作，按照规定提取风险准备金；是否按照规定管理和运用固有资金；是否建立有效的管理制度，加强对分支机构的管理；是否建立突发事件处理预案制度，即对发生严重影响基金份额持有人利益、可能引起系统性风险、严重影响社会稳定的突发事件，按照预案妥善处理；是否发生股东出资被司法机关采取诉讼保全措施、公司股东进入清算程序等对公司经营可能产生重大影响的事件。此外，中国证监会每年还集中分析基金管理公司报送的公司年度报告，及时掌握和评价公司的财务状况、盈利能力、股权结构、内部控制制度和人员情况等综合信息。

10.2.5　基金托管银行的监管

中国证监会对基金托管银行的监管分为市场准入监管和日常持续监管两个方面。

1. 市场准入监管

基金托管人资格由中国证监会、中国银监会核准。申请托管资格的商业银行须在资产质量、人员配备、办公硬件及系统软件、风险控制等方面符合《证券投资基金法》及《证券投资基金托管资格管理办法》等法律法规的规定。获得基金托管资格后，商业银行可以承接基金的托管业务。同时，根据相关法规的规定，只有获得基金托管资格的商业银行，才可以承接 QDII 基金和基金管理公司特定资产管理业务的托管。目前，我国具有基金托管资格的商业银行有 18 家。

2．日常持续监管

商业银行取得基金托管资格后，其基金托管业务活动主要受中国证监会的监管。中国证监会对基金托管银行的日常监管主要包括基金托管职责的履行情况和基金托管部门内部控制情况两个方面。

对履行基金托管职责的监督主要包括以下内容。

1）在监督基金投资运作中，是否在基金托管协议中事先与基金管理公司订明相关权责，是否建立并及时维护相关监督系统，是否在发现问题时及时提醒基金管理公司并报告中国证监会。

2）在办理基金的清算交割事宜中，是否既能保证清算的及时高效，又能保证基金财产的安全与独立。

3）在复核、审查基金管理公司计算的基金资产净值时，是否科学评估基金采取的估值方法；是否及时与基金管理公司核对；在发现估值方法不能反映基金资产的公允价值时，是否采取必要的手段。

4）在办理与基金托管业务相关的信息披露事项中，是否及时、真实、准确、完整地履行信息披露业务，是否在基金年度报告中的托管人报告中独立、客观地发表意见。

5）对基金托管部门内部控制的监督。在日常监管中，中国证监会密切关注基金托管银行是否建立了科学合理、控制严密、运行高效的内部控制体系。例如，托管银行各机构、部门和岗位职责是否保持相对独立，基金资产、托管银行自有资产、其他资产的保管和运作是否严格分离，托管银行托管业务部门的岗位设置应当权责分明、相互制衡等。

与对基金管理公司的日常监管一样，中国证监会主要通过审阅托管银行定期报送的报告及对托管银行进行不定期现场检查等方式，实现对托管银行的日常监管。

10.2.6　基金注册登记机构和基金销售机构的监管

1．基金注册登记（简称 TA）机构的监管

封闭式基金在证券交易所的交易系统内进行竞价交易，其登记业务同上市公司的股票一样，由中国证券登记结算有限责任公司办理。

开放式基金的登记业务同封闭式基金的情形有所不同。目前，我国开放式基金的注册登记存在基金管理公司自建、外包给中国证券登记结算有限责任公司等不同模式。为了消除分散 TA 带来的行业信息安全隐患，自 2010 年开始，中国证监会积极推进开放式基金 TA 中央平台的建设，启动基金 TA 数据的集中报送和备份管理。目前，所有基金管理公司需要将每个交易日的基金 TA 数据集中报送至中国证监会行业数据中心进行备份管理。

2．基金销售机构的监管

（1）市场准入

按现行法规规定，开放式基金的销售业务由基金管理人负责，基金管理人可以委托经中国证监会认定的其他机构代为办理。机构拟开办基金销售业务应当首先经中国证监会审核和批准，取得基金代销资格。商业银行、证券公司、证券投资咨询机构、专业基金销售机构及中国证监会规定的其他机构，在资本充足率（或净资本、注册资本）、组织机构、治理结构与内部控制、营业场所、信息系统建设、业务管理制度、从业人员资格等方面符合法律法规规定的条件时，可以向中国证监会申请基金销售业务资格。对于未取得基金销售业务资格而擅自开办基金销售业务的机构，中国证监会将依法责令整改，并处警告、罚款，并对直接负责的主管人员和其他直接责任人员处以警告、罚款。

（2）日常监管

1）基金销售机构内部控制监管。中国证监会对基金销售机构内部控制情况的监督检查是日常监管的重点。监督检查的内容包括：销售机构的内部控制是否体现了健全、有效、独立、审慎的原则，控制环境、风险评估、授权控制、内部监控、危机处理等要素是否达到要求，销售决策、销售业务执行流程、会计系统、信息技术、监察稽核等业务环节是否按照法规设立的标准和公司的内部控制制度有效执行。通过督促销售机构建立科学合理、控制严密、运行高效的内部控制体系，目标在于促使基金销售机构合规运作，提高风险防范意识，及时查错防弊，消除隐患，确保销售业务的稳健运行和投资者资金的安全。

2）规范基金销售业务信息管理平台建设并实施检查。现行法规对基金销售机构内部的销售前台和后台业务系统、应用系统的支持系统、监管信息报送系统等的建设进行了规范，其目的在于提升基金销售相关信息系统的安全性、实用性和系统化，保障投资人资金流动的安全，防止销售业务中的不正当竞争行为，支持销售适用性原则的运用，提高对基金投资人的信息服务质量。对于各销售机构信息管理平台的建设，中国证监会及其各地方证监局主要通过现场检查方式实施监督。

10.3 基金运作监管

中国证监会对基金投资与交易行为的监管主要涉及两个方面，即对投资组合遵规守信情况的监管和对基金管理公司内部投资、交易环节相关内部控制制度健全及执行情况的监管。

10.3.1　对投资组合遵规守信情况的监管

监督基金按照法律法规、基金合同的约定谨慎勤勉地进行投资运作，是中国证监会对基金进行日常监管的重要内容，具体涉及投资范围、投资比例、回购交易和投资限制等事项。根据《证券投资基金法》、《证券投资基金运作管理办法》等有关方面的规定，基金投资组合的投资运作应符合以下有关方面的规定。

1．投资范围的主要规定

1）股票基金应有 60%以上的资产投资于股票，债券基金应有 80%以上的资产投资于债券。

2）货币市场基金仅投资于货币市场工具，不得投资于股票、可转换债券、剩余期限超过 397 天的债券、信用等级在 AAA 级以下的企业债券、国内信用等级在 AAA 级以下的资产支持证券、以定期存款利率为基准利率的浮动利率债券。

3）基金不得投资有锁定期但锁定期不明确的证券。货币市场基金、中短债基金不得投资流通受限证券。封闭式基金投资流通受限证券的锁定期不得超过封闭式基金的剩余存续期。

2．基金投资交易比例的主要规定

1）如果基金名称显示投资方向的，应当有 80%以上的非现金基金资产属于投资方向确定的内容。

2）一只基金持有一家上市公司的股票，其市值不得超过基金资产净值的 10%；同一基金管理人管理的全部基金持有一家公司发行的证券，不得超过该证券的 10%。完全按照有关指数的构成比例进行证券投资的基金品种可以不受以上比例限制。因证券市场波动、上市公司合并、基金规模变动等基金管理人之外的因素致使基金投资不符合有关投资比例的，基金管理人应当在 10 个交易日内进行调整。

3）基金财产参与股票发行申购，单只基金所申报的金额不得超过该基金的总资产，单只基金所申报的股票数量不得超过拟发行股票公司本次发行股票的总量。

4）开放式基金应当保持不低于基金资产净值 5%的现金或到期日在 1 年以内的政府债券，以备支付基金份额持有人的赎回款项，但中国证监会规定的特殊基金品种除外。

5）基金管理人应当自基金合同生效之日起 6 个月内使基金的投资组合比例符合基金合同的有关约定。

6）一家基金公司通过一家证券公司的交易席位买卖证券的年交易佣金，不得超过其当年所有基金买卖证券交易佣金的 30%（新成立的基金管理公司，自管理的首只基金成立后第 2 年起执行）。

3．基金参与全国银行间同业拆借市场交易的主要规定

1）在全国银行间同业拆借市场进行债券回购的资金金额不得超过基金资产净值的 40%。

2）基金在全国银行间同业拆借市场中的债券回购最长期限为 1 年，债券回购到期后不得展期。

4．投资限制方面的规定

基金财产不得用于下列投资或活动。

1）承销证券。

2）向他人贷款或提供担保。

3）从事承担无限责任的投资。

4）买卖其他基金份额，但是国务院另有规定的除外。

5）向其基金管理人、基金托管人出资或买卖其基金管理人、基金托管人发行的股票或债券。

6）买卖与其基金管理人、基金托管人有控股关系的股东或与其基金管理人、基金托管人有其他重大利害关系的公司发行的证券或承销期内承销的证券。

7）从事内幕交易、操纵证券交易价格及其他不正当的证券交易活动。

8）有关法律法规禁止的其他活动。

10.3.2　货币市场基金投资的主要规定

1）所投资银行存款的存款银行应当是具有证券投资基金托管人资格、证券投资基金销售业务资格或合格境外机构投资者托管人资格的商业银行。存放在具有基金托管资格的同一商业银行的存款，不得超过基金资产净值的 30%；存放在不具有基金托管资格的同一商业银行的存款，不得超过基金资产净值的 5%；投资于定期存款的比例，不得超过基金资产净值的 30%。

2）投资组合的平均剩余期限在每个交易日均不得超过 180 天。

3）不得与基金管理人的股东进行交易，不得通过交易上的安排人为降低投资组合平均剩余期限的真实天数。

4）除发生巨额赎回的情形外，货币市场基金的投资组合中，债券正回购的资金余额在每个交易日均不得超过基金资产净值的 20%。因发生巨额赎回致使货币市场基金债券正回购的资金余额超过基金资产净值 20%的，基金管理人应当在 5 个交易日内进行调整。

5）持有的剩余期限不超过 397 天但剩余存续期超过 397 天的浮动利率债券的摊余成本总计不得超过当日基金资产净值的 20%。不得投资于以定期存款利率为基准利率的浮动利率债券。

6）投资于同一公司发行的短期融资券及短期企业债券的比例，合计不得超过基金资产

净值的 10%。因市场波动、基金规模变动等基金管理人之外的因素致使基金投资不符合上述比例的，基金管理人应当在 10 个交易日内调整完毕。投资于同一商业银行发行的次级债的比例不得超过基金资产净值的 10%。

7）不得投资于股票、可转换债券、剩余期限超过 397 天的债券、信用等级在 AAA 级以下的企业债券等金融工具。

本章练习题

一、单项选择题

1. 开放式基金应当保持不低于基金资产净值（　　　）的现金或到期日在 1 年以内的政府债券，以备支付基金份额持有人的赎回款项，但中国证监会规定的特殊基金品种除外。

    A. 1%　　　　　B. 2%　　　　　C. 5%　　　　　D. 10%

2. 对在 6 个月内（　　　）被出具监管警示函仍未改正的销售机构，在分发或公布基金宣传推介材料前，应事先将材料报送中国证监会，报送之日起（　　　）日后方可使用。

    A. 连续两次；10　B. 连续三次；10　C. 连续两次；5　D. 连续三次；5

3.（　　　）负责基金管理公司和基金托管银行特别会员的联络与业务交流工作。

    A. 基金公会　　　　　　　　B. 证券投资基金业委员会

    C. 基金公司会员部　　　　　D. 基金业行会

4. 货币市场基金投资组合的平均剩余期限在每个交易日均不得超过（　　　）天。

    A. 180　　　　　B. 100　　　　　C. 90　　　　　D. 60

5. 因证券市场波动、上市公司合并、基金规模变动等基金管理人之外的因素致使基金投资不符合有关投资比例的，基金管理人应当在（　　　）个交易日内进行调整。

    A. 5　　　　　B. 10　　　　　C. 20　　　　　D. 30

6. 基金管理公司下列事项变更不需经中国证监会批准的有（　　　）。

    A. 变更股东、注册资本或股东出资比例　B. 变更名称、住所

    C. 修改章程　　　　　　　　　　　　　D. 计提风险准备金

7. 中国证监会自受理基金管理公司设立申请之日起（　　　）个月内，以审慎监管原则依法审查，做出批准或不予批准的决定。

    A. 4　　　　　B. 5　　　　　C. 6　　　　　D. 12

8. 基金管理公司的设立须经（　　　）审批。

    A. 中国证监会　　　　　　　　B. 中国证券业协会基金业委员会

    C. 证券交易所　　　　　　　　D. 国家工商管理局

9. 基金管理人应当自基金合同生效之日起（　　　）个月内使基金的投资组合比例符合

基金合同的有关约定。

    A．3　　　　　　B．6　　　　　　C．9　　　　　　D．12

10．基金管理公司应当建立健全独立董事制度，独立董事人数不得少于（　　），且不得少于董事会人数的（　　）。

    A．1人；1/3　　B．2人；1/4　　C．3人；1/3　　D．3人；1/2

11．基金管理公司董事会每年应至少召开（　　）定期会议。

    A．1次　　　　　B．3次　　　　　C．2次　　　　　D．无限制

12．2006年之后，基金管理公司应按不低于基金管理费收入的（　　）计提风险准备金，风险准备金余额达到基金资产净值的（　　）时可不再提取。

    A．5%；2%　　B．10%；2%　　C．10%；1%　　D．5%；1%

13．董事会在审议公司及基金投资运作中的重大事项时，应经（　　）独立董事同意。

    A．1/3以上　　B．1/4以上　　C．2/3以上　　D．1/2以上

14．依法对基金市场参与者的行为进行监督管理的机构是（　　）。

    A．中国证监会　　　　　　　　B．中国人民银行

    C．中国银监会　　　　　　　　D．中国证券业协会基金业委员会

15．基金监管的首要目标是（　　）。

    A．保护投资者利益　　　　　　B．保证市场的公平、效率和透明

    C．降低系统风险　　　　　　　D．推动基金业的发展

16．我国基金业已经初步形成一套以（　　）为核心、各类部门规章和规范性文件为配套的完善的基金监管法律法规体系。

    A．《证券投资基金管理公司管理办法》　B．《证券投资基金法》

    C．《证券投资基金运作管理办法》　　D．《证券投资基金信息披露管理办法》

17．基金托管银行应当建立（　　）的离任制度。

    A．基金托管部门高级管理人员　　B．基金托管部门中层管理人员

    C．董事长　　　　　　　　　　D．基金经理

18．证券交易所自律管理的内容不包括（　　）。

    A．基金公司人员的聘任

    B．对基金上市交易的管理

    C．对投资者买卖基金交易行为的合法、合规性进行监控

    D．对证券投资基金在证券市场的投资行为进行监控

19．不可以向中国证监会申请基金销售业务资格的机构有（　　）。

    A．商业银行　　B．证券公司　　C．证券投资咨询机构　　D．证券交易所

20．中国证监会对基金托管银行的市场准入监管的要求是（　　）。

    A．在办理基金的清算交割事宜中，是否能保证清算的及时高效

    B. 是否在发现问题时及时提醒基金管理公司并报告中国证监会

    C. 只有获得基金托管资格的商业银行，才可以承接 QDII 基金和基金管理公司特定资产管理业务的托管

    D. 是否建立科学合理、控制严密、运行高效的内部控制体系

21. 只有获得基金托管资格的（　　　），才可以承接 QDII 基金和基金管理公司特定资产管理业务的托管。

    A. 商业银行　　　B. 基金管理公司　　　C. 证券投资公司　　D. 证券交易所

22. 以下关于基金管理公司股东及股权比例方面的说法错误的是（　　　）。

    A. 基金管理公司必须由具备条件的金融机构作为主要股东

    B. 一家机构或受同一实际控制人控制的机构参股基金管理公司的数量不得超过 2 家，其中控股的数量不得超过 1 家

    C. 基金管理公司股东不得持有其他股东的股份及权益，与其他股东不得同属同一实际控制人

    D. 内资基金管理公司主要股东的持股比例上限为 50%

23. （　　　）设立了基金公司会员部，负责基金管理公司和基金托管银行特别会员的自律管理。

    A. 证券管理机构　　B. 基金业委员会　　　C. 中国证监会　　　D. 中国证券业协会

24. 对履行基金托管职责的监督不包括（　　　）。

    A. 在监督基金投资运作中，是否在基金托管协议中事先与基金管理公司订明相关权责，是否建立并及时维护相关监督系统，是否在发现问题时及时提醒基金管理公司并报告中国证监会

    B. 在办理基金的清算交割事宜中，是否能保证清算的及时高效，同时又保证基金财产的安全与独立

    C. 是否建立科学合理、控制严密、运行高效的内部控制体系

    D. 在办理与基金托管业务相关的信息披露事项中，是否及时、真实、准确、完整地履行信息披露业务，是否在基金年度报告中的托管人报告中独立、客观地发表意见

25. 基金在全国银行间同业拆借市场中的债券回购最长期限为（　　　）。

    A. 1 个月　　　　B. 半年　　　　　C. 1 年　　　　　D. 2 年

26. 同一基金管理人管理的全部基金持有一家公司发行的证券，不得超过该证券的（　　　）。

    A. 5%　　　　　B. 10%　　　　　C. 15%　　　　　D. 20%

27. 一只基金持有一家上市公司的股票，其市值不得超过该基金资产净值的（　　　）。

    A. 5%　　　　　B. 10%　　　　　C. 15%　　　　　D. 20%

28. 如果基金名称显示投资方向的，应当有（　　　）以上的非现金基金资产属于投资方向确定的内容。

    A．75%　　　　　　B．80%　　　　　　C．85%　　　　　　D．90%

29. 督察长应当在知悉可能影响高级管理人员或投资管理人员正常履行职务的信息之日起（　　　）个工作日内向中国证监会报告。

    A．1　　　　　　　B．3　　　　　　　C．2　　　　　　　D．4

30. 存放在具有基金托管资格的同一商业银行的存款，不得超过基金资产净值的（　　　）；存放在不具有基金托管资格的同一商业银行的存款，不得超过基金资产净值的（　　　）。

    A．30%；10%　　　B．20%；5%　　　C．30%；10%　　　D．30%；5%

二、不定项选择题

1. 基金监管是指监管部门运用（　　　）手段，对基金市场参与者行为进行的监督与管理。

    A．法律　　　　　　B．自律　　　　　　C．经济　　　　　　D．行政

2. 基金监管从内容上主要涉及（　　　）。

    A．对基金投资者的监管　　　　　　B．对基金服务机构的监管

    C．对基金运作的监管　　　　　　　D．对基金高级管理人员的监管

3. 基金监管的原则具体表现为（　　　）。

    A．依法监管原则　　　　　　　　　B．"三公"原则

    C．自律在先和监管在后原则　　　　D．监管的连续性和有效性原则

4. 我国基金监管的目标包括（　　　）。

    A．保护投资者利益　　　　　　　　B．保证市场的公平、效率和透明

    C．降低非系统风险　　　　　　　　D．推动基金业的发展

5. 基金管理公司申请境内机构投资者资格，应在（　　　）等方面符合《合格境内机构投资者境外证券投资管理试行办法》规定的条件。

    A．总资产　　　　　　　　　　　　B．基金管理年限与管理规模

    C．具有境外投资管理经验的人员数量　D．公司治理与内部控制

6. 基金公司会员部的职责包括（　　　）。

    A．负责基金管理公司和基金托管银行特别会员的联络与业务交流工作

    B．教育组织基金管理公司会员遵守证券法律、行政法规

    C．正确引导社会公众对基金市场的认识

    D．组织拟订基金业自律规则和业务标准，并监督实施

7. 基金监管的重要意义体现在（　　　）。

    A．维护证券市场的良好秩序　　　　B．提高基金的收益水平

　　C. 提高证券市场的效率　　　　　　　　D. 保护基金份额持有人利益

8. 中国证监会基金监管部的主要职能包括（　　　）。

　　A. 负责涉及基金行业的重大政策研究

　　B. 草拟或制定基金行业的监管规则

　　C. 对有关基金的行政许可项目进行审核

　　D. 全面负责对基金管理公司、基金托管行及基金代销机构的监管

9. 督察长不得有下列行为（　　　）。

　　A. 擅离职守，无故不履行职责

　　B. 违反规定授权他人代为履行职责

　　C. 兼任可能影响其独立性的职务或从事可能影响其独立性的活动

　　D. 对基金及公司运作中存在的违法违规行为或重大风险隐患隐瞒不报或做出虚假
　　　　报告

10. 督察长的执业素质和行为规范有（　　　）。

　　A. 3 年以上监察稽核、风险管理或证券、法律、会计、审计等方面的业务工作经历

　　B. 诚实信用，具有良好的品行和职业操守记录

　　C. 可以授权他人代为履行职责

　　D. 对与督察长本人有利益冲突的事项应当回避

11. 督察长的主要职责包括（　　　）。

　　A. 监督检查基金管理公司内部风险控制情况

　　B. 对基金管理公司推出新产品、开展新业务的合法、合规性问题提出意见

　　C. 指导、督促公司妥善处理投资人的重大投诉，保护投资人的合法权益

　　D. 向基金管理公司总经理报送工作报告

12. 对违规或存在较大经营风险的基金管理公司，中国证监会可以采取的处罚措施有
（　　　）。

　　A. 依法责令整改，暂停办理相关业务

　　B. 监管谈话

　　C. 出具警示函

　　D. 暂停履行职务

13. 证券交易所自律管理的内容包括（　　　）。

　　A. 对证券投资基金在证券市场的投资行为进行监控

　　B. 对投资者买卖基金交易行为的合法性、合规性进行监控

　　C. 对基金上市交易的监控

　　D. 基金公司人员的聘任

14. 基金行业自律管理的方式主要包括（　　　）。

    A. 制定行业自律规则和业务标准，加强会员管理

    B. 大力开展基金业宣传活动，树立行业形象

    C. 加大研究力度，对关系基金业发展的重点、难点、热点问题进行深入研究，促进基金业的健康发展

    D. 通过督察长进行定期检查

15. 申请基金行业高级管理人员任职资格，应当具备的条件有（　　　）。

    A. 取得基金从业资格

    B. 通过中国证监会或其授权机构组织的高级管理人员证券投资法律知识考试

    C. 具有 3 年以上基金、证券、银行等金融相关领域的工作经历及与拟任职务相适应的管理经历

    D. 最近 2 年没有受到证券、银行、工商和税务等行政管理部门的行政处罚

16. 中国证监会基金监管部主要通过（　　　）方式实现基金监管。

    A. 市场准入监管   B. 市场秩序监管

    C. 日常持续监管   D. 基金管理人员监管

17. 证券投资基金投资不得有的情形是（　　　）。

    A. 一只基金持有一家上市公司的股票，其市值超过基金资产净值的 10%

    B. 同一基金管理人管理的全部基金持有一家公司发行的证券，超过该证券的 10%

    C. 基金财产参与股票发行申购，单只基金所申报的金额超过该基金的总资产，单只基金所申报的股票数量超过拟发行股票公司本次发行股票的总量

    D. 违反基金合同关于投资范围、投资策略和投资比例等约定

18. 中国证监会对基金托管银行的日常监管要求是（　　　）。

    A. 只有获得基金托管资格的商业银行，才可以承接 QDII 基金和基金管理公司特定资产管理业务的托管

    B. 是否在发现问题时及时提醒基金管理公司并报告中国证监会

    C. 在办理基金的清算割交事宜中，是否能保证清算的及时高效

    D. 是否建立科学合理、控制严密、运行高效的内部控制体系

19. 机构在（　　　）等方面符合法律法规规定的条件时，可以向中国证监会申请基金销售业务资格。

    A. 资本充足率（或净资本、注册资本）

    B. 组织机构、治理结构与内部控制

    C. 营业场所、信息系统建设

    D. 业务管理制度、从业人员资格

20. 中国证监会对基金托管部门内部控制的监督包括（　　　）。

A．各机构、部门和岗位职责是否保持相对独立

B．基金资产、托管银行自有资产、其他资产的保管是否严格分离

C．在办理基金的清算交割事宜中，即保证清算的及时高效，又保证基金财产的安全与独立

D．托管银行托管业务部门的岗位设置应当权责分明、相互制衡

21．中国证监会对基金管理公司进行现场检查的内容包括（　　）。

A．进入基金管理公司及其分支机构进行检查

B．要求基金管理公司提供与检查事项有关的文件、会议记录、报表、凭证和其他资料

C．询问基金管理公司的工作人员，要求其对有关检查事项做出说明

D．查阅、复制基金管理公司与检查事项有关的文件、资料，对可能被转移、隐匿或毁损的文件、资料予以封存

22．风险准备金主要用于赔偿因公司（　　）等给基金财产或基金份额持有人造成的损失，该制度已成为保护基金份额持有人利益的重要措施。

　　A．违法违规　　　　B．违反基金合同　　　C．技术故障　　　　D．突发事件

23．中国证监会对基金管理公司内部控制情况的监督检查是日常监管的重点。监督检查的内容包括（　　）。

A．内部控制是否体现了健全性、有效性、独立性、相互制约性和成本效益的原则

B．控制环境、风险评估、控制活动、信息沟通和内部监控等基本要素是否达到要求

C．投资管理、信息披露、信息技术系统、财务会计、监察稽核等业务环节是否按照法规标准和内部控制制度有效执行

D．基金销售业务信息管理平台建设是否进行了规范

24．基金管理公司在股权出让或受让方面，有关的法规要求包括（　　）。

A．持有基金管理公司股权未满 2 年的股东，不得将所持股权出让

B．股东持有的基金管理公司股权被出质期间，中国证监会不受理其设立基金管理公司或受让基金管理公司股权的申请

C．股东持有的基金管理公司股权被人民法院采取财产保全或执行措施期间，中国证监会不受理其设立基金管理公司或受让基金管理公司股权的申请

D．出让基金管理公司股权未满 3 年的机构，中国证监会不受理其设立基金管理公司或受让基金管理公司股权的申请

25．基金管理公司办理重大变更事项，有下列（　　）情形时须报中国证监会批准。

A．变更经营范围

B．公司变更注册资本、变更股东出资比例

C. 修改章程

D. 变更名称、居所

26. 在持股主体的规范方面，现行法规对基金管理公司股权处置的规定有（　　）。

A. 可以为其他机构代持基金管理公司的股权

B. 不得为其他机构代持基金管理公司的股权

C. 可以委托其他机构代持基金管理公司的股权

D. 不得委托其他机构代持基金管理公司的股权

27. 中国证监会对基金管理公司设立申请采取的审查方式包括（　　）。

A. 征求相关机构和部门关于股东条件等方面的意见

B. 采取专家评审对申请材料的内容进行审查

C. 采取调查核实方式对申请材料的内容进行审查

D. 自受理之日起 5 个月内现场检查基金管理公司设立准备情况

28. 基金信息披露对违规机构直接负责的主管人员和其他直接责任人员的处罚类别有（　　）。

A. 警告   B. 暂停或取消基金从业资格

C. 承担赔偿责任   D. 追究刑事责任

29. 基金募集信息披露监管包括（　　）。

A. 对基金招募说明书、基金合同、基金托管协议等基金募集申请材料进行审核

B. 对基金上市交易公告书、基金净值公告、定期报告及临时报告等信息披露文件的监管

C. 对基金份额发售至基金合同生效期间的信息披露行为进行监管

D. 基金合同生效后对定期更新的基金招募说明书进行形式审查

30. 基金信息披露监管已形成了（　　）的基金信息披露规范体系。

A. 以《证券投资基金信息披露管理办法》为原则指导

B. 以《证券投资基金信息披露内容与格式准则》为指南

C. 以《证券投资基金信息披露编报规则》为特别补充

D. 以《证券投资基金信息披露 XBRL 标引规范（Taxonomy）》和基金信息披露 XBRL 模板为技术操作指引

三、判断题

1. 风险准备金余额达到基金资产净值 1% 可不再提取。　　　　　　　　　　　（　　）

2. 督察长应具备有关法律法规规定的任职条件，并有 1 年以上监察稽核、风险管理或证券、法律、会计、审计等方面的业务工作经历，诚实信用，具有良好的品行和职业操守记录。　　　　　　　　　　　　　　　　　　　　　　　　　　　　　　　　（　　）

3．变更名称、住所属基金管理公司重大事项变更。　　　　　　　（　　）

4．基金管理公司公平交易制度的完善程度，将作为监管部门评判公司诚信水平和规范程度、进行日常监管及做出行政许可的重要依据。　　　　　　　　　　　　（　　）

5．基金管理公司股东与其他股东可以同属同一实际控制人。　　　（　　）

6．基金管理公司设立分支机构，由中国证监会依法受理并做出相关行政许可决定。
　　　　　　　　　　　　　　　　　　　　　　　　　　　　　　（　　）

7．基金销售机构通过对基金管理人进行审慎调查，对基金产品风险和基金投资人风险承受能力进行客观评价。　　　　　　　　　　　　　　　　　　　　　　（　　）

8．各地方证监局主要负责对经营所在地在本辖区内的基金管理公司进行日常监管，同时负责对辖区内异地基金管理公司的分支机构及基金代销机构进行日常监管。　　（　　）

9．对于各销售机构信息管理平台的建设，中国证券业协会主要通过现场检查方式实施监督。　　　　　　　　　　　　　　　　　　　　　　　　　　　　　　（　　）

10．中国证监会对基金销售机构内部控制情况的监督检查是日常监管的重点。（　　）

11．基金管理公司按照不低于基金管理费收入的 10%计提风险准备金。　（　　）

12．没有获得基金托管资格的商业银行，也可以承接 QDII 基金和基金管理公司特定资产管理业务的托管。　　　　　　　　　　　　　　　　　　　　　　　　（　　）

13．对基金监管可以采用行政手段。　　　　　　　　　　　　　　（　　）

14．保证市场的公平、效率和透明是我国基金监管的首要目标。　　（　　）

15．根据国际证监会组织制定的《证券监管目标与原则》，证券监管的目标主要是保护投资者利益，保证市场的公平、效率和透明，降低系统风险。　　　　　　　（　　）

16．基金管理公司依据销售基金的保有量，向基金销售机构支付客户维护费（俗称"尾随佣金"），用于客户服务及销售活动中产生的相关费用。　　　　　　　　（　　）

17．内资基金管理公司主要股东的持股比例上限为 49%。　　　　　（　　）

18．一家机构或受同一实际控制人控制的机构参股基金管理公司的数量不得超过 3 家，其中控股的数量不得超过 2 家。　　　　　　　　　　　　　　　　　　　（　　）

19．基金管理公司必须由具备条件的非金融机构作为主要股东。　　（　　）

20．督察长连续 3 次考试成绩不合格的，中国证监会可建议公司董事会免除其职务。
　　　　　　　　　　　　　　　　　　　　　　　　　　　　　　（　　）

四、思考题

1．如何理解我国基金监管的目标？

2．简述中国证监会基金监管部的主要职能。

3．简述中国证监会对基金托管银行的日常监管的主要内容。

4．中国证监会如何对基金投资与交易行为进行监管？

5．中国证监会如何对货币市场基金投资进行监管？

参 考 文 献

[1] 奚庆. 中国证券投资基金管理人公司治理问题研究[M]. 北京：法律出版社，2012.

[2] 中国证券业协会.证券投资基金[M]. 北京：中国财政经济出版社，2012.

[3] 林奇芬. 我用基金赚到一辈子的财富[M]. 长沙：湖南科技出版社，2012.

[4] （美）聂夫，等. 约翰·聂夫的成功投资[M]. 吴炯，等译. 北京：机械工业出版社，2012.

[5] （美）博格. 投资先锋：基金教父的资本市场沉思录[M]. 宋三江，等译. 北京：机械工业出版社，2012.

[6] 宋煜凯. 中国证券投资基金运行研究[M]. 北京：知识产权出版社，2012.

[7] 王鲁志. 证券投资基金实务教程[M]. 上海：复旦大学出版社，2011.

[8] 程国强. 基金投资入门与技巧[M]. 北京：中华工商联合出版社，2011.

[9] 程巍. 证券投资基金公司管理及基金投资行为分析[M]. 北京：水利水电出版社，2010.

[10] 朱平. 战胜机构投资者[M]. 北京：中国人民大学出版社，2011.

[11] 白月明子. 新形势下证券投资基金的业务发展问题研究[J]. 现代商业，2012（7）.

[12] 邵玫. 香港基金分类缺乏标准[J]. 上海：沪港经济，2012（3）.

[13] 李锋瑞. 当前证券投资基金存在问题及对策刍议[J]. 中国证券期货，2012（4）.